ZUI XIN GONG WEN XIE ZUO

最新公文写作范例精选

内容丰富　时代性强

陈远吉 ◎ 编

气象出版社
China Meteorological Press

内容简介

本书根据公文写作的要求,从写作人员的角度出发,系统地介绍了公文写作的基础知识。全书分四部分讲解了五十余种常用公文的写作方法与技巧,每种公文配有两到三篇精选范文。第一部分介绍了计划、介绍信、申请书等通用公文的写作范例与技巧应用,第二、三、四部分从三个方向分别介绍了行政公文、社交礼仪公文和外事公文的写作范例与技巧应用。

本书体例新颖,内容丰富,权威、实用,时代性强,是机关单位和企事业工作人员在文秘写作、商务交往方面集大全之工具书。

图书在版编目(CIP)数据

最新公文写作范例精选/陈远吉编. —北京:气象出版社,2011.11

ISBN 978-7-5029-5336-2

Ⅰ.①最… Ⅱ.①陈… Ⅲ.①公文—写作 Ⅳ.①H152.3

中国版本图书馆 CIP 数据核字(2011)第 224718 号

ZuiXin GongWen XieZuo FanLi JingXuan

最新公文写作范例精选

陈远吉 编

出版发行:气象出版社

地　　址:北京市海淀区中关村南大街 46 号　　　**邮政编码**:100081

总 编 室:010-68407112　　　**发 行 部**:010-68409198

网　　址:http://cmp.cma.gov.cn　　　**E-mail**:qxcbs@cma.gov.cn

责任编辑:张锐锐　李太宇　　　**终　　审**:黄润恒

封面设计:兰旗　　　**责任技编**:吴庭芳

印　　刷:北京京科印刷有限公司

开　　本:710 mm×1 000 mm　1/16　　　**印　　张**:16.5

字　　数:300 千字

版　　次:2011 年 11 月第 1 版　　　**印　　次**:2011 年 11 月第 1 次印刷

定　　价:29.80 元

目　录

第一部分　通用公文写作范例与技巧应用

第二部分　行政公文写作范例与技巧应用

第一部分

通用公文写作范例与技巧应用

第 1 章　计划、规划、安排与总结

1.1　计　划

一、概述

(一)计划的含义及特点

计划是党政机关、企事业单位、社会团体为做好一定时期内的工作或完成某项任务,根据党和国家的方针、政策以及上级的指示,结合自身实际以确定任务和指标,提出相应的措施和步骤而写成的一种文书。

计划具有以下特点:

1. 明确的目的性

在一定时期内,要完成什么任务,解决什么问题,取得怎样的效果,达到怎样的目标,这是制订计划时首先要考虑的,是计划的核心内容,也是制定具体措施的依据。计划本来就是为了避免行动的盲目性而制订的,没有一个明确的目的,就谈不上计划。无论是上级单位制定的计划还是本单位制定的计划,都对工作具有指导性作用。上级制定下发的计划,勾勒发展蓝图,明确工作目标,提出步骤措施,以指导所属单位始终朝着既定目标去努力,不盲目冒进或偏离工作方向;本单位制定的计划,目的在于控制方向、规模、速度,以确保工作和任务保质保量,及时完成。

2. 较强的预见性

计划是事先的打算,其设想有待于实践的检验,因此科学的预见是计划的前提。

这种科学的预见是制订者凭借超前思维对工作发展趋势的客观、准确的分析和预测，要求制订者既要把握方针政策的导向，又要深入调研，集思广益，立足全局，富有远见，力求计划周密严谨，以达到预期的目的。

3. 切实的可行性

计划是用来指导实践的，所以它要付诸实施。为按时、保质、高效地做好工作，制订计划必须从实际出发，做到任务指标与实际能力相适应，使其通过努力能够完成，又要留有余地；同时，措施要得力，步骤要明确，这样具有较强的可操作性。

4. 一定的约束性

计划虽然具有预见性，但它一旦成文，就具有了一定的规定性和指导性，特别是文件式的计划，体现了党和国家的方针政策，上级对下级机关布置工作，下达指示等，更具有了公文的法规性，是必须执行的。一般的计划对行动也有约束性，但在执行的过程中可以根据情况的变化而灵活调整。

(二)计划的类型

计划的类型根据期限、内容、性质、作用等的不同，可以进行不同的分类。

1. 按性质划分，计划可分为综合计划和专项计划

综合计划，又称全面计划，是对某项工作的总体设想，涉及各阶段、各方面工作，是全局性的通盘打算，内容具有高度的概括性。一些地区性发展规划、单位部门的年度计划等就属于此类计划。

专项计划，又称专题计划，是对某项专门性工作的具体部署和安排，往往就某项工作提出具体的措施要求，内容详尽、细致，便于执行、检查。一些会议计划，如人才培训计划、教学计划、财务计划等就属于此类计划。

2. 按时限划分，计划可分为长远计划、近期计划、短期计划、年度计划、季度计划、月度计划等

长远计划或近期计划，实现目标的期限较长，往往是 5 年、10 年、20 年，甚至更长，带有勾画蓝图的特点，内容侧重在工作的指导方针和努力方向，工作的实施步骤和重要措施等，其作用主要是对全局工作做出战略性、方向性的规定，以指导局部的、短期的各项工作，此类计划的文种名称常使用规划、发展规划、远景规划、纲要、发展纲要等，也可称为规划类计划。

一些短期类计划，实现目标的期限较规划短，以年度计划和一年以内的计划为多。文种名称一般都叫"计划"，有时前面加上一些限制语，如年度计划、季度计划、工作计划、学习计划、活动计划等等，此类计划内容比规划具体，计划规定的措施操作性

强,计划的作用是指导具体工作,以便按步骤、按时间、按要求完成工作任务。

3. 按写法划分,计划可分为条文式计划、表格式计划、段落式计划、综合式计划等

条文式计划用文字说明计划事项,主要用于反映目标、设想、要求、措施、手段等概述性强的内容,表达较为概略,是计划常用的一种写法。

表格式计划,要把计划要求制订的若干项目的内容,分成栏目,制成表格。订计划时,把计划的内容填写在各个栏目中。这种形式适用于工作比较固定,工作内容、方式、方法变化比较小的工作。用表格形式显示计划内容,主要用于明确反映项目、指标、进程等具体、细致的内容,以便于监督及落实检查。

段落式计划是凭借文字、多段叙说,一般篇幅较短。

综合式计划是根据表达的需要,将条文式、表格式、段落式计划巧妙融合,兼显三者之长。

此外,计划还可按范围分为国际合作计划、国家计划、地区计划、系统计划、部门计划、单位计划等;按作用划分为指令性计划和指导性计划等。

二、计划的制订及要求

(一)计划的内容、格式与写法

计划是用来指导人们实践的。在制订计划时要注意文章结构的紧凑性和逻辑性,要求简明扼要,通俗易懂,切不可拖泥带水,长篇累牍。其结构大致分为标题、正文、结尾三大部分。

1. 标题

一份计划能否引起人们的注意和兴趣,与它的标题写得是否突出、明确有关系。标题一定要简明扼要、恰如其分,容易吸引人们的注意力,为更好地实施这份计划打下基础;反之,即使计划的内容很好,亦很难一下子把人们的注意力吸引过来,所以不能忽视标题这一部分的写作。

2. 正文

正文是整篇计划的心脏部分。该计划是否合理可行,是否科学有序,是否能引起人们的兴趣,主要就是看这一部分。这一部分内容应该包括依据、任务、目标、措施、步骤。

依据,回答根据什么做的问题。主要有重要意义、指导思想、上级指示、基本形势、具体现状等。分析要全面、深透，但未必都写入文章，如需写也要文笔洗练，大多置于开头。

任务，回答做什么的问题。有总任务和具体任务，都要一一说明。一般在开头交代总任务，主体中结合每项工作再写具体任务；也可以将总任务和具体任务作为主体中的一个部分专门说明。

目标，回答做到什么程度的问题。大都有总目标和分目标，要从母项到子项逐一分解，并作定性和定量的表述。总任务和具体任务多与总目标和分目标相互搭配处理。做任何事情都要有一定的目标。有了目标工作就有了方向，缺少目标工作就难免有盲目性，也就不称其为计划。

措施，回答怎么做的问题。有了目标就需要有相应的措施和办法相配合，以保证目标的顺利实施。它规定将要采取的具体方法，包括思想工作、人员调配、工作机构、方式手段、人力物力财力的安排以及政策保证等。

步骤，回答分几个阶段做以及先后顺序的问题。要把工作进程的每个环节和时序安排得科学合理，便于操作。

从以上几点可以看出，依据是计划的基础，任务和目标是计划的核心，措施和步骤是完成计划的保证。

此外，还有下列几项：

补充事项，是指上面未提到或者需要强调及其他附带说明的情况，如有关政策界限等。

要求，对实施计划发出号召或提出希望。

附件，计划如需加程序、图表、数据以及专项说明等附件，应当标明附件的序号和名称。

检查及修订，规定与其相关的部门、时间和原则。

正文部分通常采取以下结构：

(1)制订计划的指导思想

制订计划的指导思想，即为什么要制订这个计划。这一部分很重要，起着总领全文的作用，要求简明扼要、点到为止。一般应包括以下内容：

①简单概述制订计划的意义；

②本单位或计划者的实际情况，包括目前的状况及过去的经验和教训；

③计划的目标。

(2)实施计划的具体安排

这一部分要阐明实施计划的具体要求、条件、分工、措施、步骤和时间安排。这些内容要具体清晰、合理安排。主要包括：

①具体要求，实际上是计划目标的具体化，对计划实施后的效果从数量上和质量上提出要求；

②条件和措施,即列出实现计划的必要条件,并与现有的实际情况相对照,从而找出不够完善的地方,并在此基础上,订出相应的措施。措施应注意适度,要有针对性,否则不能达到预期的目的;

③具体安排,即对投入的力量进行安排,哪项措施由什么单位执行,由谁主管负责等,要注意根据各项措施实施的难度,工作的分量,安排分工,避免因分工不合理造成内耗而影响计划的实施。

④步骤和时间安排,一项涉及范围较广,所需时间较长的计划,往往不能一步到位,要分为若干阶段。这就需要有冷静清晰的头脑,全面衡量,分清缓急,错开时间,先制定整个计划所需的时间,再规定各个阶段所需的时间,并把大目标分解成各个阶段的小目标,以便及时对照找出差距。

具体安排是关系到整个计划能否实施的关键,必须内容具体、安排周密。至于措施和步骤,其写法则可以灵活些。

这部分的写作在表达方法上可分为篇章式或章节式、条文式、表格式、段落式及综合式等五种方法。

3. 结尾,签署制文单位、日期

这一部分可展望计划实施的前景,发出号召,鼓舞斗志,增强信心,勉励人们为实现计划而努力。计划的正文通常采用分条列述式,结尾语视情况决定其长短与取舍。

(二)计划的写作要求

1. 从实际出发

2. 走群众路线

3. 有全局意识

4. 力求具体明确

【例文一】

××厂财会人员培训工作计划

为了适应本厂业务发展的需要,急需提高在职财会人员的专业知识和业务水平,以提高企业的经营管理水平,经报请厂长批准,拟举办财会人员培训班。通过短期学习,使没有经过系统专业学习的中青年财会人员在本门业务上达到财经专业中专毕业水平,能正确地掌握财会基本理论知识和财会工作的基本技能。

1. 组织领导:由厂财务处会同人事处建立培训班领导小组,由总会计师主持。

2. 培训对象：

(1)本厂所属各分厂在职财会人员；

(2)从现有在职干部中抽调的准备培养补充的财会人员。

年龄在 40 岁以上，具有高中毕业文化水平，身体健康，作风正派，能坚持业余学习而本人又自愿学习的，经组织同意均可报名，经过考试，择优录取。

3. 培训方式：采用半脱产业余学习的办法。

4. 学制：定为一年。每周一、三、五下午上课，每次上课 4 小时，利用工作时间，每周共 12 小时；另外，利用业余时间 8 至 12 小时进行自学、辅导、作业、讨论和教学实习等活动。

5. 课程设置：

(1)《工业经济概论》；

(2)《会计学原理》；

(3)《工业会计》；

(4)《工业财务》；

(5)《工业企业经济活动分析》。

6. 教材和教师：教师由领导小组在厂部和各分厂会计师以上财会人员中聘请，一律为兼职。教材由任课教师推荐或自编，领导小组同意后使用。

7. 考核：每学期每门课程结束后，进行考核，以巩固学员学到的知识，检查教学效果，提高教学质量。学员五门课程考试均及格者，由培训班发给结业证书，证明在本门业务上具有中专毕业的同等资格。

8. 时间安排：第一期 2008 年 1 月至 12 月，分为两个学期，每期 20 周，其中讲课 18 周，复习考试一周，机动一周。

9. 招生简章另订。

2007 年 12 月 25 日

【例文二】

××市水产苗种专项整治工作方案

为进一步规范我市水产苗种生产秩序，强化水产苗种管理工作，根据《省厅关于开展水产苗种专项整治的紧急通知》要求，结合我市水产苗种生产实际，特制定本方案。

一、指导思想

按照"抓专、抓实、抓细"的工作原则，紧紧围绕当前我市水产苗种存在的疑点难点问题,进一步加大专项整治力度,不断提高苗种生产水平,促进我市水产苗种产业又好又快地发展。

二、工作目标

以贯彻落实《农产品质量安全法》、《国务院关于加强食品等产品安全监督管理的特别规定》为重点,全力推动水产苗种监管执法工作,查处重大违法案件,建立依法监管的长效机制,不断提升我市水产品质量安全水平。

三、组织领导

成立水产苗种专项整治领导小组,负责专项整治的领导、协调等工作。领导小组组长由局长赵××担任,副组长由副局长郭××、逄××担任;小组成员由市海洋与渔业行政执法支队、渔业处、市渔业环境监测和水产品质量检测中心及各区(市)海洋与渔业(主管)局主要负责人组成。

领导小组下设办公室。办公室设在市海洋与渔业行政执法支队,负责组织各成员单位实施专项整治日常工作,处理执法检查中各类应急事件(办公室电话:×××× —××××××××)。

四、检查范围及重点品种

检查范围:青岛市辖区内水产苗种场。

重点品种:海参、鲍鱼、鲆鲽类。

五、组织实施

××市水产苗种专项整治工作由市海洋与渔业局统一部署,各区(市)海洋与渔业(主管)局组织实施。

(一)执法检查

第一阶段:动员部署阶段。时间为2007年8月10—12日。各区(市)海洋与渔业(主管)局按照《青岛市水产苗种专项整治工作方案》的要求,制定各自的专项整治方案,组织执法人员进行动员部署,启动苗种专项整治工作。

第二阶段:执法检查阶段。时间为2007年8月13—26日。各区(市)海洋与渔业(主管)局对辖区内水产苗种场进行拉网式检查,重点检查渔用药物名称、来源、用法、用量和使用、停用日期;检查限用药物投喂限量、休药期;检查水产苗种场的生产日志、药品出入库和使用记录、水域环境监测、产品标签、产品销售记录等质量安全管理制度建立和健全情况,对存在问题的水产苗种场进行处罚并提出整改意见。

第三阶段:总结复查阶段。时间为2007年8月27—30日。对专项整治情况进行总结,对需整改的水产苗种场进行复查,并将整改情况上报市局。

（二）水产苗种质量检测

市渔业环境监测和水产品质量检测中心负责本次整治行动的苗种质量检测工作。根据对水产苗种药物残留抽样检测的有关要求，重点对海参、鲍鱼、鲆鲽类等水产苗种场进行随机抽样检测。检测标准依据《无公害农产品（渔业产品）检测项目确定原则》。

市渔业环境监测和水产品质量检测中心应及时将水产苗种抽样检测结果报渔业处，合格者由渔业处发放水产苗种检验合格证；水产苗种场须凭合格证销售苗种；不合格者由渔业处通知执法支队，由执法支队依据相关法律法规实施处罚。

六、工作要求

1. 提高思想认识，强化组织领导，狠抓专项整治的落实。各区（市）要高度重视此次专项整治行动，要认真组织，精心安排，狠抓落实，不走过场。要制定好本区（市）水产苗种专项整治工作方案，组织有关人员成立专项整治队伍，做好专项整治工作。

2. 加强质量监管，对违法案件依法实施处罚。严格依法办事，对在整治行动中发现的违法使用禁用药物的水产苗种场，依据相关法律法规实施处罚。

3. 加大宣传力度，指导水产苗种生产者依法生产。采取多种形式，向水产苗种生产者广泛宣传《农产品质量安全法》、《国务院关于加强食品等产品安全监督管理的特别规定》、《食品动物禁用的兽药及其他化合物清单》等法律规章，引导和帮助苗种生产者建立科学的操作规程。

4. 建立举报制度，动员社会力量监督不法行为。市海洋与渔业局建立举报电话，鼓励守法水产苗种场和社会各界举报违法用药行为。对举报情况及时跟踪调查，情况属实将依法查处，并加大对案件的曝光力度，震慑违法行为。

举报电话：×××××××（执法支队）×××××××（渔业处）

附：《国务院关于加强食品等产品安全监督管理的特别规定》

2008 年 11 月 5 日

（选自青岛政务网，http://www.qingdao.gov.cn）

1.2　规　划

规划是一种用以制订比较全面的、长远的、带有发展性的计划的文体。规划与计划有较明显的区别：从内容上看，规划比较全面，是原则性的定向；计划比较单一、具体，是任务性的定量。从时间上看，规划期限一般较长，时限要求不严格；计划则期限较短，时限要求是很具体、很严格的。从性质上看，规划是定方向、规模、远景、富有理想性和鼓动性;计划则是定任务、时间、指标并限时完成,有强烈的约束性。

从不同的角度来划分,规划可分成好多种类:按时间分,可分为近期规划和发展规划;按范围分,可分为国家规划、地区规划、单位(部门)规划;按内容分,可分为生产规划、建设规划、学习规划、工作规划,通常以生产、建设规划为多见。

规划由标题和正文组成。

标题,一般由制订单位、规划内容和文种三部分构成。

正文,通常包括如下四个部分:

现实情况的分析:这一部分既是规划的现实依据,也是规划前景的基础和立足点,因此要求符合客观实际,充分反映现状,有时还要进行历史的纵向比较和国内外同类实施工程的横向比较,以得出该规划可行性依据等,要求写得切实、充分,实事求是。

前景的规划:这是正文的中心内容,要求详细、全面、具体,提出指标。往往用条文式分述,一个阶段、一个阶段地去描述,最终得出统一规划的蓝图。

对策和措施:要在原则上提出实现这一规划的对策和具体做法。它和前景的规划是一实一虚,是相辅相成的。要求制订规划者要用发展的眼光看问题,尽量能预见未来的事情,避免不符合发展规律的空想主义规划。

制订规划的日期:可写在正文后面,也可在标题标出。

【例文一】

广东省卫生信息化发展规划(2004—2010 年)

根据卫生部《全国卫生信息化发展规划纲要 2003—2010》和《广东省卫生事业第十个五年计划》要求,结合我省卫生信息化建设的现状和卫生信息技术的发展情况,特编制《广东省卫生信息化规划(2004—2010 年)》(以下简称《规划》)。

一、背景及现状

党的十六大明确提出了"优先发展信息产业,在经济和社会领域广泛应用信息技术"的重要战略方针,指出信息化是我国加快实现工业化和现代化的必然选择。要求我们抓住机遇,顺应世界经济潮流,采取各种有力措施促进我国各行业的信息化建设。随着社会主义市场经济体系的建立,卫生改革与发展迫切需要加快信息化建设。随着卫生体制改革的不断深入,加强卫生行业管理和宏观决策水平,需要建立一个高效率、高质量的信息网络,进行信息收集、分类、传输、分析处理。信息化工作是衡量卫生现代化水平的重要标志,也是卫生系统面临的重大而紧迫的任务,它直接关系到人民健康水平的有效保障和不断提高。

自传染性非典型肺炎发生后,卫生信息化建设提高到一个重要位置,国家提出用2～3年时间完善公共卫生信息系统建设,建立国家、省、市三级网络平台,将网络的触角伸到乡村卫生院、卫生室和社区卫生服务站。从疫情报告、监测和预警、医疗救治、卫生监督执法、应急指挥和决策等,完善各个子系统建设。

在公共卫生领域,迅速、准确地采集、传递和分析疾病流行信息十分重要,只有掌握居民患病状态及分布情况,才能及时有效地遏制传染性疾病的流行;只有准确获知影响居民健康的危险因素,采取适当的干预措施与手段,才能进一步促进人群健康水平的提高。在医疗服务领域,医生医治好患者的病痛,重在准确掌握病人患病状况并做出判断。以信息技术为基础的一些高、精、尖仪器设备的使用以及医院信息系统(HIS)、检验系统(LIS)、医学影像系统(PACS)的广泛使用,使医疗机构医疗管理水平、医疗质量都有了提高。

"九五"期间我省卫生信息化建设,经过几年的努力,取得了长足的进步,计算机技术、网络技术和光纤技术得到了广泛应用。县及县以上的医疗机构平均每单位拥有33.8台电脑,县及县以上的医疗机构平均每百名医生拥有18台。全省的县及县以上的医院、妇幼保健院、中医院已建立了不同规模的院内局域网。在软件应用方面,病案信息管理子系统、统计信息管理子系统、财务管理子系统的应用比较广泛。门急诊挂号系统、门急诊收费管理系统、住院收费管理系统、医嘱管理系统、药库管理子系统也有接近80%的医院在使用。通过推广应用医院信息系统,大大提高了医务人员的工作效率,提升了医院管理水平,给医院带来了明显的经济效益和社会效益。

2003年初发生的传染性非典型肺炎表明,传染病给人民群众健康和生命安全造成的损害,严重影响着社会和经济的发展。社会公众卫生秩序是社会经济和生活秩序的一个重要方面,直接关系到每一位公民健康和安全。有效地预防控制各类突发公共卫生事件,保护公众健康是建立和维护我国正常公共卫生秩序的重要内容之一。必须加强对突发公共卫生事件的应急能力,建立我省可持续发展的具有一流水平和权威性的应对各类突发公共卫生事件的灵敏、高效、统一、信息化的应急反应机制。

但由于社会经济发展不平衡,信息化建设也很不平衡,粤东、粤西、粤北的卫生信息化建设明显落后于珠三角地区。我们要把握机遇,真抓实干,全省一盘棋,优势互补,互帮互助,加快推进建设全省卫生信息化建设。

二、指导思想和基本原则

卫生信息规划的指导思想:统筹规划、资源共享、应用主导、面向市场、安全可靠、务求实效。以信息化带动卫生事业发展,在各级政府领导下,统一领导,分级负责,加强科学管理,充分利用现有资源,结合卫生工作实际,总体设计、分步实施,全省联网,强化责任、依法管理,加快卫生信息化建设进程。

卫生信息系统建设要密切联系卫生的实际需要,在坚持先进性、实用性、安全性和稳定性的基础上,在建设中还应遵循以下原则:

(一)统一规划、分步实施(略)。

(二)突出重点、纵横联网(略)。

(三)规范标准、资源共享(略)。

(四)多方投资、分级负责(略)。

三、建设目标

总体目标(略)。

近期目标(略)。

远期目标(略)。

四、主要任务和要求

(一)加强和完善卫生信息网络基础设施建设(略)。

(二)建设卫生行政公众网(略)。

(三)建立局域网,接入政务外网平台(略)。

(四)加快办公自动化建设,实现卫生厅局间的电子文件交换(略)。

(五)建立公共卫生信息系统(略)。

(六)发展中医药信息系统建设,整合和完善医学科研教育信息系统(略)。

(七)建立和完善医院信息系统(略)。

(八)加强和建立社区卫生服务信息系统(略)。

(九)建立卫生信息资源库(略)。

(十)做好安全保密体系的建设(略)。

五、保障措施

(一)加强领导、健全组织体系建设(略)。

(二)认真做好规划,抓好规划落实(略)。

(三)拓展卫生信息化建设筹资渠道(略)。

(四)加强制度建设,提高信息安全意识(略)。

(五)加强卫生信息化人才队伍建设(略)。

(六)规范卫生信息系统开发市场秩序,建立良好的卫生信息化建设环境(略)。

(选自东莞市卫生局网,略有改动)

【例文二】

河南省文化建设"十一五"规划

"十一五"时期是我省全面建设小康社会的重要时期,也是我省由文化资源大省向文化强省跨越的重要战略机遇期。科学编制和有效实施河南省文化建设第十一个五年规划,对于实现由文化资源大省向文化强省的跨越,发挥文化在全面建设小康社会和中原崛起中的重要作用,具有十分重大的意义。

一、"十五"计划执行情况及"十一五"时期文化建设面临的形势

(一)"十五"计划执行情况(略)。

(二)"十一五"时期文化建设环境分析(略)。

二、"十一五"期间我省文化建设的指导思想和目标

(一)指导思想(略)。

(二)总体目标(略)。

(三)主要任务

1. 构建公共文化服务体系(略)。

2. 构建文化遗产保护体系(略)。

3. 构建精品艺术生产体系(略)。

4. 构建文化市场管理体系(略)。

5. 构建文化产业发展体系(略)。

6. 构建对外文化交流体系(略)。

7. 构建文化人才培养体系(略)。

三、保障措施

(一)加强对全省文化工作的组织领导(略)。

(二)加大对文化建设的投入力度(略)。

(三)进一步深化文化体制改革(略)。

(四)落实文化经济政策,加快文化产业发展(略)。

(选自河南文化网,http://www.hawh.cn,略有改动)

1.3　安　排

安排属计划的一种,它是更为具体的、短期和单一的计划。由于工作的标准、时限要求和涉及范围等因素,不作具体的布置和部署就不能有效地组织工作,如期完成任务,所以安排的制订也是十分重要的。俗语说:"凡事需有个长计划、短安排",既说明了安排与计划的区别,也说明了制订安排有同样的重要性。

安排的特点是它内容的单纯性与具体性。

安排的结构通常由标题、正文、签署三部分组成:

(1)标题

安排的标题大多由发文机关、事由和文种类别(安排)组成,有时也可省写发文机关。

(2)正文

安排的正文和一般计划的写法大体相同,也多由缘由、目的部分,主体部分和结束语部分三项组成。缘由、目的部分扼要说明制文的依据、意义等;主体部分写明任务、要求、步骤、措施等;结尾常用几句希望或号召的语句,也可以省略不写。

(3)签署发文机关、制发日期

如属上级机关对下属单位的工作安排,也可将这部分内容改在标题与题下标示中标明,不必在正文后重复落款。

安排一般一事一文,写作时要注意表达具体简明。

【例文一】

关于召开区委班子民主生活会的安排

根据×××〔××××〕×号文件和×××〔××××〕×号文件"关于召开××年上半年各级党委班子民主生活会的通知"精神,结合我区的具体情况,决定于×月××日召开区委班子民主生活会。为开好这次民主生活会,特作如下安排:

一、这次民主生活会的主要任务

以强化党员意识,提高班子整体功能为中心,认真查找领导班子及成员思想作风上存在的主要问题,进一步端正工作的指导思想,转变工作作风,狠抓落实,按党的十五届六中全会精神和上级的要求,把全区工作搞得更好。

二、这次民主生活会的内容

主要是两个文件规定的内容,现综合如下:

1. 结合班子成员所分管的工作和战线工作任务,检查工作中存在的主要问题。侧重解决工作的指导思想是否端正的问题,作风是否扎实,即是否"说实话,想真招,办实事,真抓实干"的问题,是否有强烈的事业心和责任感,即是否敢于碰硬的问题。

2. 检查班子成员在党务、行政、经济及其他各项工作中的整体意识方面存在的问题。重点查找执行集体决议,处理集体领导和个人分工负责二者的关系中存在的问题,看是否做到了胸怀全局、步调一致,是否存在不团结、不协调的问题。

3. 检查班子廉洁自律的情况。主要看为人民服务的宗旨树立是否牢固,有无以权谋私等问题,在密切联系群众方面还有哪些差距。从思想上解决班子成员的公仆意识问题。

4. 检查班子成员在开展"三个代表"学习活动和"树形象,作贡献"活动中的表率作用。解决党员意识不强和先锋模范作用不突出的问题。

三、这次民主生活会的具体要求

1. 会前要认真做好准备工作。

一是班子成员要主动找下级及有关群众开展谈心活动,然后根据党员干部的要求,结合群众意见,提前写好发言提纲。

二是各总支、支部要组织各方面群众,通过各种方式,广泛征求基层干部和群众的意见,提前上报区委组织部。

2. 会上要进行积极的思想斗争。

一是班子成员自己要认真发言,进行严肃的总结和自我批评,不走过场。

二是广泛开展坦率、真诚的批评,每人都要发言,而且不能避重就轻。

三是在批评与自我批评的基础上,认真从思想作风上找原因,查根源,总结经验教训,达到清理思想,提高认识的目的。

3. 会后要做好整改工作。

一是班子和班子成员要制定出具体、实在、切实可行的整改措施,交基层组织讨论通过。

二是各级纪检部门和组织部门要定期检查并通报整改措施落实的情况。

中共××区委员会

××××年×月×日

【例文二】

2008年部分节假日调休日期具体安排

国办发明电〔2007〕52号

各省、自治区、直辖市人民政府，国务院各部委、各直属机构：

根据《国务院关于修改〈全国年节及纪念日放假办法〉的决定》，为便于各地区、各部门及早合理安排节假日旅游、交通运输、生产经营等有关工作，经国务院批准，现将2008年元旦、春节、清明节、国际劳动节、端午节、中秋节、国庆节放假调休日期具体安排通知如下。

一、元旦：2007年12月30日—2008年1月1日放假，共3天。其中，1月1日（星期二）为法定节假日，12月30日（星期日）为公休日，12月29日（星期六）公休日调至12月31日（星期一），12月29日（星期六）上班。

二、春节：2月6日—12日（农历除夕至正月初六）放假，共7天。其中，2月6日（除夕）、2月7日（春节）、2月8日（正月初二）为法定节假日，2月9日（星期六）、2月10日（星期日）照常公休，2月2日（星期六）、2月3日（星期日）两个公休日调至2月11日（星期一）、2月12日（星期二），2月2日（星期六）、2月3日（星期日）上班。

三、清明节：4月4日—6日放假，共3天。其中，4月4日（清明节）为法定节假日，4月5日（星期六）、4月6日（星期日）照常公休。

四、"五一"国际劳动节：5月1日—3日放假，共3天。其中，5月1日为法定节假日，5月3日（星期六）为公休日，5月4日（星期日）公休日调至5月2日（星期五），5月4日（星期日）上班。

五、端午节：6月7日—9日放假，共3天。其中，6月7日（星期六）照常公休，6月8日（农历五月初五，端午节）为法定节假日，6月8日（星期日）公休日调至6月9日（星期一）。

六、中秋节：9月13日—15日放假，共3天。其中，9月13日（星期六）为公休日，9月14日（农历八月十五，中秋节）为法定节假日，9月14日（星期日）公休日调至9月15日（星期一）。

七、国庆节：9月29日—10月5日放假，共7天。其中，10月1日、2日、3日为法定节假日，9月27日（星期六）、9月28日（星期日）两个公休日调至9月29日（星期一）、30日（星期二），10月4日（星期六）、5日（星期日）照常公休。

节假日期间，各地区各部门要妥善安排好值班和安全、保卫等工作，遇有重大突发事件发生，要按规定及时报告并妥善处置，确保人民群众祥和平安度过节日假期。

国务院办公厅

2007年12月15日

（选自中央政府门户网站 www.gov.cn, 2007年12月18日）

【例文三】

检察机关2008年工作安排

2008年，检察机关要重点做好以下四个方面的工作：

一、加强法律监督，更好地服务党和国家工作大局

认真履行批捕、起诉职责，依法打击危害国家安全、社会治安和市场经济秩序的犯罪，积极参与社会治安综合治理和平安建设，切实维护社会大局稳定，为北京奥运会和残奥会的成功举办作出应有贡献；依法履行查办和预防职务犯罪职责，把这项工作放在更加突出的位置，继续集中力量查办大案要案和人民群众反映强烈的案件，深入开展职务犯罪预防，促进惩治和预防腐败体系建设；全面履行对诉讼活动的法律监督职责，坚决监督纠正执法不严、司法不公的问题，维护社会主义法制的统一、尊严、权威。

工作中，一要更加注重服务经济发展。加强对民事审判、行政诉讼的法律监督，平等保护各类市场主体的合法权益，促进各种所有制经济共同发展。

二要更加注重保障和改善民生。坚持执法为民，依法严厉打击黑恶势力犯罪、严重暴力犯罪、多发性侵财犯罪，突出查办教育、就业、金融、医疗卫生、社会保障、征地拆迁、抢险救灾、移民补偿等领域发生的职务犯罪，严肃查办失职渎职造成重大安全生产事故的犯罪，促进解决人民最关心、最直接、最现实的利益问题。

三要更加注重维护公平正义。着力加强法律监督工作的薄弱环节，严肃查处司法工作人员贪赃枉法、徇私舞弊犯罪，维护司法廉洁，促进司法公正，彰显社会正义。

四要更加注重促进社会和谐。认真研究和落实在各项检察工作中化解矛盾纠纷的措施，积极做好释法说理等工作；深入贯彻宽严相济的刑事政策，进一步完善相关工作机制；注意在执法中发现带有倾向性、苗头性的民生诉求，创新便民信访方式，妥善处理涉检信访问题，最大限度增加和谐因素，最大限度减少不和谐因素。

二、深化检察改革，促进完善公正高效权威的社会主义司法制度

按照党的十七大关于深化司法体制改革的部署，制定今后一个时期深化检察改革的方案，以满足人民的司法需求为根本出发点，从人民不满意的问题入手，继续推进检察体制和工作机制改革。积极提出立法建议，完善检察机关法律监督的范围、内容、程序和措施。优化检察职权配置，健全上下一体、分工合理、权责明确、运行高效的检察体制。全面实行人民监督员制度，推动人民监督员制度法制化，健全检察工作接受人民群众监督的机制。

三、推进队伍建设，做到严格、公正、文明执法

深化社会主义法治理念教育，进一步端正执法思想。着力建设高素质领导班子，

广泛开展正规化分类培训和岗位练兵,抓好人才培养工作,提高检察人员业务素质和执法技能。大力加强基层基础工作,加大对中西部和贫困地区基层检察院的扶持力度,促进基层检察院建设健康发展。加强自身反腐倡廉建设,弘扬检察职业道德,严明执法纪律,对检察人员贪赃枉法、侵害群众利益的,坚决依纪依法查处。

四、自觉接受监督,保证检察权的依法正确行使

坚持把检察工作置于党的领导和人大及其常委会的监督之下,深入贯彻监督法,完善和落实接受人大监督的措施。自觉接受政协民主监督、人民群众监督和新闻舆论监督,认真听取各民主党派、工商联、无党派人士的建议、批评和意见,加强和改进检察工作。

（选自新华网 2008 年 03 月 10 日）

1.4　总　结

一、总结的定义

总结是单位或个人对过去一个时期内的实践活动作出系统的回顾归纳,在回顾归纳的基础上,加以检查、分析、评价、找出成绩、经验,明确问题、教训,得出规律性认识,以提高工作水平,指导今后工作的一种事务性文书。

二、总结的特点

1. 回顾性

总结是对以往工作的总回顾,检查工作的进展、成效以及经验、教训等,可以说它是人们实践活动的真实、本质的反映。对管理而言,这样的回顾不仅非常必要,也具有高度的科学性。人们很注重这种回顾,并逐步将其纳入制度化、科学化的轨道。

2. 指导性

总结的目的在于找出经验和教训,借以指导工作。因此,它遵循"实践——认识——再实践——再认识"的规律,通过对材料去粗取精、去伪存真、由此及彼、由表及里的分析,把感性认识上升到理性认识,提炼出规律性的东西,以利于在以后的工作中推广经验、吸取教训。

简而言之,总结最大的特点是总结性、经验性、规律性,通过总结,可以把已经做过的工作实践从感性认识上升为理性认识,便于指导工作,继续前进。这对做好任何工作都是必不可少的重要环节。

三、总结的分类

从性质、时间、形式等角度可划分出不同类型的总结,从内容分主要有综合总结和专题总结两种。综合总结又称全面总结,它是对某一时期各项工作的全面回顾和检查,进而总结经验与教训。专题总结是对某项工作或某方面问题进行专项的总结,尤以总结推广成功经验为多见。总结也有各种别称,如自查性质的评估及汇报、回顾、小结等都具总结的性质。

四、总结的写法及要求

1. 标题

文件式标题,一般由单位名称、时限、内容、文种名称构成。

文章式标题,以单行标题概括主要内容或基本观点,不出现总结字样,但对总结内容有提示作用。

双行式标题,即分别以文章式标题和文件式标题为正副标题,正标题揭示观点或概括内容,副标题点明单位、时限、性质和总结种类。

2. 正文

前言,一般介绍工作背景、基本概况等,也可交代总结主旨并作出基本评价。开头力求简洁,开宗明义。

主体,应包括主要工作内容、成绩及评价、经验和体会、问题或教训等。这些内容是总结的核心部分,可按纵式或横式结构形式撰写。所谓纵式结构,即按主体内容纵向所做的工作、方法、成绩、经验、教训等逐层展开。所谓横式结构即按材料的逻辑关系将其分成若干部分,标序加题,逐一写来。

结尾,作为结束语可以归纳呼应主题、指出努力方向、提出改进意见或表示决心信心等语作结,要求简短精练。

3. 落款

一般在正文右下方署名署时用。如是报纸杂志或简报刊用的交流经验的专题总结,应在标题下方居中署名。

【例文一】

北京市银行业奥运金融服务工作总结

第 29 届奥运会、第 13 届残奥会已经胜利闭幕。奥运期间首都各金融机构周密部署,积极工作,竭诚服务,为中外宾朋有效地提供了全面、优质、高效的金融服务,兑现了服务奥运、支持奥运的庄严承诺,向世界传递了奥运的精彩,为北京举办一届有特色、高水平奥运会贡献了力量。

一、首都银行业为北京 2008 年奥运会提供了优质高效的奥运金融服务

(一)全力以赴做好奥运筹备工作

北京各家银行在北京银监局和北京市银行业协会共同举办的北京市银行业"奥运金融优质服务主题活动"上郑重承诺,坚决贯彻市委、市政府和银行监管部门的各项工作部署,树立大局意识,加强沟通合作,为 08 奥运的成功举办构建良好的金融服务环境,确保为赛会和中外宾客提供全面、舒适、便捷的优质金融服务。

各家银行积极响应北京市银行业协会发出的《首都银行业做好奥运金融服务倡议书》中的 12 项倡议,从建立奥运服务工作机制、保障信息系统安全、健全各项业务和客户申诉处理机制、完善网点服务环境、应急管理、开辟"奥运绿色通道"服务窗口、组织参加各类奥运服务活动等方面的奥运服务工作进行充分的准备。

(二)完善服务设施,提升服务形象

为确保为赛事和中外宾客提供便捷、舒适的金融环境,各行积极开展设施改造工程,重点做好了六方面的工作:一是对网点营业厅进行了环境卫生综合整治,营业大堂更加整洁、舒适和有序;二是布设了永久性或临时性无障碍坡道;三是开设了奥运绿色通道和外币兑换服务柜台,并配备具有英语和手语沟通能力的高素质柜员;四是以中英文双语显示业务宣传和客户服务热线;五是布设了货币兑换双语标志;六是采用具有中英文显示功能的自动叫号机,并增设了外币兑换模块,为外币兑换客户提供优先服务。

(三)优化支付环境,提升服务手段

2007 年以来,各家银行认真按照北京市政府、人行营管部和北京银监局的要求,紧紧围绕奥运支付环境这一核心任务,着力建设高效便捷的金融支付环境和银行卡受理网络,取得了较好的效果。加强了奥运重点地区服务网点布局,拓展奥运金融服务网点渠道。同时,为拓展非柜面服务渠道,方便国外客户使用,各行新增了 POS 机具、ATM 机具和外币自助兑换机,安装了自助机具终端远程监控程序,实现了自助机具管理的快速反应和 24 小时全面保障。

(四)改进服务流程,提升服务效率

在硬件改造的同时,北京辖内银行机构为服务标准化管理投入大量的精力,分别根据本行实际情况编制了《柜台服务标准化手册》、《大堂经理标准化服务流程》、《柜台客户疏导紧急预案》,重点对大堂经理服务进行规范化管理,从标志佩戴、外语沟通、服务态度、客户疏导、无障碍设施引导、业务流程等多方面提升大堂经理综合服务能力。奥运重点区域周边支行在奥运期间提供延时服务,提供"充足、整洁、安全"的

现金服务,满足奥运前后北京地区的各币种现金需求。

(五)强化人员培训,提升服务意识

为保证为外国参赛选手和宾客提供更加优质的服务,各行加大了服务培训工作力度,组织支行行长、大堂经理、综合柜员开展了包括金融英语、货币兑换、外汇政策和风险识别等培训,同时分批次集中培训英语骨干人员。另外,各行结合本行员工特点,印制了诸如《奥运金融服务手册》《奥运金融服务英语手册》《奥运知识读本》等业务辅导教材,下发基层每一位员工,一线员工涉外服务意识和素质明显增强。

(六)开展预案演练,提升应急能力,确保"平安奥运"

为加强突发事件的应急处置,确保平安奥运,各行分别制定了包括安全保卫、服务应急处理、重大案件、流动性、信息系统等重大事件专项应急预案和运营支持、危机公关在内的职能应急预案,形成一套以"横向到边、纵向到底"为应急处置原则、分支行两级分类管理,较为全面的重大事件应急管理体系。奥运期间,各行加强组织指挥和提高应急响应等级,进一步强化风险防控,提高规章制度执行力,杜绝各类差错、事故和案件的发生,全力营造平安奥运金融服务环境,确保平安奥运。

(七)完善咨询投诉体系,提升奥运服务品质

在奥运期间,建立统一、快速、中英文双语种服务的咨询和投诉处理渠道。各行组建了以英语为主的服务团队,一些行还开通了电话银行英语服务和日、韩、德、法、俄小语种服务。各行还成立了奥运咨询投诉应急小组,与北京市银行业协会投诉热线和12345非应急求助电话对接,为客户提供全面咨询和投诉服务渠道。

奥运期间,北京市银行业协会投诉热线和12345非应急求助电话共接到投诉电话10起,集中于个人理财和银行卡业务(7起银行卡、3起个人理财),均为本国居民的投诉。具体细分,除对广发银行信用卡还款的投诉为涉奥金融服务并迅速解决了之外,其余9起均为以往客户对银行日常业务和服务投诉的遗留问题。

据对银行机构的初步统计,奥运期间北京银行业客服系统及投诉热线共接到投诉电话73起,同比下降80%以上,招行、交行、北京银行等许多银行实现了零投诉,更多的是中外宾客对各行细致入微体贴服务的表扬和赞美。中国银行作为奥运银行合作伙伴,用火一般的热情、流利的英文及娴熟的业务水平给办理业务的每一位国内外客户留下深刻印象,各国奥委会官员、代表团成员、运动员、媒体记者无不被中国银行的饱满精神、专业服务和热忱的态度所感动,甚至许多运动员和外宾在回国前专程到网点与中行员工道别留念。奥运期间,工商银行涌现出大量感人的服务事迹,各类金融服务受到国内外客户的一致好评。据统计,从7月27日奥运村开村到8月27日闭村,工行全辖网点共收到客户书面表扬信1328次,其中,国内客户表扬1202次,国外客户表扬126次,95588客服电话渠道收到客户表扬信112件。北京银行的优质服务也给外国宾客留下深刻印象。奥运会男子举重69公斤级的银牌获得者——

法国选手旺斯拉·达巴亚·蒂安切在办理完业务后,操着不太标准的中文连声说:"谢谢北京银行!"其他各家银行优质服务获得的赞扬也不胜枚举。可以说,北京银行业经受住了奥运金融服务的考验,服务水平和服务技能显著提升,彰显了中国金融业的良好服务形象。

二、优质高效的奥运金融服务为北京银行业积累了宝贵的经验

北京银行业用梦想和努力实现了庄严承诺,始终胸怀百年奥运的使命与光荣,经历了许多的艰辛,付出了许多的心血,也积累了更为宝贵的经验,有很多的体会和感触。

第一,完善高效的指挥调度体系是保障奥运金融服务优质高效的核心。

为举首都银行金融机构之力,确保完成 2008 年奥运金融服务工作,根据北京银监局银行业奥运金融服务工作领导小组的统一部署,首都各银行业金融机构建立奥运服务的工作机制,加强领导,落实责任,及时督办,提高金融服务水平,奥运会前在北京辖内建立起安全、优质、高效、便利的银行服务环境,为奥运会及来京的中外金融消费者提供满意的金融服务,维护首都银行业的良好声誉,为万无一失完成奥运金融服务任务提供了坚实的组织保障。

北京市银行业协会发出《首都银行业做好奥运金融服务的倡议》,呼吁各家行建立奥运服务工作机制、保障信息系统安全、健全各项业务和客户申诉处理机制、完善网点服务环境、应急管理、开辟"奥运绿色通道"服务窗口、组织参加各类奥运服务活动等。

第二,场馆周边网点、自助机具、服务人员的配备以及各项应急措施的完善是奥运金融服务优质高效的基础。

北京市银行业协会成立以行业自律部为主要组织领导小组,全面负责北京市银行业文明规范服务系列活动的组织实施;各会员单位组织相关部门成立本单位的文明规范服务系列活动组织领导机构,共同落实中国银行业协会和北京银监局的工作要求。全面推进"2008 年中国银行业文明规范服务示范单位评选",反复检查网点、机具的中英文标志,发现问题及时解决。特别是赛前的文明示范的评比,又一次对各个银行机构、各个细节提出了更高的要求。

第三,全程参与奥运、以终为始的服务理念是优质高效的关键。

从 2007 年下半年开始,北京市银行业协会响应中国银行业协会的号召,根据北京银监局的要求,主抓并推动奥运金融优质服务主题活动有序开展:制订方案,发起活动,确保各项工作有重点、早安排、早动员、早落实。活动内容主要包括业务流程优化、组织业务技能、外语服务、无障碍服务和文明礼仪相关内容培训、推动各行服务资源管理水平提升、推动建立奥运投诉和咨询处理渠道、加大品牌推广与宣传等方面。

督促各会员行按照北京银监局下发的《关于进一步提升辖内中资银行机构临柜服务水平的指导意见》要求,进一步改进临柜服务质量。各家银行也纷纷响应,每家银行都作出规划,主动出击,将各项工作、各个方案落实到具体的责任人,把握好各个关键时点,严格按照计划实施,并不断检查、整改、完善。

正是在整个奥运筹备期间,北京银行业金融机构始终坚持"认真认真再认真,细致细致再细致",努力将每个细节都落到实处,善始善终,以大局为重、恪尽职守,才使得奥运金融服务工作得到肯定。

第四,各级单位人员的通力配合,是奥运优质高效服务取得成功的有力保证,中外宾客的满意是首都银行业服务的最高目标。

在北京银监局的统一领导下,北京市银行业协会精心准备有序推进各项金融服务工作,辖内各家银行通力配合。从动员大会、落实及直到检查整改、完善投诉机制等一系列工作都是首都银行业金融机构相互配合、相互协作完成的。也正是有了监管机构、协会以及各家银行的努力,有了银行员工的理解和支持,才使得奥运金融服务工作更加顺利。

第五,与媒体充分沟通,利用媒体的多方面宣传是为广大中外宾朋提供优质高效服务的前提。

北京市银行业协会积极为北京地区奥运金融服务工作营造良好的舆论氛围。从2008年1月,"奥运金融优质服务主题活动"、"与新闻媒体座谈会"、"做好奥运金融服务,展现首都银行业良好形象"征文活动等有序开展,73家会员单位积极响应北京市银行业协会的倡议,认真组织和落实各项工作。协会充分发挥协调、自律的作用,成立了专业的工作机构,采取多种形式做好首都奥运金融服务,普及和推广银行业务和金融知识。《金融时报》连续报道了各家银行及协会为实现优质服务而做的点点滴滴的努力。协会出版了《奥运金融服务专刊》,为奥运金融服务创造了良好的舆情氛围。

第六,高素质、能打硬仗的银行员工队伍,是优质高效服务最为宝贵的财富。

在"我参与、我奉献、我快乐"的奥运信念下,饱满的热情、细心的服务和忘我的精神是银行员工最真实的写照。奥运金融服务软硬件等各个方面的提升和完善,都需要首都银行员工的精心准备和艰苦努力。在非常短的时间内,要完成全部营业网点的改造,包括自助机具升级、无障碍设施改造、营业环境完善等大量工作;要不断提升信息科技风险管理水平和应急处理能力,高效完成银行卡系统、网上银行、电话银行、银证系统等多个系统的压力测试和灾备演练工作,确保平安奥运;要全力提升外语服务能力和临柜服务质量,确保优质服务。每一项工作都离不开广大员工的艰苦付出和无私奉献,在此过程中涌现出无数动人的故事。可以说,正是这一点一滴的努力,塑造了首都银行优质的金融服务,赢得了中外宾朋的赞誉。

三、建立长效优质的服务机制任重道远

奥运会虽然已经结束,但是馈赠给我们巨大的精神财富。奥运期间,向广大中外客户提供文明规范服务,既是首都银行业展示自身发展成就的历史机遇,更是抓住发展机遇、加快服务转型的实际检验。通过奥运金融服务,不仅提升了北京银行机构的服务水平,更重要的是形成了持续优化服务、注重发展内涵的长效机制。

首先,将奥林匹克精神融入首都银行业发展将给我们带来新的精神动力。

奥运会上不断刷新的纪录是人类不断超越、不断进步的印记,运动员勇于挑战、奋力拼搏、坚持不懈的体育精神更是感动着所有的观众。更快、更高、更强的奥林匹克精神成为我们永恒的奥运记忆。

在奥运金融服务的实践中,首都银行业始终兢兢业业,以开放合作的心态,追求进步的姿态,为首都银行业注入了新的生机,实现了更快的发展速度,更高的服务标准,更强的总体实力;员工恪尽职守,以不断成长的渴望,始终如一的为奥运奋战,他们用实际行动践行着奥林匹克精神。在奥运历程中,不管是银行机构,还是员工个人,共同成长,共同进步,共创辉煌,实现了共同的奥林匹克梦想。

奥运金融服务的积淀,毫无疑问,给银行机构的发展带来新的精神动力,在业务发展上、在客户服务上、在银行管理和企业文化提升上都将发挥重要作用。

其次,奥运金融服务标准和理念的持续推广将给首都银行业带来新的市场空间。

以服务奥运为契机,以奥运金融服务过程为标准,牢固树立"以客户为中心、为客户创造价值"的现代服务理念。进一步增强品牌服务理念,以优质服务为目标、以品牌建设为手段,坚持将客户需求作为经营管理的出发点和归宿,处处为客户着想,最大限度地为客户提供尽可能满意的高品质金融服务。

最后,践行科学发展观,不断摸索有首都特色的金融服务道路,塑造优质金融服务品牌,建立长效优质服务机制。

做好金融服务是一项长期重要任务,奥运会后的金融服务工作将优质服务理念、创新服务意识和有效服务举措进一步加以完善和提升,持续推进服务管理创新,不断加大产品创新力度,借鉴国际同业经验,实施组织架构变革,为产品创新、营销服务等经营活动提供科学有效的支撑。发挥科技、信息、人才密集的优势,大力开发高科技、高附加值、高文化品位的服务产品,把金融服务向纵深推进、向多领域拓展,为社会提供贴近市场、靠近客户的全方位、深层次、立体化金融服务。在现有经验基础上继续探索一条真正适合首都银行业的服务道路,建立长效优质服务机制,不断丰富金融服务的内涵。

（选自北京银行业协会网站 http://www.china—cba.net,2008-10-20）

第2章　工作要点、简报

2.1　工作要点

工作要点是为了实现某一奋斗目标而提出应该做的一些主要工作的文体。

工作要点的标题一般由单位名称、时间和文种三部分构成。因为该文种已决定了公文的内容是"工作中的要点",所以其正文部分也是围绕这一主题,概括提出该单位该时限内为实现某一目标而应落实的主要工作和措施、办法。在表述形式上,多采用多条法,一段一个要点地写。

制订工作要点首先要从本单位、本部门的实际出发,根据本单位、本部门的工作性质和工作特点,提出科学的奋斗目标。其次,公文的主旨要集中、准确,提出的要点一定要与实现目标相关,且是对现实目标起主要的作用,次要的、事务性的工作不能写入工作要点中,以免主次不分,轻重颠倒,影响工作的主攻方向。第三,文风朴实,语言简洁、精炼,切中要点和富于说服力。

【例文一】

2008 年卫生监督工作要点

2008 年卫生监督工作要认真贯彻落实党的十七大精神,深化卫生监督体制改革,加强卫生监督体系建设,推进卫生依法行政;加强卫生监督队伍的培训和管理,规范卫生行政执法行为,努力提高卫生监督执法的能力和水平;切实履行卫生监督职责,围绕社会和群众关心的问题,以职业卫生、医疗服务和采供血监督、食品卫生、放射卫生、环境卫生和学校卫生等为重点,进一步加大执法力度,维护人民群众的健康权益。

一、加强卫生监督体系建设,严格卫生监督队伍管理

(一)继续深化卫生监督体制改革,深入贯彻《关于卫生监督体系建设的若干规定》和《关于卫生监督体系建设的实施意见》,加大对各地卫生监督体系建设的指导以及监督检查。加强卫生监督基层网络建设,推进卫生监督进农村、进社区行动。进一步改善卫生监督工作条件,完善保障措施和运行机制,提高卫生监督能力和水平。

(二)加强卫生监督信息系统建设,全面推进卫生监督政务公开。贯彻落实《卫生监督信息系统建设指导意见》,全面加强国家、省、市、县各级卫生监督机构的信息网络建设,切实促进卫生监管模式的转变和执法效率的提高。贯彻落实《卫生监督信息报告管理规定》和《全国卫生监督调查制度》,加强卫生监督信息报告工作,提高信息报告质量和效率。加强国家卫生监督信息平台建设,健全卫生监督信息报告系统,建立国家卫生监督基础数据库。

(三)加强卫生监督技术支持能力建设。明确各级疾病预防控制机构等卫生监督技术支持机构的职责和任务,理顺工作关系,改善技术装备条件,加强专业技能培训和人员管理,提高技术检验和评价能力。严格规范检验出证行为。规范卫生监督现场快速检测工作,建立健全管理制度,完善现场快速检测方法和标准,加强操作技能培训,不断提高快速检验技术水平。

(四)进一步完善卫生监督员相关管理制度,加强各级卫生监督员的培训和管理。贯彻落实修订后的《卫生监督员管理办法》,加强卫生监督队伍规范化建设。建立健全相关管理制度,严格卫生监督员准入和培训的管理,加强卫生监督员培训师资的管理和培训。组织实施好中西部地区卫生监督人员培训项目,探索卫生监督员培训远程教育模式,逐步建立国家卫生监督员培训基础课件库。继续开展全国市(地)级卫生监督管理干部培训工作。

(五)开展卫生监督稽查工作,推进卫生行政执法责任制。按照《卫生监督稽查工作规范》的要求,加强地方卫生监督稽查机构的建设,促进卫生监督稽查工作的开展。按照《卫生行政执法考核评议办法》和《卫生监督执法过错责任追究办法(试行)》,建立完善卫生行政执法考核评价体系,推动卫生行政执法考评工作的有效实施。

二、突出重点,进一步加大监督执法力度,维护正常医疗服务和公共卫生秩序,保护广大人民群众的身体健康和生命安全

(一)加强医疗服务和血液安全监督执法工作。

1. 继续加大医疗服务监督力度。保持高压态势,巩固三年打击非法行医专项行动成效,狠抓长效机制建设,完善医疗服务日常监督制度,加强日常监督执法。特别要加大对重点地区、重点医疗机构的监督检查力度,规范医疗服务市场秩序。继续认真受理投诉举报,狠抓严重危害人民群众身体健康的非法行医大要案、典型案件的查处,配合有关部门严肃追究违法违规医疗机构及其有关责任人员的责任。开展多种形式的医疗服务监督人员培训工作,提高其执法能力和办案水平,落实执法责任制。加大正面宣传和典型案件的曝光力度,提高医疗机构及其从业人员的法制意识。

2. 深化血液安全监督,逐步建立长效监督机制。加强血液安全调研工作,了解血液安全监督情况,查找薄弱环节。加强血液安全监督经验交流,逐步规范血液安全监督的内容与方式,不断完善血液安全监督的制度建设和措施手段。加强血液安全监督人员培训工作,不断提高监督人员的业务素质和执法能力。继续开展对重点地区采供血机构和医疗机构的血液安全监督检查,督促各地加大对偏远地区临床用血安全监督检查工作,保障血液安全。强化各地血液安全监督的责任,加大日常的监督力度。

(二)稳妥推进大型医疗机构巡查工作。在现有巡查工作基础上,加强调查研究工作,发现医院存在的共性问题。进一步完善《卫生部关于大型医院巡查工作暂行规定(试行)》、《大型医院巡查工作制度》等文件和相关制度建设,建立大型医院巡查工作的长效运行机制。加强巡查专家队伍的组建和培训工作,按照部党组工作重点制定年度巡查工作方案,继续认真深入的开展巡查工作。

(三)突出重点,切实加强职业卫生和放射卫生监督管理工作。

1. 在摸清职业病危害情况的基础上,结合实际制定职业病防治规划,督促各地将职业病防治工作纳入当地经济和社会发展计划,并采取切实可行措施认真组织实施,建立和完善工作机制。

2. 加强职业病诊断与鉴定机构、职业健康检查机构、化学中毒与核辐射救治基地、卫生监督机构能力建设,提高人员素质,规范服务行为,加大职业病防治执法力度。建立对重点职业病的监测哨点,规范职业病的报告与管理。推进和深化基本职业卫生服务试点工作。

3. 以存在粉尘、有机溶剂、石棉职业危害的中小企业为重点,加大对用人单位职业健康监护情况和建设项目职业病危害评价制度落实情况的监督检查,严肃查处严重危害劳动者健康的违法行为,并及时向社会公布。

4. 完善审批程序,规范职业卫生技术服务机构的审批和管理;加强职业卫生专家库建设,规范建设项目职业危害评价工作,提高评价工作覆盖率;同时按照属地化管理的原则,开展对甲级、乙级职业卫生技术服务机构的全面监督检查,对违法行为予以处罚,上级卫生行政部门根据情况开展质量控制和抽查。

5. 以医疗机构放射诊疗许可和放射工作人员证发放、个人剂量监测技术服务机构资质审定的监督管理为重点,做好《放射诊疗管理规定》和《放射工作人员职业健康管理办法》的贯彻落实。

6. 做好职业病防治相关法律法规的宣传教育,普及职业病防治知识,提高用人单位职业病防治的责任意识,提高职业卫生技术服务机构的依法执业意识,提高劳动者的自我保护意识。

(四)完善食品、化妆品、消毒产品、涉水产品等健康相关产品卫生监督法规、标准和技术规范,进一步规范健康相关产品卫生许可工作,深入开展食品和化妆品专项整治工作。

1. 进一步加强《新资源食品管理办法》、《食品营养标签管理规范》和《食品添加剂使用卫生标准》等法规、标准的贯彻实施。制(修)订《餐饮业从业人员健康管理规范》、《健康相关产品案件协查规定》、《消毒产品生产企业卫生规范》。

2. 做好食品污染物、食源性疾病、化妆品不良反应监测工作和全国总膳食调查工作,严格质量控制和评价工作,提高监测能力和监测质量,及时发布监测信息。为开展相关食品风险评估和预警发布工作奠定良好基础。

3. 进一步规范健康相关产品卫生行政许可工作,按照《行政许可法》和有关要求,对现有许可项目进一步梳理。严格规范涉水产品卫生许可范围、程序和要求,加强化妆品、消毒产品生产企业卫生许可管理工作。

4. 进一步提高餐饮业食品卫生监管水平。积极探索和改进餐饮业卫生监管的长效监管制度和措施。继续组织实施《餐饮业食品索证管理规定》,以强化原料进货索证为重点,在餐饮业全面实施原料进货溯源制度。继续贯彻实施《食品卫生监督量化分级管理制度(2007 年版)》,在餐饮业全面实施监督量化分级管理制度。加大《餐饮业和集体用餐配送单位卫生规范》实施力度,提高餐饮业自身卫生管理水平。做好餐饮业食品卫生监督公示制度试点总结和推广工作。

5. 根据国家有关工作计划开展食品和化妆品专项整治活动,继续加大力度开展健康相关产品国家监督抽检工作。落实好 2008 年食品、化妆品、消毒产品和涉水产品的国家卫生监督抽检计划,围绕与消费者健康密切相关的重点问题、突出问题和热点问题,及时组织查处健康相关产品生产、经营和使用过程的违法行为,加大案件查处力度,对发现的典型案件适时向社会公布。探索建立健康相关产品不良记录管理机制。

6. 结合社区、乡村卫生监督网络建设,规范社区、农村食品安全和农家乐旅游点、农村家宴、建筑工地食堂等消费环节的卫生监管措施。开展学校食品卫生工作督查,组织查处食物中毒和其他食源性疾病相关食品安全违法事件。

(五)加大环境卫生工作力度,做好传染病防治监督和学校卫生监督管理。

1. 组织修订《公共场所卫生管理条例实施细则》和《公共场所卫生标准》,做好相关标准规范宣贯培训工作。组织制订《公共场所从业人员体检管理办法》,规范健康体检工作和从业服务管理。组织开展重点公共场所卫生监督检查,突出管理重点,健全工作机制,提高监管效能。加快推进公共场所卫生监督量化分级管理,探索建立公共场所卫生管理与监督信息公示制度,切实提高公共场所卫生监督管理水平。

2. 组织修订《生活饮用水卫生监督管理办法》,明确职责,完善措施,提高监督执法力度。进一步加强市政供水、自建设施供水和二次供水卫生监管,组织开展饮用水卫生监督检查。完善饮用水卫生相关标准,继续做好《生活饮用水卫生标准》培训工作,推进标准在全国的贯彻实施。组织开展全国饮用水基本情况调查,掌握饮用水卫生管理现状。完善饮用水卫生监测网络试点工作,制订全国饮用水水质和水性疾病监测网络建设方案。

3. 发布《传染病防治监督工作规范》,加大传染病防治监督工作培训力度,推进传染病防治监督工作规范化建设。以医疗废物处置、内窥镜消毒等为重点,加强传染病防治监督检查,落实制度措施,提高传染病防治监督工作水平。

4. 开展以学校餐饮卫生、传染病防治和饮用水卫生为重点的监督检查,促进学校传染病防治管理工作。

5. 围绕《国家环境与健康行动计划》,建立环境与健康工作组织机构、多部门协作机制和工作制度。有重点地开展环境污染导致健康影响的现状调查,研究建立环境与健康风险评估机制,科学推进环境与健康工作。

(六)按照卫生部统一要求,配合相关部门积极开展2008年北京奥运会食品、公共场所、饮用水、传染病防治监督等公共卫生保障工作。

(选自卫生部网站2008年01月29日)

【例文二】

广东省人民政府法制办公室 2008 年工作要点

2008年是贯彻落实党的十七大、省委十届二次全会和全国、全省市县政府依法行政工作会议精神的关键一年,也是深入贯彻《全面推进依法行政实施纲要》(下称《纲要》)、认真落实国务院和省政府加快推进依法行政各项部署的重要一年。新的一年,全省政府法制工作的指导思想是:坚持以邓小平理论和"三个代表"重要思想为指导,以科学发展观统揽政府法制工作全局,深入贯彻党的十七大和省委十届二次全会精神,紧紧围绕建设经济强省、文化大省、法治社会、和谐广东的目标要求,继续以贯彻落实国务院《纲要》为主线,以提高市县政府依法行政能力为着力点,进一步解放思想、开拓进取,创新观念、创新思路、创新方法、创新思维,努力争当实践科学发展观的排头兵,切实加快建设法治政府的进程,为我省经济社会又好又快发展、全面建设小康社会提供良好的法制保障。

一、以解放思想为契机，机关建设要上新台阶

以提高理论思维能力为重点，深入学习领会党的十七大和省委十届二次全会对社会主义民主法制建设提出的新要求以及我省第十次党代会关于开创和谐社会新局面的重大部署，准确把握科学发展观的基本内涵、精神实质和根本要求，进一步解放思想、开动脑筋、创新思维，努力增强服务大局、谋划全局、开创新局面的能力水平；把开展解放思想学习讨论活动与省直机关开展"三创建三促进"学习实践活动紧密结合起来，与政府法制工作的实际紧密结合起来，与推进依法行政、建设法治政府的目标要求紧密结合起来，着力推进制度创新、体制创新、机制创新和工作创新，以新一轮思想大解放推动我省政府法制事业的新一轮大发展；完成机关党委、纪委换届选举，加强机关党建、纪检、监察工作，全面推进机关作风建设；加强干部队伍建设，加大干部培养教育工作力度，着力提高干部队伍的政治业务素质和开拓创新能力。

二、以科学发展为导向，政府立法要有新举措

按照全面落实科学发展观、构建社会主义和谐社会的目标要求，研究和把握立法规律，统筹考虑城乡区域、经济与社会、人与自然以及对内改革和对外开放等各项事业的发展，把体现科学发展要求、有利于推动经济社会协调发展、维护社会公平正义、反映人民群众根本利益的方针政策和经验制度化、法制化；在继续加强经济调节、市场监管方面立法的同时，更加注重社会管理、公共服务领域的立法，重点完成有关维护民权、保障民生、节约资源、保护环境方面的立法项目，确保经济社会又好又快协调发展；把"以人为本、立法为民"贯穿于政府立法的全过程，进一步完善立法听证会、论证会、座谈会、公示征求意见等制度，加大公众参与立法工作力度，推进科学立法、民主立法，提高政府立法质量；充分发挥政府法制部门在政府立法中的主导作用，进一步完善立法技术和程序规范，提高立法水平；探索建立立法成本效益分析、立法后评估和法规、规章、规范性文件定期清理等制度，节约立法资源，提高立法效率，切实解决立、改、废相脱节的问题，提升政府立法的经济效益和社会效益。

三、以规范执法为核心，监督协调要有新成效

按照党的十七大提出的"健全政府职责体系"、"加快行政管理体制改革"的目标要求，加强监督协调，加快建立权责明确、行为规范、监督有效、保障有力的行政执法体制，确保权力在阳光下运行。着重抓好六项工作：一是力争上半年完成《广东省行政执法责任制条例》的修订工作，完善行政执法责任体系，把评议考核、案卷评查、责任追究等制度作为补充修改的重要内容，把通报批评、取消执法资格、限期整改、行政处分建议等追究责任的措施及程序具体化，把我省行政执法责任制建设提高到一个新的水平。二是完善制度，改进方法，增强行政执法督察效果；加强与审计、监察等部

门的协调配合,建立联动监督机制,整合监督力量,提高监督效能;积极探索监督协调工作的新路子,着力推进行政执法评议考核、行政执法案卷评查工作。三是深入贯彻政府信息公开条例和广东省政务公开条例,认真做好行政执法职权核准界定公告的后续工作,进一步推进行政执法公开透明运行,确保人民群众对行政权力的知情权和监督权。四是从严把关,改进省政府《行政执法证》、《行政执法督察证》核发工作,研究开发行政执法证件管理系统,推进行政执法证件信息化建设,提高行政执法人员资格管理水平。五是组织落实省政府《关于加快推进市县(区)政府依法行政的意见》,着手起草市县政府依法行政工作考核标准及工作方案,报省政府批准后实施;六是按照省政府常务会议决定精神,组织力量,对全省各地、各部门贯彻落实国务院《纲要》和省政府实施意见以及全国、全省市县政府依法行政工作会议精神的情况开展一次全面检查,推动基层政府依法行政工作再上新台阶。

四、以维护稳定为己任,行政复议要有新局面

按照统一认识、准确定位、完善体系、落实保障的要求,进一步加强行政复议工作。一是要深入学习贯彻行政复议法实施条例,准确把握该条例的精神实质和具体规定,把全省各级行政复议机关及其工作人员的思想认识统一到该条例的精神上来,依法推进和谐社会建设;二是要加大宣传力度,积极引导人民群众依法表达利益诉求,充分发挥行政复议在化解行政争议、维护社会稳定中的主渠道作用;三是要认真落实省政府《关于认真贯彻执行〈中华人民共和国行政复议法实施条例〉进一步加强行政复议工作的通知》精神,着力完善行政复议听证、调解和解、意见建议、备案、指导监督等相关配套制度,适时修订《广东省行政复议工作规定》、制订行政复议工作责任制规定;创新办案方式,简化办案程序,完善办案规范,统一复议文书,切实提高行政复议办案质量和效率。四是要严格执行《国务院法制办公室关于完善行政复议、行政应诉案件统计报告制度的通知》要求,全面推行"行政复议信息报备管理系统",改进行政复议应诉案件统计分析报告工作。五是要推动落实省编办《关于加强县级政府法制工作机构建设的意见》,推进基层行政复议能力建设;分期分批举办行政复议法实施条例培训班,提高基层行政复议工作人员的业务素质和办案水平。六是要加强对全省行政复议、行政应诉工作新情况、新问题的研究,尤其是要针对带有普遍性、规律性的重大问题,认真总结、深入研究,适时提出指导性意见,提高全省行政复议应诉工作的总体水平。

五、以法制统一为标准,规制审查要有新亮点

继续完善行政机关规范性文件统一审查和备案工作。重点抓好四项工作:一是全面梳理中央和我省有关规范性文件监督管理的规定精神和实践经验,探索建立全省行政机关规范性文件监督管理评价指标体系;二是继续加强规范性文件备案工作

示范点建设,以点带面,推动全省规范性文件监督管理工作;三是研究建立政府规范性文件监督工作联动机制,完善规范性文件审查发布情况公告机制,规范并完善规范性文件纠错机制;四是认真总结,探索规律,努力提高规范性文件审查备案的质量和效率。

六、以实践需要为重点,法制研究要有新突破

按照党的十七大关于"实现国家各项工作法治化"、"加快建设社会主义法治国家"、"加快行政管理体制改革"的部署,结合政府法制工作的实际,切实加强政府法制理论研究和宣传工作。一是要认真做好"深入贯彻科学发展观与加快法治政府建设"课题研究,推进依法行政工作实践;二是要研究总结改革开放三十年来政府法制建设的发展历程及基本经验,为谋划新时期政府法制工作新思路提供理论支撑;三是要抓紧抓好行政许可法施行中遇到问题的研究,确保行政许可法的正确有效实施;四是要加快《广东省行政争议预防和处理条例(草案)》的研究修改工作,为推进和谐社会建设提供法制保障;五是要加强对新时期政府法制工作新情况、新特点、新问题、新规律的研究,努力提高《政府法制研究》刊物的质量;六是要继续加强政府法制信息宣传、规章译审和对外交流工作。

七、以履行职责为推手,地位作用要有新提高

全面履行政府法制工作职责,在加快推进依法行政、建设法治政府中发挥更加积极有效的职能作用。一是要充分发挥好政府法制部门在推进依法行政中的主力军作用。着重履行好统筹规划、部署落实、督促检查、协调指导四大职责,对依法行政工作整体部署、重点突破,切实加快我省建设法治政府的步伐。二是要充分发挥好政府法制部门在经济社会发展中的服务保障作用。紧紧围绕党委、政府的中心工作和经济社会发展大局,从法律层面上进一步完善我省改革发展的机制、体制和制度,不断深化行政管理体制改革,推动政府管理理念和管理方式创新,着力转变政府职能、理顺行政关系、提高行政效能、改善政务环境,促进我省经济社会又好又快发展。三是要充分发挥好政府法制部门在构建和谐社会中的职能作用。按照公开、公平、公正的原则,进一步夯实构建和谐社会的制度基础,树立法律权威,改善行政执法环境,强化政府层级监督,依法保障人民群众的合法权益,维护社会和谐稳定。四是要充分发挥好政府法制部门在处理政府法律事务方面的参谋、助手和顾问作用。加强机构和队伍建设,努力提高政府法制部门自身的政治和业务素质,更加积极主动地为政府的重大决策、重要行政措施把好法律关,为政府依法协调处理重大、复杂、疑难问题出谋划策,切实当好政府领导在法律事务方面的高级参谋、得力助手和合格顾问。

(选自广东省人民政府法制办公室网站 http://www.fzb.gd.gov.cn)

2.2　简　报

一、简报的含义、种类、特点

（一）简报的含义

简报是机关、团体、企事业单位内部用来反映情况、汇报工作、交流经验、沟通信息时所采用的一种书面文书。

（二）简报的种类

简报按编写时间的固定与否，可分为定期简报和不定期简报；按内容性质划分，可分为工作简报、学习简报、生产简报、经营简报、会议简报等；按内容单一与否，可分为专题简报、综合简报。

（三）简报的特点

快捷性，简报有严格的时限性，不论是定期简报还是不定期简报，都要抢时间、争速度，及时反映情况。特别是会议简报，往往一日一报，甚至一日数报。

简洁性，简洁是简报的价值所在。简报内容精粹，篇幅短小，语言简明扼要。每期简报都要内容集中，文字凝练。

新鲜性，简报要反映新情况、新问题、新经验，能给人以启发和借鉴。单位的新动态，事物的新趋势、新苗头、是简报要抓的主要素材。

二、简报的写作要点

简报一般由报头、报体和报尾构成：

（一）报头

简报报头包含简报名称、编号、机密级、期数、编发单位和印发日期等六项。简报名称用特号字，一般用红色先行印好。编号在简报名称下，写明第×号或第×期。编发单位和印发日期占同一行，分靠左右两边。报头与报体之间用一横线隔开。

（二）报体

报体指简报中的文章。它可以是一篇文章，也可以是多篇文章。综合简报可以把报道的内容综合在一篇文章里,也可以一篇一事。

简报最常见的文章体式类似于通讯、消息,由标题和正文组成。

1. 标题。简报的标题有三种形式。

(1)单标题,即用一句话或一个词组做标题。

(2)双标题,即在正标题下再加副标题。正标题往往概括特点,副标题指明中心内容。

(3)多行标题,即由两行以上标题组成。上行叫眉题,点明背景、形势,烘托气氛;中行叫正题,概括主题内容;下行叫副题,往往是内容提要或主要效果。

2. 正文。简报的正文一般包括导语、主体和结尾三个部分。

(1)导语。简报的导语总结简报的主旨和中心内容。如果简报篇幅短小,一般第一句就是导语;如果简报分几段叙述,一般第一段就是导语。

(2)主体。简报的主体紧承导语,用典型而有说服力的材料把中心内容具体化。简报的脉络要求清晰,必须安排好主体部分的层次。

(3)结尾。简报正文的结尾用一句话或一段话对正文的中心内容作小结,或指明事件的发展趋势,或提出今后的打算等。

(三)报尾

报尾是在报体结束之后,在这一页的最下方,用平行双横线标明报道单位和印刷份数。

三、简报的写作要求

(一)真实

简报要求绝对真实,事件的背景、过程、结果以及事件中的人物、时间、地点都要求准确无误,不能虚构,不能歪曲。

(二)新颖

简报中的事件要求新,有新闻性,要写新动态、新趋势、新经验、新苗头,这就要抢时间,迅速反映,及时报道。

(三)简明

简报要求简明扼要,短小精悍,要用最简约的文字,把事情表达清楚。

【例文一】

深入学习实践科学发展观活动
简　报

第二期

浙江省卫生厅深入学习实践活动领导小组办公室　　　　二〇〇八年十月七日

统一思想　提高认识
扎实开展深入学习实践科学发展观活动
——卫生厅党组理论学习中心组举行第一次专题学习

10月6日,卫生厅党组理论学习中心组举行深入学习实践科学发展观第一次专题学习。厅党组成员参加了学习。这次专题学习以"统一思想,提高认识,扎实开展深入学习实践科学发展观活动"为主题,以学习中央、省委、卫生部深入学习实践科学发展观的有关文件为主要内容,旨在通过学习,进一步提高对深入学习实践科学发展观活动的认识,把思想统一到中央、省委的总体部署上来,为扎实开展深入学习实践科学发展观活动打下坚实的基础。

学习中,大家一致认为,开展深入学习实践科学发展观活动,是用中国特色社会主义理论体系武装全党的重大举措,是"三个代表"重要思想学习教育活动和保持共产党员先进性教育活动的继续,是深入推进改革开放、推动经济社会又好又快发展、促进社会和谐稳定的迫切需要,是提高党的执政能力、保持和发展党的先进性的必然要求,是构建"民本卫生、和谐卫生"的需要。

大家表示,要认真贯彻落实党的十七大精神和省委十二届一、二、三、四次全会的精神,不断深化对科学发展观的理解,坚持以科学发展观统领全局,进一步增强贯彻落实科学发展观的自觉性和坚定性,增强用科学发展观指导卫生工作实践、推动卫生事业科学发展的能力和本领,着力解决影响卫生科学发展的突出问题,做到真学、真懂、真信、真用,真正把科学发展观贯彻落实到卫生工作中去。

对如何搞好这次学习实践活动,参加学习的同志一致认为应做到以下几点:一是深入学习,打好基础。各单位要发动全体党员认真学习上级规定的学习内容,加深对学习实践活动的重要意义和紧迫性的理解,坚持理论联系实际,把思想认识统一到科学发展观的要求上来。厅党组成员和厅直各单位领导班子成员要身体力行,带头深入学习,为党员干部树立榜样。采取个人自学与集中培训相结合等方式,提高学习效果,通过学习,为学习实践活动提供的思想保证。二是重视环节,不走过场。按照省委要求,学习实践活动分3个阶段11个环节进行。要认真落实每个环节的工作,不搞形式主义、不走过场。在学习实践活动的形式、方法上要积极探索、大胆创新,丰富活动内容,积累活动经验,做到规定动作标准高,自选动作形式多。三是抓住重点,解决问题。开展学习实践活动,关键在于解决问题。要坚持边学边改,围绕影响和制约卫生科学发展的突出问题和党员干部党性党风党纪方面群众反映强烈的突出问题,重点解决好省委列举的 11 个方面的问题。进一步理清促进卫生科学发展的工作思路,完善卫生科学发展的政策措施和发展规划;进一步加强各级领导班子思想政治建设,努力践行"讲党性、重品行、作表率"的要求。四是落实责任,力求实效。要加强对学习实践活动的组织领导。各单位党组织的主要负责人要切实负起责任来,班子成员要分工负责,各部门要通力合作,各单位要统筹安排,做到"两手抓、两促进、两不误"。务求学习实践活动取得实效。

【例文二】

深入学习实践科学发展观活动
简　报

第三期

浙江省卫生厅深入学习实践活动领导小组办公室　　　　二〇〇八年十月十日

构建民本卫生、和谐卫生 推进卫生科学发展
——省卫生厅召开深入学习实践科学发展观活动动员大会

10 月 10 日,省卫生厅召开深入学习实践科学发展观活动动员大会,部署厅机关和厅直单位开展学习实践活动。省委学习实践活动指导检查组第十四组组长姚盛德同志等四位指导检查组成员出席会议。会议由厅党组成员、副厅长、直属机关党委书记王××同志主持,厅党组书记、厅长杨×同志作动员报告,指导检查组组长姚××同志作重要讲话。

杨×同志在讲话中阐述了开展深入学习实践科学发展观活动的重要意义,对卫生厅开展学习实践活动进行了系统的部署,并对搞好学习实践活动提出了要求。厅党组成立了以厅党组书记杨×为组长的领导小组,下设办公室,抽调政治素质高、工作能力强的人员从事具体的工作,并在各个方面提供有力保障。

杨×同志在讲话中指出,卫生厅的学习实践活动要以"加快构建民本卫生、和谐卫生,推进卫生科学发展"为实践载体,要把学习实践活动同贯彻党的十七大对医疗卫生工作提出的任务要求结合起来,同解放思想、深化医疗卫生体制改革结合起来,把突出实践特色、创新实践载体贯穿于学习实践活动的全过程。各直属单位要针对本单位实际,统筹安排好各个阶段的工作,营造良好的活动氛围,提供有力保障。要做好上下沟通、左右协调工作,确保学习调研、分析检查、整改落实 3 个阶段 11 个环节有序推进。

杨×同志强调,各单位要从深化医疗卫生体制改革,促进卫生科学发展出发,积

极稳妥地推进体制机制创新和制度建设,努力解决制度缺失和体制障碍等突出问题,逐步形成保障和促进科学发展的制度体系。制定出台卫生强市强县实施细则,加强基本公共医疗卫生服务均等化研究,深入推进农民健康工程和城乡社区健康促进工程,出台促进中医药事业发展的意见,高度重视公共卫生应急体系建设,切实加强医疗机构管理工作。认真清理现有的规章制度,切实做好废、改、立工作。厅机关着重建立健全推动科学发展的政策规定和体制机制。对于需要有关部门共同努力才能解决的体制机制问题,要积极向上级及有关部门提出建议。

省委指导检查组组长姚××同志在讲话中指出,省卫生厅党组对学习实践活动高度重视,前期准备工作扎实认真。动员讲话充分体现了中央和省委关于开展深入学习实践科学发展观活动的精神,具有很强的指导性、针对性和可操作性。他要求,要牢牢把握学习实践活动的指导思想、主要原则和目标要求,立足于解决突出问题,创造性地开展工作,确保学习实践活动取得实效。

厅机关全体共产党员,厅直各单位领导班子成员、党办主任约 130 余人参加了会议。

第 3 章　经验介绍、写作提纲

3.1　经验介绍

一、经验介绍的定义、作用及特点

经验介绍是总结、交流、推广各种经验时所写的文字材料。它不是正式文件，但在公务活动中，也有一定的指导作用，是一种参考性文件。有时它是会议文件的一部分；有时它被作为"报告"送给上级；有时上级机关在它上面加上批语或按语，变成批示、通报。

经验介绍这一文种具有写作的广泛性，它不仅"笔杆子"经常使用，一些先进典型人物，英雄模范人物，先进单位、先进集体、先进部门、先进行业等都常常使用经验介绍这一文种，用以总结先进事迹、工作经验。

经验介绍的特点：

典型性。即代表性，是说总结、交流和推广的经验，具有一定典型意义和普遍指导作用，可供同类单位、人员学习和借鉴。

经验性。即抓住突出特点，总结出带有本质和规律性的东西，而不是把那些表面的、偶然的和孤立的现象交给人们。

观点和材料的统一性。即总结的经验，观点要正确、集中、突出，材料要生动、具体、真实，且必须做到观点和材料高度统一。

二、经验介绍的基本类型

经验介绍有以下三种基本类型：

（1）偏重于提炼工作经验，一般按问题分类，即按照逻辑原则分类，用材料说明经验。

（2）偏重于介绍先进事迹，把经验寓于事迹之中。

（3）虽偏重于介绍事迹，在这方面花较多的笔墨，但也归纳出若干经验，可以说是经验和事迹并重。

三、经验介绍的格式

经验介绍的格式由标题、署名、正文和时间组成。

（1）标题。大体有两种写法。一是公文标题法。二是一般文章标题法。

（2）署名。在标题下方，署上单位或个人的名字。集体单位的经验材料署单位名称，个人的经验介绍署个人的名字。

（3）正文。经验介绍的正文在写法上比较灵活，没有固定模式。开头一般介绍基本情况、工作成效或提出问题，并略加阐述和发挥。主体介绍基本经验，往往从提高认识、加强领导、发动群众、掌握政策、注意方法、正确处理各种关系等方面入手，加以总结。这是写单位或集体经验时，带有规律性的写法。结语一般写存在问题或不足之处，展望未来，有时写几句谦虚的话。开头和结语应力戒重复，开头提出问题，结语则是解决问题。

（4）时间。正文之后注明经验材料的写作时间。

四、经验介绍写作的基本要求

（1）要详细占有材料，包括概括的材料和典型的材料。在没有确定主题以前，收集材料的范围可以放宽些。在掌握一定材料的基础上，就应该确定主题。然后再根据主题有目的有重点地进一步收集材料，特别是典型材料，对那些关键性的事件了解得越细越好。材料要丰富，以便有选择的余地，但最终写进经验介绍的事例，要精选，不是越多越好。

（2）题目要小，要有针对性，不要面面俱到。题目过大，就很难写得深、写得好、写出特点，写出新鲜东西。

（3）要精心构思，安排层次，搞好通盘谋划。这方面的最低要求，是要做到层次分明，结构严密，重点突出，论点紧扣中心。如有可能，应该做到角度新，有特色，不落俗套。

（4）用事实说话。不论是以经验为主还是以事迹为主，都要用事实说话。材料的运用要有点有面，点面结合。

【例文一】

中煤集团规范职务消费工作经验介绍

实施预算管理、推行厂务公开、加强监督检查规范职务消费工作取得成效

中国中煤能源集团公司(以下简称中煤集团)是较早对职务消费进行规范的中央企业之一。自1999年以来结合企业重组和发展战略定位,统筹规划规范职务消费工作,从建立健全制度入手,不断建立和完善公司管理制度和激励与约束机制,到2006年中煤集团已制定了《集团公司领导车辆使用管理办法》、《中国煤炭工业进出口集团公司关于对因公出国(境)人员管理的暂行规定》等8个涉及企业领导人员公务用车、通讯、业务招待(含礼品)、差旅、国(境)外考察培训等相关职务消费的规章制度,以及职务消费的公开制度、监督检查制度等。2006年下半年,按照国资委的部署,中煤集团对现有制度从内容、标准、消费对象、消费模式、监督管理等方面进行了梳理后,制定了《中国中煤能源集团公司领导人员职务消费管理暂行办法》。同时对所属企业进一步完善规范职务消费制度提出了明确要求。中煤集团在职务消费总量调控、公开透明和监督管理方面,制度健全、措施到位,工作取得了明显成效。

一、实施预算管理,从严控制职务消费支出

中煤集团自2000年起对集团负责人各项职务消费逐步实行预算管理。一是每年年初集团公司财务管理总部根据企业当年年度生产经营计划和各项职务消费的管理规定,编制集团负责人职务消费年度预算。二是每月对职务消费的预算执行情况进行检查,并将集团负责人各项职务消费支出情况在集团公司局域网公示。三是年终对预算编制及执行情况进行全面总结,并在年度职工代表大会上公布职务消费支出情况。这几年中煤集团负责人职务消费支出均控制在年度预算之内。

自2006年起,中煤集团所属企业也逐步将领导人员职务消费纳入预算管理范围,形成了事前明确、事中控制以及事后总结的预算管理流程。

二、推行厂务公开,实现职务消费公开透明

中煤集团自1999年以来,按照党风廉政建设和厂务公开的有关要求,不断建立和完善厂务公开制度。明确规定把集团公司负责人职务消费情况、执行中纪委关于廉洁自律有关规定情况、执行《集团公司员工廉洁自律守则》情况作为厂务公开的内容。明确职代会为厂务公开的主要形式,并通过党政干部联席会、召开职工议政会、厂情发布会及厂务公开栏等形式公开有关内容。

中煤集团对集团各级负责人职务消费的公开提出了明确要求,建立了集团公司负责人职务消费情况"月公布,年报告"厂务公开制度。一是集团公司每月在总部局域网上,将集团公司各级领导干部负责人的电话费、办公用品费、差旅费、业务招待

费、车辆使用费向职工公开。二是集团公司每年在全集团职代会上,向全体职工代表报告集团公司及各级负责人收入情况,电话费、办公用品费、差旅费、业务招待费、车辆使用费等职务消费项目的支出情况,以及对二级单位考核和经营者收入兑现情况等。并将职代会上公开的内容,以文件形式下发至各所属企业,向全集团职工公开,自觉接受职工的民主监督。三是建立职工代表厂务公开巡视制度后,多次组织集团公司职工代表对各所属企业厂务公开工作进行巡视,通过听取汇报、查阅资料、召开座谈会、查看公开栏等方式,监督检查厂务公开的执行情况和负责人职务消费的公开情况,并将巡视结果向职代会报告。各所属企业按照集团公司的要求,积极推进厂务公开及领导职务消费公开工作,落实了职工群众的知情权和监督权,使企业领导人员职务消费不再神秘,进一步密切了党群干群关系,有效地促进了企业的改革发展稳定。

三、加强内部监管,从源头上规范职务消费行为

中煤集团按照党风廉政建设的要求,加强了对职务消费的监督管理,强化监督手段,加大监督力度,从源头上规范各级负责人职务消费行为。一是制定了《中煤集团公司总部管理人员职务消费监督检查暂行办法》,在《中煤集团公司贯彻〈国有企业领导人员廉洁从业若干规定(试行)〉的实施细则》中,对企业领导人员职务消费提出了十条严禁行为,为各级负责人职务消费监督管理提供制度依据。二是通过内部审计、财务检查和日常专项检查,以及定期检查和不定期抽查等方式,对各级企业负责人职务消费的财务报销、车辆使用等进行监督,及时发现存在的问题并予以纠正。三是自2005 年以来,连续三年开展了账外资金“小金库”、领导人员不合理收入和违规多占多购多租住房“三项清理”工作。通过清理整顿,从源头上控制了不规范的职务消费资金渠道的主要来源,解决了职工群众关心的热点问题,进一步促进了各级负责人廉洁从业和职务消费行为的规范。四是要求所属企业对 2006 年以来负责人职务消费进行自查,2007 年 8 月上旬对所属生产、施工、贸易等企业开展了重点抽查。重点检查职务消费制度建设情况,职务消费预算的执行、审核、报销和财务入账情况,执行十条严禁行为情况等。对检查中发现的个性问题及时整改,如个别企业负责人自签自批职务消费入账情况,明确要求完善审批制度等。对共性问题,集团公司提出规范措施,要求各企业进行对照整改。通过加强内部监管,进一步严格规范了各级企业负责人职务消费行为。

(选自国资委信息中心网站 2008 年 02 月 25 日)

【例文二】

西安市部分单位语言文字工作经验介绍

西安市碑林区人民政府——健全分工明确的语言文字工作机制,开展丰富多彩的社会宣传活动

碑林区位于市中心,是西安市的科技区、文化区。区政府充分认识到语言文字工作对全区经济、文化发展的重要意义,把"认真落实《国家通用语言文字法》,促进城区文明再上新台阶"作为全区的一项重点工作。

区语言文字工作委员会由主管文教的副区长直接领导,相关委办局主要负责同志 30 人任委员。60 多个委办局、8 个街道办事处、150 多所学校(幼儿园)均成立了语言文字工作领导小组。区政府编制了"语言文字工作流程图"及"语言文字工作联络表",详细记录各单位语言文字工作的负责人、联络员及联络方法;印发了《碑林区语言文字工作任务分解表》,对机构建设和档案建设做出明确规定,进一步细化任务,做到分工明确,责任到人。长安路街道办将工作任务分项分解到各个科室,以科室为块,实行分片管理,科长作为责任人,再将工作任务细化到科室每个人,实现"科室有辖区,个人有项目"的目标管理体系;铁一中、市五中、西工大附小等学校将语言文字工作从领导分解到教师,从学校分解到各班级,层层细化责任,抓宣传、抓执行。

区里印发《国家通用语言文字法解读》等宣传资料上千份,发放到各部门、各街道办和中小学,要求各单位逐条加以细致分析,领悟其精神内涵,写出学习笔记。一些单位还在学习《国家通用语言文字法》过程中开展知识竞赛、测试等活动。编发《碑林区语言文字工作简报》16 期,及时把区内外语言文字工作动态传递给各单位。碑林教育网站在首页对《国家通用语言文字法》进行滚动宣传。"推普周"期间,各街道办与辖区学校联手协作开展宣传活动,各学校以板报、橱窗等不同方式进行宣传。其中,市二十四中学、西安高级中学每个班都做了"语言文字"小报专刊;市八中"推普"宣传队走上街头,向行人宣传《国家通用语言文字法》,并及时纠正周边不规范用语用字;柏树林街道办设立了大型电子屏幕,滚动宣传语言文字法规及相关知识;南院门街道办在繁华路段展开推广普通话大型万人签字仪式等活动;卫生局根据行业特点,在医院门前设点宣传,将宣传资料送到就诊者手中。仅 2003 年"推普周"期间,全区就印发宣传资料及宣传画上万张,向市民发放宣传资料 6000 多份。以上活动极大地增强了市民对《国家通用语言文字法》的了解和语言文字规范意识。

西安市旅游局——着重提高和考查员工的语言文字规范化水平

在行业"三优一满意"的竞赛活动中,参赛单位的语言文字工作情况及参赛个人使用普通话的水平列为评选先进的重要指标;在导游员年审培训工作中,将导游员能否规范用字,能否自觉使用普通话作为是否准予通过培训和年审的要素之一;导游大

赛等类似的竞赛活动都坚持把使用通用语言文字的情况作为重要的评比内容;全行业进行持证上岗培训,特别是一线服务人员必须进行普通话培训;作为局公务员必备的重要素质之一,规范使用通用语言文字的水平成为各处室公务员日常业务学习培训内容;在公务员考试、考核、招录等过程中把普通话水平作为一项重要参考依据。

西安铁一中——将语言文字工作融入教学和常规工作,提高全校用语用字规范化水平

学校建立了以语文组教师为主力的年级组汉字规范化责任制,努力做到校内用字的规范化:更换了实验楼、体育馆外墙上的不规范字;开展对教案里、课堂上的用语用字检查,将经常错读错用的字编印成册,提供给师生使用;编写《西安铁一中教师语言文字规范手册》,进一步规范教师的用语用字;定期检查各班板报的用字,并将检查结果纳入文明班集体的评比之中。校书法小组的有些同学以繁体字字形优美为由,把繁体字夹带进平时书写,老师便组织他们学习《国家通用语言文字法》,使之正确认识到规范书写和艺术表现二者的关系,严格限定繁体字的使用范围。

学校开展各种活动努力为学生创造良好的语言文字学习环境:语文组在全校各年级各班开展推广普通话的征文比赛,要求学生在征文中反映推广普通话以来人们生活的变化,学生踊跃参赛。每学期举办的"三笔字"(钢笔、毛笔、粉笔)比赛已形成制度,并成为青年教师的一项考核内容。一些来自陕北、陕南地区的学生方言口音重,学校组织普通话较标准的同学与他们"结对子",为其学习普通话创造条件。受助学生在两个月内,普通话水平都有明显提高。

西安市中心医院——营造宣传氛围,开展培训考核,增强职工语言文字规范意识

医院通过各种对外宣传措施,营造了良好的语言文字规范化宣传氛围:拆除了多块用字不规范的宣传牌,并制作"请讲普通话,请写规范字"宣传标牌100个,设置于楼道、门诊窗口等显著位置;在门诊大厅与外科楼悬挂"树立语言文字规范意识,提高全院职工文化素质"的横幅;在门诊大厅的电子滚动屏上播放宣传语言文字规范化的公益广告。

医院注重提高干部职工的语言文字应用能力。中层以上领导干部130余人参加"西安市卫生系统语言文字规范化知识讲座"。医院汉字规范与普通话推广小组组织职工学习《国家通用语言文字法》,制订和下发了《语言文字管理规范》等一系列文件,强化大家的语言文字规范化意识,明确规定了医院开展语言文字工作的任务和目标,为语言文字工作的开展打下了良好的基础;收集医疗活动中经常读错的词汇,汇编成册供大家学习。医院定期对各科进行语言文字规范化测试考核,测试内容主要包括对话、读词卡、朗读等,其中行政职能科室和活动试点科室测试率达100%,其他科室随机抽查5—6人,考核成绩作为个人年度考核的测评条件之一。

西安市公共交通总公司——结合行业特点开展语言文字工作

西安市公交总公司结合行业特点,加大对司乘人员的岗位培训力度。新聘用的

乘务员上岗之前,先要进行普通话服务用语培训。公交教育中心、各基层公司对所有入校新生以及在岗乘务员每年进行一次普通话服务用语的再培训。仅 2005 年,总公司安全服务部、小公共汽车公司就相继举办了三期驾驶员、乘务员、调度员普通话强化培训班,有 2000 多人参加了培训。在乘务员等级考核评定中,总公司也将普通话纳入考核项目。各基层单位采取不同方式,组织各类培训班、技术比武、演讲比赛、知识问答等活动,加强语言文字规范知识培训,参加人数逾 3000 人次。

总公司还组织有关人员对车厢服务用语,电脑报站器用语,车身广告用字等方面进行检查和规范。各营运部门在公交车车厢上设置"讲普通话,做文明西安人"、"国家推广普通话,推行规范汉字"等宣传标语,有力宣传了语言文字工作。为了进一步规范公交设施的文字使用,总公司出台《公交营运车辆标志管理办法》,对公交车辆路牌、站名牌、候车亭用字提出详细规范要求。营运生产部对公交车身的广告制作进行审查验收,禁止在广告中使用不规范字以及滥用谐音字变造成语。

(选自教育部网站)

3.2　写作提纲

一、概述

提纲是一种概要式的书面材料。它不要求把全文的所有内容写出来,只把那些主要内容,提纲挈领式地、概要式地写出来即可。在时间异常宝贵的当今,这类文体具有无限生命力。

提纲使用于汇报工作、传达会议精神和讲话发言。因为有些情况,材料很繁杂,又很具体,而且本人对它们也特别熟悉,这些具体材料都装在头脑里,用不着一一写出来,只把纲目列出,就可以把有用材料带动起来。在这种情况下,才使用提纲。并不是所有文件都能以提纲的形式代替的。它是在特定情况、特定场合下使用的一种文体。

二、提纲的分类及特点

(一)分类

提纲,按其使用情况,可以分为汇报提纲、传达提纲、讲话提纲和写作提纲几种。

汇报提纲,是向上级领导机关汇报工作时所使用的一种文字材料,汇报人,按照提纲中的纲目,加上头脑中记忆的具体材料,向领导、同级或下级讲的问题提纲挈领式的写出来的一种文字材料。

写作提纲,是进行实际写作之前,把文章或作品的主要观点,有时还把重要材料,提纲挈领地写出来的一种文字材料。写作提纲不属于公文范畴,故此不作具体讲述。

（二）特点

提纲,可分汇报提纲、传达提纲和讲话提纲,其基本特点在于它的纲要性和条理性。所谓纲要性,即把汇报、传达的发言的纲目、要点,提纲挈领地写出来,不把全文一字不漏地写到材料中去,因此,在写作中应突出"纲目"和"要点"这四个字。就像网的纲线一样。所谓条理性,即这种文字材料应该条理特别清楚,共讲几个大问题,每个问题之下分几小点,看了之后一目了然,眉目清晰,否则,就失去了写提纲的作用。

1. 事实为本,选材集中

两提纲的写作材料范围狭窄,主要是现实的,与本部门有关的材料。两提纲对事实材料的要求是绝对真实,只有保证材料的绝对真实,才有说服力,才有利于问题的解决。

2. 主题单一,明白显露

提纲要求一文一事,就是较长的也要求有一个中心思想,贯穿全篇。

3. 结构单纯,眉目清楚

提纲的结构,要求完整,简单明了,层次清楚。

4. 叙事说理,有序有力

提纲的写作虽然也讲究以情动人,但不直接抒情,而是寓情于事,寓情于理。提纲写作的方式,主要用叙述、说理、议论。

提纲研究的表达技巧,是使人明白的技巧。提纲写作中,要紧紧抓住一条线索,做到言之有序。

提纲的叙事要有重点,有顺序,有层次,清楚明白;说理,要有根据,有力量,让人信服。能做到"简要清通"即:简明扼要,清楚通顺。

5. 界限分明,开阖有度

提纲由于其特殊的作用,不但要求真实具体,说理有据有力,而且要求有极强的政策性、准确性;要求有分寸,有尺度,有节制,也就是要有分明的界限和严格的限制。

6. 格式固定,约定俗成

发言提纲在格式上没有严格的限制,可以灵活掌握。汇报提纲格式规范,简单汇报提纲只要求写出要点。

7. 简明扼要,惜字如金

8. 时间性强,不容拖延

既快又好,是应用文写作的一大特点,也是一大难点,不下一番苦工夫是很难掌握的,这也完全适用于提纲的写作要求。

9. 文字标点,讲究颇多

文字书写要求正确、清楚、端正。标点符号要求准确无误。行款符合习惯,卷面干净。

10. 风格庄严、朴实自然

提纲属于应用文的风格,由于它内容与需要的特点,应该庄重典雅,朴实自然。

三、提纲的写法

提纲的基本写法,不论何种皆大体相同,它们一般都有标题、前言、主体和结语。只是标题比常用公文更自由、更灵活、更随便一些。主体也因提纲不同,有些差别,结语可长可短。下面对各类提纲结构简述如下。

汇报提纲。标题往往写《关于××××工作的汇报提纲》。或者采用正副标题加以补充、限制,即写上"关于×××问题(工作)的汇报提纲"。主体,一般写基本情况,经验体会、问题教训和今后打算。它同工作总结的基本内容大体一致。结语,一般请领导批评指示之类。

传达提纲。标题写"关于×××会议的传达提纲"。主体写会议概况、会议的基本精神、会议的典型经验、会议解决的问题、贯彻会议精神的意见。如果没有介绍典型经验,当然可以不讲。结论,写明"以上是这次会议的主要精神,如果同全文精神不符,本人负责";或者写"以上是会议的基本精神,不确切的地方,以会议文件为准"之类的话。

讲话提纲。标题写"在×××会议上的讲话提纲"或拟定文章式的标题。正文写讲话的开头语,然后把所列的主要内容,用大小标题的形式,或者把主要内容写出来,最后写结束语。

讲话提纲的写作可简可繁。最简单的提纲只有几十个字或几百个字,有的也可以多达上万字。这可以根据每一个讲话者实际情况、习惯爱好而定。总之,它没有太多条条框框,约束力甚微。

【例文一】

国家级火炬计划项目可行性研究报告写作提纲

一、概述

简述项目提出的背景、技术开发状况、现有产业规模；项目产品的主要用途、性能；投资的必要性和预期经济效益；本企业实施该项目的优势。

二、技术可行性分析

1. 项目的技术路线、工艺的合理性和成熟性，关键技术的先进性和效果论述。
2. 产品技术性能水平与国内外同类产品的比较。
3. 项目承担单位在实施本项目中的优势。

三、项目成熟程度

1. 成果的技术鉴定文件或产品性能检测报告、产品鉴定证书。
2. 产品质量的稳定性，以及在价格、性能等方面被用户认可的情况等。
3. 核心技术的知识产权情况。对引进技术的消化、吸收、创新和后续开发能力。

四、市场需求情况和风险分析

1. 国内市场需求规模和产品的发展前景、在国内市场的竞争优势和市场占有率。
2. 国际市场状况及该产品未来增长趋势、在国际市场的竞争能力、产品替代进口或出口的可能性。
3. 风险因素分析及对策。

五、投资估算及资金筹措

1. 项目投资估算
2. 资金筹措方案
3. 投资使用计划

六、经济和社会效益分析

1. 未来五年生产成本、销售收入估算。
2. 财务分析：以动态分析为主，提供财务内部收益率、贷款偿还期、投资回收期、投资利润率和利税率、财务净现值等指标。
3. 不确定性分析：主要进行盈亏平衡分析和敏感性分析，对项目的抗风险能力作出判断。

4.财务分析结论

5.社会效益分析

七、综合实力和产业基础

1.企业员工构成(包括分工构成和学历构成)

2.企业高层管理人员或项目负责人的教育背景、科技意识、市场开拓能力和经营管理水平。

3.企业从事研究开发的人员力量、资金投入,以及企业内部管理体系等情况。

4.企业从事该产品生产的条件、产业基础(包括项目实施所需的基础设施及原材料的来源、供应渠道等)。

八、项目实施进度计划(略)

九、其他

1.环境保护措施

2.劳动保护和安全

3.必要的证明材料:

(1)特殊行业许可证(如食品、医药、农药、化肥产品生产许可证及批文);通信产品入网许可证;公共安全产品生产许可证;压力容器生产许可证等。

(2)可提供项目立项证明、高新技术企业证书、产品质量认证、环保证明;产品订货意向、合同等补充材料。

十、结论

（选自枞阳科技网 2007 年 12 月 8 日）

【例文二】

河南省高新技术成果转化项目可行性研究报告写作提纲

一、概述

简述项目提出的背景、技术开发状况、现有产业规模;项目产品的主要用途、性能;投资必要性和预期经济效益;本企业实施该项目的优势。

二、技术可行性分析

1.项目的技术路线、工艺的合理性和成熟性,关键技术的先进性和效果论述。

2.产品技术性能水平与国内外同类产品的比较。

3.项目承担单位在实施本项目中的优势。

三、项目成熟程度

1.成果的技术鉴定文件或产品性能检测报告、产品鉴定证书。

2.产品质量的稳定性,以及在价格、性能等方面被用户认可的情况等。

3.核心技术的知识产权情况。对引进技术的消化、吸收、创新和后续开发能力。

四、市场需求情况和风险分析

1.国内市场需求规模和产品的发展前景、在国内市场的竞争优势和市场占有率。

2.国际市场状况及该产品未来增长趋势、在国际市场的竞争能力、产品替代进口或出口的可能性。

3.风险因素分析及对策。

五、投资估算及资金筹措

1.项目投资估算

2.资金筹措方案

3.投资使用计划

六、经济和社会效益分析

1.未来五年生产成本、销售收入估算。

2.财务分析:以动态分析为主,提供财务内部收益率、贷款偿还期、投资回收期、投资利润率和利税率,财务净现值等指标。

3.不确定性分析:主要进行盈亏平衡分析和敏感性分析,对项目的抗风险能力作出判断。

4.财务分析结论

5.社会效益分析

七、综合实力和产业基础

1.企业员工构成(包括分工构成和学历构成)。

2.企业高层管理人员或项目负责人的教育背景、科技意识、市场开拓能力和经营管理水平。

3.企业从事研究开发的人员力量、资金投入,以及企业内部管理体系等情况。

4.企业从事该产品生产的条件、产业基础(包括项目实施所需的基础设施及原材料的来源、供应渠道等)。

八、项目实施进度计划

九、其他

1. 环境保护措施

2. 劳动保护和安全

3. 必要的证明材料

(1)特殊行业许可证(如食品、农药、医药、化肥产品生产许可证及批文);通信产品入网许可证;公共安全产品生产许可证;压力容器生产许可证等。

(2)提供项目立项证明、高新技术企业证书、产品质量认证、环保证明;产品订货意向、合同等补充材料。

十、结论(略)

(选自融资通 www.rztong.com.cn 2008 年 10 月 23 日)

【例文三】

高新技术企业创建工作总结写作提纲

一、企业基本情况

1. 企业名称、注册资本、法人代表、经济类型、经营范围、所属行业、主导产品;

2. 企业发展历史沿革;

3. 企业人员结构、经济实力等;

二、企业的高新技术特征与优势

1. 主导产品的技术含量、水平,市场占有率、占企业总收入的比重;

2. 高新技术产品收入及技术性收入的比重;

3. 产品在行业中的竞争地位与优势;

三、企业整体研究开发和技术创新能力

1. 研究开发机构与管理机制;

2. 人才优势

a. 企业负责人、研究开发带头人的主要情况介绍;

b. 从事研究开发的科技售货员结构组成及人才的选拔、使用与激励机制;

3. 研究开发经费及其占上年企业销售收入的比例,研究开发所具备的基本条件;

4. 研究开发的技术合作与交流情况；

5. 已有科研技术成果及知识产权情况(可列表说明)；

6. 重点培育项目及持续创新能力；

四、生产、经营管理体系

1. 组织机构与管理运行体系；

2. 生产制造条件和产业化能力；

3. 质量管理体系及产品质量情况；

4. 市场开发和营销策略及能力；

5. 产品进入国际市场的能力；

五、企业发展前景与规划

1. 产业发展战略与重点领域；

2. 企业三年规划目标(质量、生产、销售目标)；

3. 人才培养计划；

4. 产品市场竞争战略(包括进入国际市场的预测)

(选自慈溪市科学技术局网站)

第4章　公开信、介绍信与证明信

4.1　公开信

公开信一般是为推动某项工作,由组织、社会团体或者以个人、个人联名的名义向有关人员宣传政策、发出号召、提出建议使用的文书材料。

公开信是将不必保密的全部内容公布于众,让大家周知和讨论的信件。公开信的内容一般都具有普遍的思想意义和教育意义。一封好的公开信,在宣传中会产生较大的影响,它能促进人们积极参与,树立良好社会风气,指导工作广泛开展和推动活动顺利进行。有的公开信可以在报上刊登,也可以在电台上广播。

公开信一般由两部分组成:一是起因,即公开信的原因、目的、意义等;二是公开信的内容,即以公开信的形式宣布的政策、规定、要求以及发出号召、提出的建议等。

写公开信要善于把握群众情绪,取得广泛的群众基础,方能产生"一呼百应"的效果。关键在于制定的政策要切合实际,号召容易引起共鸣,建议简捷易行,在语言的运用上,既要文风朴实,又要有一定的煽动性,既要以理服人,又要以情动人。

公开信一般应有抬头称谓,即公开信致信对象。个别公开信无确定对象的,也可以不写称谓。

有的信本来是私人信件,但由于某种原因找不到收信人的地址,而信的内容又很急切,非发给本人不可。这种信可通过报纸编辑的帮助登在报纸上,收信人如从报纸上看到对方的来信,双方便有可能取得联系。有的可以在电台上广播,使对方从广播中听到来信。如路遇好人好事须表示感谢;偶见不正之风须批评、帮助;尤其是在祖国尚未完全统一时,大陆同胞给台湾乡亲的信,海外侨胞给祖国人民的信等等,常用这种方式发出。

公开信写作时应注意的事项：

（1）提出的建议、主张必须是通信对象普遍关注，但又没有很好解决的问题，应力求观点新颖，有代表性，问题确切、实在，做到有的放矢。

（2）内容要丰富，文字要精练，节奏要明快，结构要严谨，具有一定的说服力和较强的感召力，使人读后有一种清新实在的感觉。

（3）根据不同的对象选用不同的语气，以便收信人愿意和乐意接受你的观点，有利于读者产生共鸣并积极响应。

【例文一】

致全校师生员工的公开信

全校师生员工同志们：

今天，世界卫生组织的代表在北京宣布，解除对北京的旅行警告，同时将北京从近期有当地传播的疫区名单中删除，即刻起生效，这标志着中国防治 SARS 工作取得了阶段性的重大胜利，中国将恢复正常的社会和经济生活。这是一个非常令人振奋的消息。我们和大家一样，感到由衷的高兴和欣慰。

在这历史性的时刻，我们不会忘记两个多月来我们共同度过的不寻常的日日夜夜。

在这两个多月的时间里，我校全体师生员工表现出了昂扬的斗志、高度的责任感、良好的精神风貌和坚强的战斗力。各级干部认真贯彻执行学校抗击 SARS 的各项政策和规定，密切联系群众，工作深入、细致、周到，保证了各项措施的落实；玉泉医院、酒仙桥医院和校医院的全体医护人员不顾个人安危，迎难而上，奋战在抗击 SARS 的最前线，用自己的行动实践了白衣天使神圣的誓言。我校后勤、保卫、街道、机关等单位的广大职工坚守岗位、克服困难、顽强拼搏，用汗水浇筑起校园抵御 SARS 入侵的坚强防线。科研人员急国家之所急，团结协作，日夜奋战，高效率地完成了医用垃圾焚烧炉、红外测温仪、SARS 病毒检测生物芯片等一批国家抗击 SARS 所急需的科技成果和产品的开发与研制，同时积极投入针对 SARS 危机的人文社会科学方面的研究工作。全体战斗在一线的教师们克服困难，保证了教学的有序进行，同时还积极尝试探索新的教学改革。全体学生响应学校的号召，坚持不离校、不停学，学生志愿者以昂扬的精神风貌，积极配合学校做好抗击 SARS 的各项工作，辅导员深入学生开展工作，组织了"在灿烂的阳光下"系列活动等。离退休同志们积极为学校抗击 SARS 献计献策，有的同志还直接参战。教职工的家属和学生家长顾全大局，支持学校所采取的各项措施。……正是依靠大家的共同努力，我校抗击 SARS 的斗争取得了全面的胜利，有力地支持了全国和北京市抗击 SARS 的斗争，教学和科研工作继续健康、有序地进行。在此,我们代表学校党委和行政,向同志们表示崇高的敬意和衷心的感谢!

在这历史性的时刻,我们同样不能忘记党和人民对我校抗击 SARS 的关心和支持。在抗击 SARS 的关键时刻,温家宝总理、王岐山代市长、周济部长莅临我校看望学生,视察工作,给我们以极大的鼓舞。教育部、北京市、海淀区的有关领导多次来我校指导检查工作,并给予了有力的支持。社会各界也对我们的工作给予了多方面的支持和帮助。在此,我们代表清华大学的全体师生员工,向党和人民、向社会各界对我们的关心和支持表示衷心的感谢!

此时,我们仍须清醒地看到,我们虽然取得了抗击 SARS 的阶段性胜利,但斗争还没有结束。同志们必须继续地保持高度警惕,坚持必要的预防措施,防止 SARS 死灰复燃,一旦遇到情况,做到"早发现、早报告、早隔离、早治疗"。同时也要防止其他传染病的传播。我们还要认真总结抗击 SARS 斗争的经验和教训,巩固已经取得的成果,努力改进学校的管理,建设一流的校园环境。

我们正在为建设世界一流大学而努力。抗击 SARS 的斗争给我们留下了宝贵的精神财富。我们要按照"三个代表"重要思想的要求,发扬"万众一心、众志成城、团结协作、和舟共济、迎难而上、敢于胜利"的精神,加倍努力地工作,夺回 SARS 造成的损失,在建设世界一流大学的工作中争取更大的胜利。

清华大学校长　顾秉林

清华大学党委书记　陈　希

2003 年 6 月 24 日

(选自清华新闻网 http://news. tsinghua. edu. cn)

【例文二】

致广大菲律宾华人华侨朋友们的一封公开信

亲爱的华人华侨朋友们:

历史将永远铭记,2008 年 5 月 12 日 14 时 28 分,这一炎黄子孙刻骨铭心的灾难时刻。

就在这一天,一场突如其来的特大天灾,又一次横降到历经劫难的中华民族头上。短短数分钟的时间,在汶川、在什邡、在绵竹、在北川、在文县……,在川甘陕滇共十万余平方公里的广阔土地上,地动山摇,满目疮痍。千百里河山,数万千同胞,瞬间被卷入进了一场空前的大灾难。顿时,山河变色,苍生泣血,星月披孝,草本同悲。

面对如此惨烈的灾难,我驻菲大使馆全体馆员,虽身处千里之外,但和祖国人民一样震惊，悲痛，焦急，泪流不止。同胞之难，血脉亲情，使我们彻夜难眠，感同身受。

历史不会忘记，就在我们万分悲痛、奋起抗灾的时候，使馆的电话也不停地响起，广大菲律宾华人华侨在第一时间纷纷通过不同的方式向我馆表达你们对灾区人民的支持、同情、慰问和深切的爱。你们和我们肩并肩，手牵手，一道投身到这场大灾难的抗击当中。

你们立即行动，汇聚片片爱心；深夜举会，商讨赈灾办法；广泛呼吁，多方筹集救灾款物。于是，一通通饱含深情的慰问电话来了，一笔笔汇聚八方的救灾款项来了，一件件灾区急需的救灾物资来了……

灾害无情人有情，患难之处见真情。长期以来，广大菲律宾华人华侨大力弘扬中华民族老吾老以及人之老，幼吾幼以及人之幼，伤吾伤以及人之伤的民族善德，历来具有爱国爱乡、帮危救困、济人助难的优良传统。我们不会忘记，就在前不久，当祖国人民遭受冰雪灾害的时候，广大菲律宾华人华侨立即伸出了你们的温暖之手、援助之手。这一次你们又迅速行动，慷慨解囊，多方相助。你们的义举，不仅再一次体现了海外炎黄子孙对祖国和祖籍国那份弥足珍贵的血浓于水的民族亲情，也高度反映了你们大爱无疆的高尚情操；不仅为广大灾区人民的救灾做出了无量功德和重要贡献，也赢得了祖国人民和全世界人民的敬意；不仅代表了8000多万菲律宾人民对中国人民的友好感情，也进一步融洽、促进和深化了中菲两国和两国人民之间的传统友谊。

中华民族是最懂得感恩图报的民族。滴水之恩当涌泉相报是中华民族代代相传的美德。毫无疑问，祖国人民将永远铭记广大菲律宾华人华侨这份同胞之爱，兄弟之情。将永远珍藏你们颗颗金子般的爱心，记住你们宝贵的援助，告诉历史，告诉未来，告诉我们的子孙后代。

历经五千年风雨，经受过无数磨难的中华民族历来不曾被任何灾难所屈服，历来不曾被任何困难所压倒。此次地震伊始，胡锦涛主席当晚就紧急召集了中国最高领导人会议，作出了"以救人为重"的救灾指示。温家宝总理亲赴前线，第一时间到达灾区，组织抗震救灾。我们看到：我10余万人民子弟兵将士置生死于度外，分秒必争，逢山开路，遇水架桥，排除万难火速投入救灾；我13万万同胞，戮力同心，众志成城，以各种方式汇聚成抗震救灾的洪流；我灾区广大干群，顾不得擦干脸上的泪花，正同震魔作殊死的斗争。水、陆、空，各种救灾人员络绎于途，各种救灾物资络绎于途；党、军、民，亿万力量汇聚灾区，亿万人心向着灾区。历史的经验告诉我们，正是这种上下一心、一方有难，八方支持的团结精神，正是这种自强不息、无坚不摧的民族凝聚力，才使中华民族生生不息，傲然屹立于世界民族之林。

历险坚志，多难兴邦。我深信，有中国共产党的坚强领导，有全国人民的齐心协力，有包括菲律宾华人华侨在内的广大海外炎黄子孙的共同努力，中国政府和中国人民一定能战胜这次史无前例的特大地震灾害，一定能重新站起并建设更加美好的家园。

在此,我再次代表中国政府和灾区人民对每一位慷慨捐助的同胞和朋友表示最衷心的感谢,并致以崇高的敬意。

中华人民共和国驻菲律宾共和国

特命全权大使

宋涛

2008 年 5 月 22 日

(选自中华人民共和国驻菲律宾共和国大使馆网站 http://www.fmprc.gov.cn)

4.2　介绍信

一、概述

　　介绍信是制发单位向被介绍单位介绍派遣人员情况、因由使用的专用公文。就内容讲有联系工作介绍和分配派遣人员介绍。前者是为办事,后者是为分配安排人员。就形式讲有简易制式介绍信和专门事项介绍信。

　　介绍信在工作中具有介绍、联络、证明的作用。持介绍信的人,可以凭借此信与有关单位或个人联系,商洽某些事项。收信人从对方的介绍信中,可以了解来访者是何人,任何职务,需办何事,有何希望、要求等等。所以介绍信不仅有介绍联系的作用,还有证明身份的作用。一般各系统根据本单位的实际情况备有各种介绍信,以便随时使用。

　　介绍信的形式通常有两种。一是普通介绍信,即用于联系普通事务,用带有单位文头的信笺书写的介绍信。二是用铅印或打印,按一定格式事先印好的专用空白介绍信,比较重要的事务通常用后一类介绍信。

二、介绍信的写作

（一）普通介绍信写法

　　开头,先在第二行正中位置写"介绍信"三个字,从第四行开始顶格写称谓,称谓后加冒号。

　　正文,另起一行空两格起写介绍信内容。开头习惯用"兹有"、"兹介绍"的字样。接下来写明被介绍人的姓名、身份、人数以及要接洽的事项和要求。

　　结尾,可写上"请接洽"、"请予解决"、"请予协助"、"此致敬礼"等表示敬意或祝愿的话。

署名和日期,应在信纸的右下方,写上本单位名称,开介绍信的时间写在单位名称下边,要年月日俱全并加盖公章。

(二)印刷介绍信写法

1. 带存根的介绍信

这种介绍信有两联,一联是存根,备查考时用,另一联是外出用的介绍信本文,中间有间缝。

(1)存根部分写法

第二行正中写"介绍信",后加"存根"两字,并加括号。第四行的右半行,即"介绍信"三个字的右下方写"×字第××号"、"×字"是单位的代字,"×号"是介绍信页码的顺序号。第五行空两格起写介绍信内容,应写明何人到何处办何事,对接待单位有何要求。此后,填上经手人、签发人姓名,最后写介绍信开出的时间、有效期限。

(2)本文部分写法

文头部分与存根部分写法相似。第五行顶格写联系单位名称或个人姓名、称呼,再加上冒号。第六行空两格写正文。写明持介绍信者姓名,前往人数,要接洽的具体事项及对联系单位或个人的要求或希望。结尾写法与普通介绍信写法相同。

介绍信的本文与存根之间是骑缝部分,有一条虚线,虚线中间写"×字××号"字样,这与存根一样填写。号码要大写,写在虚线正中,使存根及正文各有一半。虚线正中的号码要加盖公章。

2. 无存根的介绍信

这种介绍信根据本身业务需要,事先印刷好各项内容,用时填写即可,十分方便。

【例文一】

介绍信

×教育局:

　　兹介绍我校×××等贰位同志前来你处联系有关安排学生毕业实习等事宜,望接洽为盼!

　　此致

敬礼

　　　　　　　　　　　　　　　　　　　　　　××学校(盖章)

　　　　　　　　　　　　　　　　　　　　　　×年×月×日

【例文二】

介绍信存根

编号 000001

使用人		至何单位	
经办人		填发日期	×年×月×日
批准人		有效日期	×年×月×日止
使用目的			

【例文三】

介绍信

××××厂：

　　现介绍我校教师陈××（教授）、刘××（讲师）两位教师前往你处联系我校机械专业本科班毕业实习事宜,该班学员中有一半左右是贵厂的职工,故希望贵厂能为该班的毕业实习提供方便,具体事宜由陈××等同志与你们面谈。请予接洽为盼。

　　此致

敬礼

×××××学校（公章）
××××年×月×日

【例文四】

带存根的印刷介绍信

介绍信(存根)

×字×号

×××等×名,前往×××联系××××

×年×月×日

介绍信

×字×号

兹介绍×××等×名同志前往你处联系××××,敬请接洽并予协助。

　　此致

敬礼

×××（盖章）
×年×月×日

4.3　证明信

一、概述

证明信是向有关方面提供某件事情或某个人身份、经历、职务、职称、工作等真实状况的专用公文。证明一般分两种，一是专向证明，根据某方面提出的要求，向某方面提供的证明，行文时抬头。二是无所指证明，即证明并无明确的对象，如证件即是无所指证明。形式上除通常出具证明信之外，证件大都是制式证明，如工作证、出入证、检查证、搜查证等。

（一）证明信的种类

1. 根据证明信的作用，可以把它分为三类：

（1）存档材料的证明信。这是一种证明曾经在本单位工作过或现在在本单位工作的人员的身份、经历、学历或有关事件情况的证明信。

（2）证实情况的证明信。这是由组织开出的证明某人身份或某一事实情况的证明信。

（3）作为证件的证明信。这是一种由于外出工作的需要，由本单位或有关主管部门开出的证件性的证明信。

2. 根据证明信的写作者来划分，可以分为以下两类：

（1）以组织的名义写的证明信。这种证明信多数是证明曾经或正在本单位工作的人员的身份、职务、政治面貌、经历等，或者与本单位有关的事件。

（2）以个人名义所写的证明信。这种证明信是个人证明某人、某事的真实情况，内容完全由个人负责。

（二）证明信的特点

（1）真实性，这是证明信最重要的、最本质的体现。写证明信应据实作出证明，不得弄虚作假以造成严重的后果。

（2）凭证性，证明信的凭证性是以真实性为基础的，许多事情的办理、问题的解决都是以证明信为依据的。

二、证明信的写作格式

1. 标题。在第一行居中位置写"证明信"三个字，或写"证明"也可以。

2. 称呼。在标题的下一行顶格写上收信者的单位名称。

3. 正文。在称呼的下一行空两格起写，要根据对方的要求，写清证明的内容。如果是证明经历的，要写清被证明人主要经历的时间、地点和所担任的职务。如果是证明事件的，要按事件发展的顺序写清时间、地点、参与者的姓名及其在此事件中的地位、作用以及事件的前因后果。

4. 结尾。在证明信正文的下一行，顶格写上"特此证明"。

5. 署名、日期。在结尾的右下方署上写证明信单位的名称并加盖公章。个人写的证明信署上个人的姓名并加盖个人名章。在署名下一行，写上具体的年、月、日。

6. 个人出具的证明信的末尾，要由书写证明信人的所在单位签署意见。主要包括：

①对写证明人的身份、职务、政治面貌作简要介绍。以便使对方了解证明人的情况，从而鉴别证明材料的真伪与可信程度。

②对证明材料表态。如熟悉所证明的材料，可表示明确的肯定或否定的态度，如不熟悉，可写"仅供参考"等字样。

③组织签署意见后，署上机关名称并加盖公章。在署名下一行，写上具体的年、月、日。

三、证明信的写作要求

内容必须真实。写证明信一定要严肃慎重，对被证明人或事要有确实的清楚的了解。要实事求是，言而有据。

语言简明、准确。证明信表述要清楚，用词恰当，不能模棱两可，含糊其辞。如有涂改，单位出具的证明信一定要在涂改处加盖公章。个人出具的证明信要在涂改处加盖私章。

证明信要盖章，表示负责，否则无效。要留有存根，以备查考。证明信邮寄时，应予登记，并挂号寄出，以免遗失。

严禁用铅笔、红色笔书写。

任何类型的证明信都必须有证明机关盖章。

【例文一】

个人出具的证明信

××××学院党委：

陈××同志原为我校中文系 04 级 10 班学生，在校期间积极参加各项活动，并获得省级优秀三好学生。特此证明。

证明人　刘××（章）

××××年×月×日

【例文二】

证明信

××学院党支部：

　　×年×月×日来信收到。根据信中要求,现将你校××同学的父亲,××同志的情况介绍如下：

　　××同志,现年××岁,中共党员,是我院中文系教授,其本人和家庭历史以及社会关系均清楚。该同志对教学工作认真负责,近年来多次被评为市模范教师。

特此证明

××学院人事处（公章）

××××年×月×日

【例文三】

证明信

××市科学院：

　　你院×××同志,于1964年至1968年在我校××系业余大专班,学习四年,全部学业成绩合格,已予毕业。

特此证明

××市××大学××系（盖章）

××××年×月×日

第5章　推荐信、表扬信、感谢信与慰问信

5.1　推荐信

一、概述

推荐信是推荐人写给用人单位，向用人单位推荐优秀人才的专用信件。

不是任何人都可以写推荐信的，推荐信的主体必须具备两个条件：一是在一定的专业领域内有资历、有影响，对方信任；二是了解被举荐人的基本情况。

推荐信具有公正性、客观性、准确性的特点，不能弄虚作假。

二、推荐信的写作

推荐信由标题、称谓、正文、落款四部分组成。

正文写作主要包括：

说明推荐背景，介绍被推荐对象的基本情况，包括姓名、性别、年龄、政治面貌、学历、职务、职称、经历等；重点介绍被推荐者的专长、能力，最后说明与被推荐者之间的关系，以及希望和意见。

【例文一】

推荐信

××先生：

　　××先生2004年毕业于河南大学中文系文学专业。在校学习期间各科成绩优

良,曾先后发表过小说《×××》、剧本《×××》等十多部作品,还翻译过外国文学剧本《×××》。

　　××先生有较强的研究能力,社会知识比较丰富,富有钻研精神。近闻贵厂想请他参加系列片的编写工作,我深信他是可以胜任的,顺颂近安。

河南大学中文系教授××

××××年×月×日

【例文二】

<h1 align="center">推荐信</h1>

尊敬的先生或女士:

　　您好,我是××,××公司的总经理。得知我公司优秀员工×××想要出国深造,我感到非常高兴和无比欣慰。在我看来这样一个上进的年轻人应该接受良好的教育拥有更辉煌的未来。因此,我很荣幸向贵校强烈推荐这位优秀青年。

　　×××曾在大四的时候来我公司报告实习。尽管对业务不很熟悉,工作经验相对匮乏。但是从不服输的他一刻也不放弃学习的机会。利于闲暇时间大量阅读参考有关业务的书籍,虚心向其他员工请教。渐渐地,他开始精通各项业务,并取得一定成绩。对此他并没有满足更没有骄傲自大。相反,遇到难题,他仍然虚心与同事交流讨论直到找出解决方案为止。鉴于他在实习期间的出色表现,我公司破例招收他为正式员工(通常我公司不予考虑应届毕业生)。

　　现在,作为我公司的一名业务精英,×××工作更加认真,负责,努力。为所有同事树立了榜样。付出就有获得,他因此被评为本公司优秀员工,并享有高额奖金。

　　虽然从某种程度上来说,如此优秀的员工即将踏上留学之途是我公司的损失,但是考虑到他的前途,我依然毫不犹豫的支持他远赴贵校深造。真诚期望贵校能同样支持他,给他一个提升自己实现梦想的机会。谢谢。

总经理:××

××××年×月×日

【例文三】

<h1 align="center">推荐信</h1>

尊敬的××先生(女士):

　　本人应×××同学请求,推荐该生参加贵校博士生入学考试。

　　本人曾于该生攻读硕士研究生时,担任其××授课教师,在与该生的课内、课外互动中,对其印象极为深刻。

　　该生爱国立场坚定,拥护中国共产党的领导,认真学习马列主义,毛泽东思想、邓小平理论,积极实践"三个代表"重要思想,注重提高×××理论素质和水平。思想品德良好,具有较高的道德修养境界。

　　该生的个性内敛,做事沉稳;该生能针对事物重点,作深入的剖析。经过与他的一番交谈之后,可以发现,他在对事情的看法上,具备较强独立思考能力。另外,该生具有较强的分析与解决问题的能力。

　　经过硕士阶段的训练,该生已经具备扎实的专业基础,业务熟练。目前已经出色地完成了硕士课题任务。具备一定的科研工作能力,能够针对现象分析事物的内在本质,有严密的逻辑推理能力,工作出色,组织能力强,能够解决科研工作中一般的常见问题。

　　该生对新事物具有很强的敏感性,具有良好的探索精神。反应快,个性坚韧,作风朴实。热爱××科专业,对科研工作有浓厚的兴趣。

　　该同学有较强的进取心,有强烈的进一步深造和提高的要求。本人认为该生具有继续培养的前途,建议贵单位给予考核和选择培养的机会。

××大学××学院教授××

××××年×月×日

5.2　表扬信

一、概述

　　表扬信是表彰某些单位、集体、个人的先进思想、风格、事迹的书信。

　　主要类型有两种:一是以领导机关或群众团体的名义表彰其所属的单位、集体、个人。这种表扬信可以在授奖大会上由负责同志宣读,也可以登报或广播;另一种是群众之间的互相表扬。这种表扬不仅赞颂对方的好品德、好风格,也有感谢的意思。如果双方互相熟悉,可直接寄给本人或所在的单位。如双方并不熟悉,可以将表扬信寄给报社,请编辑同志帮助转寄或刊登在报纸上。

二、表扬信的写作

　　标题。正中写"表扬信"三个字。

　　称谓。顶格写被表扬的单位、个人的称呼。如果是写给个人的,应在姓名以后加上"同志"、"先生"、"女士"等字样,后边加冒号。

正文。另起一行,空两格写表扬的内容:

首先,交代表扬的缘由。重点叙述事迹的发生、发展、结果及其意义。叙述要清楚,要突出最本质的方面。事实本身就具有很大的说服力,因此,要让事实说话,少讲空道理。

其次,在叙述的基础上,可加上适当的议论,赞颂该人所作所为的道德意义。例如,指出这种行为属于哪种好思想,好风尚,好品德。

结尾。该部分要提出对对方的表扬,或者向对方的单位提出建议,希望对×××给予表扬。如"××同志的优秀品德值得大家学习,建议予以表扬。"写给本人的表扬信,则应适当谈些"深受感动"、"值得我们学习"等方面的内容。并要求在结尾处写上"此致敬礼"等结束用语。但"此致"、"祝"、"谨表"、"向你"等字写在末尾,其余的字,如:"敬礼"、"学安"、"谢忱"、"致敬"……要另起一行,顶格写。

落款。落款应写明发文单位名称或个人姓名。并在右下方注明成文日期。

三、写表扬信时应注意事项

表扬信的格式和写法与感谢信基本相同。

(1)感谢信一般由当事者或当事者的所在单位以及亲属来写,而表扬信凡了解情况的人都能写。

(2)表扬信结尾的写法有两种,如果是写给本人的,就写"值得学习"、"深受感动"等方面的内容;如果是写给受表扬者的所在单位或领导的,就可以提出建议,请在一定范围内宣传、表扬受表扬者的好作风和模范事迹。

(3)正文中要突出受表扬者事迹中最有教育意义的方面。

(4)叙述受表扬者的模范事迹一定要实事求是,赞扬的文字要掌握分寸,切忌堆砌溢美之词,使人感到不可信,受表扬者也感到不快。

【例文一】

表扬信

天津电视台:

十一届全国人大一次会议期间,天津电视台派出以李津副总编辑为负责人的报道队伍,二十多位记者夜以继日紧张、辛勤地工作,对天津代表团的代表依法履行职责的情况,进行了全面、深入、翔实、准确的报道。"规定动作"规范准确,"自选动作"形式多样,宣传效果好,没有出现任何政治或其他方面的问题,得到了天津代表团领导和代表们的赞扬和好评。天津电视台的记者们表现出高度的组织纪律性和很高的业务水平,也为广电集团和天津电视台赢得了荣誉。为此,特向天津电视台及赴会记者表示感谢,提出表扬。

天津代表团

2008 年 3 月 16 日

(选自天视网)

【例文二】

表扬信

天津电视台:

　　在全国政协十一届一次会议的新闻报道工作中,天津电视台王军、王忠、苗立森、郑佳秀同志,以高度的责任心和饱满的政治热情,圆满地完成了新闻报道任务,以积极的工作态度和丰富多样的报道形式,宣传大会的盛况和政协委员参政议政的风采,受到了广大政协委员的一致好评。

　　特此表扬,以资鼓励。

天津市政协

2008 年 3 月 16 日

(选自天视网)

5.3　感谢信

一、概述

　　感谢信是单位或个人,为感谢对方的关怀、支持或帮助而写的一种专用书信。感谢信有写给个人的,也有写给单位的。它广泛应用于个人与个人之间、个人与组织之间、组织与组织之间,用以向给予自己帮助、关心和支持的对方表示感谢。内容要写得简明、具体;感情要真挚、饱满;感激、鸣谢之情要洋溢在字里行间。表达方式采取叙述、议论、抒情相结合的方法。

　　感谢信具有的特点:

　　对象的确指性,即写明感谢的具体对象。

　　事实的具体性,即把事实写具体,对别人的感谢、致意必须通过具体事实表现出来,并通过事实和行为自然而然揭示对方的崇高思想境界。

感情的鲜明性,即感情性的色彩,除赞美、表扬之外,还有感激之情的抒发。

二、感谢信的写作

感谢信一般应由标题、称谓、正文、结尾和落款五部分组成。

标题。感谢信的标题一般有两种写法,一是用文种名称"感谢信"三个字直接作为标题;另一种是由受文对象和文种名称两个要素组成,如"致××的感谢信"。标题应用较大的字体,在信的首行正中书写(给个人的也可以不写)。

称谓。称谓应顶格写清被感谢的单位名称或个人姓名及相应的称呼,其后加冒号。

正文。应先在正文的开头部分总写感谢之情,接着具体叙述对方给你的帮助或支持,最后进一步表示感谢或表述自己的态度。接受馈赠的感谢信,要在信中将收到的款物一一写明,表示如数收到。

结尾。结尾部分要用特定的用语表示致意,如先写"此致"、"顺致"等,再转行顶格写"敬礼",也可直接写"致以最诚挚的敬意"等等。

落款。落款部分要署上姓名及年、月、日。

三、写作要求

(一)内容要真实,评誉要恰当

感谢信的内容必须真实,确有其事,不可夸大溢美。感谢信以感谢为主,兼有表扬,所以表达谢意时要真诚,说到做到。评誉对方时要恰当,不能过于拔高,以免给人一种失真的印象。

(二)用语要适度,叙事要精练

感谢信的内容以主要事迹为主,详略得当,篇幅不能太长,所谓话不在多,点到为止。感谢信的用语要求是精练、简洁,遣词造句要把握好一个度,不可过分雕饰,否则会给人一种不真实、虚伪的感觉。

【例文一】

感谢信

海关总署:

我公司是国家发展循环经济第一批试点单位之一,常压富氧直接浸出搭配锌浸出渣炼锌技改项目是我公司循环经济建设一期项目,该项目总计进口设备金额约2.4亿元人民币。

今年年初以来,由于湖南遭受数十年未遇的冰冻灾害天气,导致运输受阻,通信不畅,而且由于工程建设期限的要求,进口15批设备必须在一个月左右时间内办理免税,其中还包含了传统的春节长假,如果设备到达中国港口前,免税表还批不下来的话,后续的进口许可证以及商检通关单的申领都无法进行,这样将势必造成巨额的压港、滞报费的产生。株洲海关急企业之所急,大年刚过,冒着严寒,株洲海关关长谢受之、副关长李允率领海关工作组立马到株冶现场办公,对株冶的免税工作采取急事急办、特事特办的原则,海关陈振圉科长,曾勇副科长和张云超主办关员发挥其海关业务娴熟的专业优势,加班加点,耐心指导,尽可能为企业争取优惠政策。目前已办理的免税手续,免征关税、增值税金额约5000万元。后续进口设备免税工作也正在紧张进行中。而在设备进口报关运输过程中,海关副关长刘探担、科长阎晓东、副科长熊少宾及主办关员尹远、黄毅等给予了极大的关心和帮助,使包括超大型设备在内的所有设备顺利安全地运抵工厂,及时完成清关工作。

这次设备进口及免税工作,得到了株洲海关领导及全体关员的大力支持和帮助,特别是大量的关税增值税的减免,为企业节约了大量的资金,提高了企业的竞争力,也使我们充分感受到了主管海关对我们的关怀和支持,我们对此深表感谢!

　　致

礼!

株洲冶炼集团股份有限公司

2008 年 5 月 6 日

【例文二】

致全体教师的感谢信

敬爱的老师们:

　　你们好!

　　九月流光,四处飘溢着金秋收获的气息;金风送爽,教师节踏着轻盈的步子缓缓而来。值此第二十四个教师节来临之际,西安交通大学学生会代表全校同学衷心祝愿各位老师教师节快乐!

　　对于每一个人来说,从小学时的顽皮孩童到中学时的青涩少年再到大学风华青年的生命历程中,老师——永远都是最值得尊重和感恩的人。

　　一年年斗转星移,一载载桃李芬芳。你们在平凡而伟大的岗位上辛勤耕耘、默默奉献,用爱的阳光和智慧的甘霖,让我们从混沌中领悟清醇,从清醇中体味成熟,从成熟中升华成功。从你们身上,我们知道了什么是人梯,什么是奉献……

难以忘记那一个个满怀自信的身影,站在三尺见方的讲台上,滔滔不绝,引经据典,谈笑间引领我们攀登知识的高峰;难忘记那一位位满腹经纶的大师,虽已白发苍苍却依然挺直了脊梁,告诉我们应该如何"修身、齐家、治国平天下";难忘记实验室里通宵不灭的盏盏明灯,灯光下映照着的面容无不洋溢着对知识的热爱与真诚!

桃李无言,下自成蹊,请允许我们代表全校同学向敬爱的老师们真诚地道一声:老师,您辛苦了! 祝您教师节快乐!

师恩难忘,请老师们放心,我们新一代的交大学子将继续秉承"精勤求学　敦笃励志　果毅力行　忠恕任事"的校训,携手奋进,为创造交大新的明天而不懈努力!

在这里,我们仅以此信来表达我们深深的祝福,献上我们最诚挚的敬意,祝愿你们节日愉快,工作顺利,阖家欢乐!

西安交通大学学生会

二○○八年九月十日

(选自交大新闻网 2008 年 9 月 10 日)

【例文三】

黑水县五环水电开发有限责任公司致南方电网公司感谢信

中国南方电网公司:

在四川省黑水县四板沟水电站全体人员参建人员遭受"汶川 5.12"特大地震余震的严重威胁之际,贵公司紧急援助我公司 30 顶帐篷,日前已运抵工地,工程主要建设人员已住进帐篷,及时解除了余震的严重威胁,对四板沟电站的抗震救灾工作起到了实质性的支持作用。对贵公司关爱电力企业、雪中送炭的无私援助行为,我公司表示衷心的感谢! 我们坚信,在党中央、国务院的领导下,全国人民众志成城,灾区电力企业的抗震救灾工作一定能取得最终胜利!

四川省黑水县五环水电开发有限责任公司

二○○八年五月二十三日

(选自电监会办公厅网站)

【例文四】

国家电网公司致大唐集团公司感谢信

中国大唐集团公司:

5 月 12 日,四川汶川发生 8 级特大地震,造成巨大的经济损失和重大的人员伤亡。面对突如其来的严重灾害,党中央、国务院高度重视,立即对抗震救灾工作作出部署。国家电网公司认真贯彻党中央、国务院的决策部署,把抗震救灾作为当前最重要最紧迫的政治任务,举全公司之力,奋力投入抗震救灾斗争。

在这次特大地震灾害中,国家电网公司所属的四川、甘肃、重庆、陕西电网设施受损,其中四川电网遭到严重破坏,部分地区供电被迫中断。贵公司对国家电网公司的受灾情况高度关注,对公司抗震救灾和电网恢复重建十分关心,并给予大力支持。在此,谨向贵公司表示衷心的感谢!

在贵公司和各有关方面的大力支持帮助下,国家电网抗震救灾和电网抢修恢复工作进展顺利。甘肃、陕西、重庆电网已恢复正常运行。四川需恢复运行的输电线路及变电站的抢修工作即将完成,为灾区抢险和灾后重建提供了强有力的电力保障。

国家电网公司将继续在党中央、国务院的正确领导下,在贵公司的大力支持下,加快建设以特高压电网为骨干网架、各级电网协调发展的坚强国家电网,努力为发电企业做好服务,与贵公司携手共同促进电力工业可持续发展,为全面建设小康社会和构建社会主义和谐社会作出积极贡献!

国家电网公司

二〇〇八年五月二十八日

(选自中国电力网 2008 年 6 月 20 日)

5.4　慰问信

一、概述

向对方表示关怀、慰问的书信叫慰问信。它是组织或个人在重大节日、纪念日或遇到某种特殊情况问候、鼓励及亲切关怀而写的书信或电文。它体现了组织的温暖、社会的关怀和人与人之间的深情厚谊,给人以继续前进的力量、勇气和信心。

二、慰问信的写作

慰问信的写作格式如下:

标题。一般居中写"慰问信",也可以写成"×××致×××的慰问信"。

称谓。顶格写清慰问对象的称谓。称呼要写全称。写给个人的,名字后面要加"同志"、"先生"等字样。

正文。主要说明写信的背景或原因。常见的有两种类型。

（1）赞扬功绩的。如向做出重大贡献的集体或个人表示慰问。向有功者的家属表示慰问，或节日期间慰问军、烈属，慰问英雄模范人物等。

（2）侧重于同情或鼓励的。如写给受灾人民或其他由于某原因遭到重大损失或巨大困难的集体或个人。

结尾。赞扬功绩的慰问信的结尾，多使用向对方学习，顺致敬意或祝福取得更大成绩方面的词语，也可用"此致敬礼"结尾。

署名及日期。写在正文的右下方。

【例文一】

致全国抗震救灾志愿者的慰问信

亲爱的志愿者战友们：

我们永远不会忘记：5 月 12 日 14 时 28 分，四川汶川发生了里氏 8.0 级强烈地震，给人民群众生命财产造成巨大损失，举国震动，世界震惊。

人民利益高于一切，群众安危重于泰山。灾情就是命令，时间就是生命。在四川汶川特大地震灾害发生后，广大青年志愿者积极响应党中央、国务院的号召，在各级团组织的协调组织下，迅速行动，积极投身抗震救灾。其他各类志愿者也广泛参与，四川等灾区和来自各地二十万人次的志愿者奋战在抗震救灾第一线。

在各受灾地区，广大志愿者发扬"奉献、友爱、互助、进步"的志愿精神，急灾区人民之所急，解灾区人民之所难，不畏艰难困苦，不顾个人安危，深入灾区积极开展救治和辅助救治、心理调适、卫生防疫、伤残护理、孤寡老人和儿童救助、救灾物资分发、协助维护秩序等工作。哪里有灾情，哪里就有志愿者的身影；哪里灾情重，哪里就有志愿者提供帮助；志愿者的旗帜在灾区高高飘扬，为抗震救灾和灾区人民作出了实实在在的贡献。在抗震救灾工作中，涌现了一大批优秀的志愿者典型，志愿者勇于奉献、不怕疲劳、连续作战的精神得到了社会各界的高度认同。在未受灾地区，广大志愿者积极开展为灾区人民奉献爱心、义务献血、捐款捐物等活动，以实际行动间接为抗震救灾作贡献，集中展示了中国志愿者的高尚情怀。

当前，抗震救灾工作正处于十分关键的时期。广大志愿者要坚决贯彻党中央、国务院的指示精神，按照抗震救灾指挥部的统一部署，在灾区抗震救灾志愿者工作机构的组织协调下，科学有序地发挥志愿者队伍的重要辅助作用，主动配合、拾遗补缺，进一步增强责任感和使命感，充分认识抗震救灾工作的艰巨性、紧迫性、专业性和长期性,以更加积极务实的姿态继续投入抗震救灾工作。作为 15 年来专门从事志愿服务,始终致力于弘扬志愿精神、推广志愿服务理念、广泛深入地开展志愿服务项目的全国性组织,我们将为你们杰出的工作提供更好的支持和帮助,做你们发挥作用的坚强后盾!

我们坚信,有党中央、国务院的坚强领导,有全国人民众志成城的支持,有灾区人民携手同心的奋斗,有广大志愿者的无私奉献,就一定能夺取抗震救灾斗争和重建美好家园的全面胜利!

谨向你们致以最崇高的敬意!衷心希望你们保重身体、注意安全、平安顺利!

中国青年志愿者协会

2008 年 5 月 22 日

(选自中青在线—中国青年报)

【例文二】

中国疾病预防控制中心致赴汶川地震灾区抗震救灾队员的慰问信

中心全体抗震救灾一线的队员:你们辛苦了!

在你们离开中心奔赴汶川地震灾区的时候,我们的心也和你们一道飞到了抗震救灾第一线。每当在电视转播里看到余震频发、山石滚落,我们的心也随之震颤、紧缩;每当在电波里传来防疫工作进展顺利的消息,我们也由衷地欢欣鼓舞;这是因为你们在那里工作、战斗、拼搏!因为你们是我们的兄弟姐妹,是我们的骄傲,我们时时刻刻牵挂着你们。

现在灾区卫生防疫工作已经成为抗震救灾的重点,能否实现"大灾之后无大疫"已进入关键时刻。党中央和国务院看着我们,全国人民在看着我们,全世界都瞩目着我们,中心广大干部职工都期盼着我们中国疾控队伍打胜仗。我们相信中国疾控人有决心、有能力打好抗震防病这一仗,我们会用聪明才智和顽强拼搏,向党和人民交上一份满意的答卷。

灾区的工作条件和生活条件很差,地质灾害还没有过去,地震次生灾害的危险还在严重地威胁着大家。衷心希望你们保重身体,注意规避灾害,尽可能的抓紧时间休整,保持旺盛的战斗力。同时,在你们条件允许的情况下,请经常给家里亲人和单位打个电话,报个平安。

祝你们在抗震救灾中平安、健康,盼望你们早日凯旋。

(选自中国疾病预防控制中心网站 2008 年 05 月 20 日)

【例文三】

雅安市国土资源局党委抗震救灾慰问信

奋战在抗震救灾第一线的各县国土资源局、雨城分局和市局机关的广大干部职工和家属同志们：

5月12日14时28分，我省汶川县发生了7.8级特大地震灾害，严重波及我市七县一区，全市工农业生产和人民生命财产遭受重大损失，各县局（分局），特别是汉源县局也遭受重大损失。在此危难之际，各县局（分局）党组织充分发挥领导核心和战斗堡垒作用，广大共产党员充分发挥先锋模范作用，带领广大职工积极投入到抗震救灾战斗中，投入到征地拆迁、次生地质灾害防治工作中，为把灾害损失降低到最低限度作出了重要贡献。在此，市局党委向你们及家人表示亲切的慰问！

当前，抗震救灾工作正处在最紧要、最关键的阶段，形势依然严峻，任务更加艰巨。我们一定要增强政治意识、大局意识、责任意识，一定要以对党对人民高度负责的精神，肩负起自己的历史使命，继续发扬不怕疲劳、不畏艰险、连续作战的优良作风，以更加坚定的信心和更加饱满的精神状态，扎实细致地做好抗震救灾工作，抓紧抓好重大建设项目用地保障工作，认真谋划灾后重建工作，为全面夺取抗震救灾和重建美好家园的胜利再立新功。

我们坚信，在市委、市政府和省厅党委的坚强领导下，全市国土资源系统干部职工团结一心、共同努力，就一定能取得抗震救灾工作和灾后重建工作的全面胜利！

中共雅安市国土资源局委员会
二○○八年五月十七日
（选自雅安市国土资源局网站）

第6章　倡议书、建议书与决心书

6.1　倡议书

倡议书是某一机关、团体或个人为发起和倡导某项重要而有创造性建议时写的，用不同方式公布出来以引起人们响应的公布性专用书信。倡议书具有广泛发动群众，号召群众齐心协力地共同办好某一事项的作用。使用倡议书，是传达贯彻上级组织和有关领导指示精神的一种有效途径。

倡议书的书写格式和特点如下：

标题。多数情况下直接用"倡议书"三个字作标题，也可在"倡议书"三字前概括倡议的内容。

称谓。根据受倡议的对象选用不同的称谓。如"妇女姐妹们"、"全国青年朋友们"等。也有的倡议书不另行写受倡议的背景、倡议对象、目的、内容、意义和要求等。

结尾。表示倡议书的决心、希望等。

落款。写倡议者的名称或姓名，发出倡议的时间。

【例文一】

支援四川汶川地震受灾群众倡议书

六百七十万邢台人民：

5 月 12 日 14 时 28 分，四川省汶川县发生里氏 7.8 级地震，造成巨大的人员伤亡和财产损失。人的生命是最宝贵的，看着无数无家可归的人们，看着不断攀升的伤亡数字,看着受灾现场的残垣断壁,每个人的心中都会涌起无限的阵痛和哀思。隆尧县是 1966 年邢台大地震的震中,当年全国人民给了我们无私的支援,现在兄弟省份遭灾了,我们充分理解他们的心情,因为我们经历过相同的灾难,我们对生命有着共同的尊重!

　　1966 年,邢台发生了 6.8 级和 7.2 级强烈地震,地震发生后,周恩来总理三次亲临灾区指挥救灾,慰问群众,全国各族人民发扬"一方有难、八方支援"的优良传统,无私援助灾区。在党中央和全国各族人民的关心支持下,40 多年来,隆尧县 48 万人民弘扬顾全大局、无私奉献、团结互助、和衷共济的抗震精神,在地震废墟上建起了一个新隆尧,过上了更加幸福的生活。现在四川遭受比我们还要强烈的地震灾害,我们要迅速行动起来,以各种方式向灾区提供帮助和支援。

　　朋友们,请伸出你的援助之手吧! 你的一颗爱心就可能救助一位处于困难之中的震区灾民,使他们看到生的希望,帮助地震灾区人民度过难关!

　　最后,向在四川汶川地震中遭遇不幸的罹难者表示深切的哀悼,向受灾人民致以诚挚的问候! 我们相信地震灾区人民在党中央、国务院的正确领导下,在全国各族人民的无私支援下,一定会战胜这次地震带来的困难,重新建立美好的家园!

隆尧县 1966 年邢台大地震受灾群众

2008 年 5 月 13 日

(选自新华网)

【例文二】

文明就餐倡议书

亲爱的同学们:

　　创建文明和谐校园,争做文明进步的大学生是全校学生的应尽职责。现在我们共同生活在这个"讲文明,树新风"的社会风气中,我们应该呼吁那些不文明的行为尽可能地减少发生,全校广大同学应以饱满的热情、积极的态度迎接新的学习生活。为了能够更好的方便同学,服务同学,改善食堂就餐条件,提高食堂服务水平,使同学们在一个良好的卫生条件下就餐,在此,学校伙专会、学生会,后勤集团饮食服务公司特向同学们发出如下倡议:

　　一、同学们在窗口买饭时,请您使用一卡通,使用现金既不卫生,又给服务员找零钱增加了麻烦,耽误了你的宝贵时间,使用饭卡既省时又方便,出现问题时也容易查找解决。

　　二、同学们在就餐后,请将用完的餐盘放到附近的餐车或餐桶内,为下一位用餐者留一个位置,既节省了大家的就餐时间,也体现了你良好的个人素质!

三、请注意食堂卫生,不用有毒有害塑料袋盛饭,不要随地吐痰、乱扔餐巾纸或者食物残渣。

四、就餐的时候请同学们应自觉排队打饭,文明礼让,也为大家创造了一个良好的就餐环境。

五、请爱护餐具,不要损坏餐具,更不能把餐具带出食堂。

同学们!让我们从身边的小事做起,从点点滴滴做起,积极融入"讲文明、讲诚信、树新风"的活动中去,规范行为举止,养成文明的行为习惯,形成良好的校风学风,让道德之树生根发芽,让诚信之光点亮心灵,让文明之花开满校园!

学生伙专会、学生会,

后勤集团饮食服务公司

二〇〇八年九月八日

(选自兰州理工大学新闻网)

【例文三】

加入中华骨髓库倡议书

全体教职员工及学生们:

中国红十字会是从事人道主义工作的社会救助团体,以发扬人道、博爱、奉献的红十字精神,保护人的生命和健康,促进人类和平进步事业为宗旨。

我国有百万名等待造血干细胞移植的病人,每年新增 4 万多人。2001 年,在政府有关部门的支持下,中国红十字会重新启动了建设中华骨髓库的工作,成立了中国造血干细胞捐献者资料库(中华骨髓库)。

中国红十字会总会领导的中国造血干细胞捐献者资料库是挽救生命、造福人类的公益事业。它从建立之初就得到了社会各界的关注和支持。中国造血干细胞捐献者资料库从无到有,从小到大,到目前为止,已经建立起了一个拥有 36 万多人份的数据库。成为全球华人最大的骨髓库。然而,36 万多人份的数据库还远远不能满足临床患者的需要,中华骨髓库计划到 2010 年达到 100 万人份的库容,满足 80% 患者的需要。为此,中华骨髓库号召更多的健康适龄公民加入到捐献造血干细胞志愿者的队伍当中来。

医务工作者承担着人类救死扶伤的重任,是社会发展的重要保障。作为培育下一代医务工作者的教职员工以及即将成为医务工作者的学生们,更应该认识到自己应有的社会责任,报名参加中华骨髓库,捐献造血干细胞,救助患者。

我们向全体医学院教职员工和在校学生发出倡议,只要您身体健康,有献血经历,年龄在 18—45 岁之间,就可以加入到造血干细胞志愿者队伍中来,只需要 5ml 的血样,就可能挽救一条生命,带来重生的希望!

来吧,用您的爱心,加入到救助生命的队伍!

共青团上海交通大学医学院委员会

2008 年 11 月 24 日

(选自上海交通大学医学院网站)

6.2 建议书

建议书是个人、单位和有关方面,为了开展工作、完成任务、进行某项活动而提出建议时使用的一种文书,有时也叫意见书。建议书主要面对领导和有关部门写的。

建议书和倡议书不同。倡议书中虽然有所建议,但它一般是面对群众,带有一定的号召性,具有广泛的群众性;建议书主要是个人向组织或下级向上级提出的积极主张,希望组织或上级采纳。

建议书是群众向领导提出自己主张的重要手段,是沟通党群、干群、上下级关系的重要渠道。

建议书的形式是多种多样的,没有固定的统一的格式。一般说来,建议书由以下几个部分组成:

标题。标题可写"建议书"或"建议",也可以不写。

称谓。称谓是建议书的开头,顶格写上接受建议书一方的名称。格式与一般书信相同。

正文。建议的原因或建议的出发点。写清这一点便于接受建议的一方联系实际情况,考虑建议的可行性和价值如何;建议的具体事项。根据内容多少决定是否分条列出。内容要具体,以便接受者考虑是否采纳,只要表达出自己的愿望就行。

结尾。结语写上表示敬意或称颂语的话。署名和日期写上提建议人或单位名称。日期写在署名下面一行。

写作建议书时应注意的事项:

要认真负责,从实际出发,实事求是。写建议要根据具体问题、实际需要和可能条件。如果想当然,不着边际地去想,这样建议就无价值。

要有分寸。不说过头话,不提过高要求,不要用过激言词。内容要具体、实在。不要说空话、套话。

语言要精练。切忌拖泥带水,废话连篇,东拉西扯,不得要领。

【例文一】

改善中国城市交通与环境问题的建议书

中国环境与发展国际合作委员会环境与交通工作组对上海、重庆、广州、大连、深圳、贵阳与香港特别行政区的城市交通与环境状况进行了调查,召开了"城市交通与环境研讨会"随后又对荷兰的阿姆斯特丹、德国的柏林、捷克的布拉格和瑞士的苏黎世等十一个欧洲城市的交通进行了考察。在上述国内外城市交通调查的基础上,经过认真分析研究,并且征求了北京、广州、武汉、沈阳、南京、太原、合肥、昆明、宁波、烟台、中山等城市的意见,提出了(改善中国城市交通与环境问题的建议书)。

1. 城市交通与环境发展的目标

城市交通发展应当符合国家确定的可持续发展战略,支持城市社会经济发展,满足居民不断增长的交通需求,同时也应有利于城市环境状况的改善。城市社会经济的发展,需要安全、高效、清洁、经济的城市交通运输系统;城市居民生活质量的提高,需要安全、方便、舒适、快捷、低价的公共交通服务;城市环境的改善需要有利于环境改善的交通政策。因此,城市交通发展目标必须与城市社会经济发展目标相协调,与城市环境可持续发展目标相一致。

2. 问题

我国城市交通与环境问题已经相当严重。城市交通与环境问题的解决,需要中央、省级政府和城市政府采取整体的、综合的、积极的行动。

(1)空间资源的低效配置。公共交通发展不充分,导致交通结构不合理,道路、停车场等土地和空间资源低效配置。道路与交通管理设施建设滞后于车辆和交通流量的发展,停车场等静态交通设施严重不足。

(2)时间资源浪费。交通拥挤已使城市机动车行驶速度急剧下降,并直接导致公共交通服务水平下降,客流减少。不合理的交通结构产生巨大的时间成本。

(3)空气污染。一些大城市机动车排放的污染物对多项大气污染指标的贡献率已达到60%以上,危害人体健康。交通污染治理已成为城市大气环境治理的主要内容之一。

(4)噪声污染。城市主要道路两侧的噪声污染不断加剧、全国80%以上大城市交通干线噪声超标(大于70分贝),严重影响了居民休息和教育、文化活动。

(5)资源消耗。城市交通,特别是个人机动化交通消耗了大量的能源和其他不可再生资源。

(6)交通事故。部分交通参与者法制观念淡薄,交通违章现象十分严重。城市交通事故造成了大量的人员伤亡和高额的直接和间接经济损失。上述主要问题造成了巨额国民经济损失,阻碍了城市社会、经济与环境的健康发展。

3. 战略性政策建议

城市交通发展需要中央政府和地方政府的共同努力。在中央政府制定的法规、宏观政策、产业和技术政策的指导下,城市政府应起主要的作用。

(1)加强机构间的协作。在城市政府直接领导下,建立由城市规划、建设、交通管理、公用事业、环境保护等多部门组成的协调机构,以制定和实施整体的城市交通政策。

(2)加强规划工作。在城市总体规划下,编制城市公共交通的专业规划,纳入国民经济和社会发展计划并组织实施。制定、完善城市交通发展政策,确立城市公共交通在城市交通中的优先和主导地位。

(3)加强城市交通法规建设。重视和加强城市交通法律、法规的立法、执法和监督工作;尽早制定并实施城市公共交通法规。

(4)重视发挥科学技术作用。加强科学研究,为政府出台有关措施提供科学依据;为改进运输工具,推动机动车污染控制,改善燃料品质,加强城市交通管理提供技术支持。

(5)重视应用交通价格手段。城市交通价格政策应当支持交通可持续发展,交通税费收入应当有助于方便大多数人及改善环境的交通方式,加大对公共交通的财政扶持。

(6)重视交通与环境宣传教育。提高公众的交通与环境意识,鼓励居民使用资源节约和环境友善的交通方式,并自觉遵守交通法规。

4. 行动措施建议

(1)实施公共交通优先政策和相应的产业、技术、经济、投资、财税政策。在同一城市实施统一规划、统一主管部门,统一市场准入制度,统一财税、经济和技术政策,统一执法尺度,统一服务质量标准的方针。同时还应在道路使用、信号灯控制等方面,为公共交通提供优先。从优化城市路网的整体通行能力着眼进一步加快城市道路建设的步伐,增加路网密度,提高人均占有道路面积,建设过境道路。当前,还应采用有效措施,充分运用市场机制兴建城市停车场等静态交通设施尽快缓解"停车难"问题。

(2)重视对自行车与行人交通的保护。在鼓励自行车交通向效率高的公共交通转移的同时,完善自行车专用道,引导自行车交通合理使用,并加强自行车交通管理。

(3)发展城市轨道交通为主的电气化交通。电动轨道交通,运量大,无污染。200万人口以上的特大城市,在做好轨道交通线网规划的基础上,要做好发展轨道交通的前期准备工作,根据本地区经济发展水平,可逐步发展城市轨道交通,大城市可以修建无轨电车,对既有的无轨电车、有轨电车设施要进行更新改造,条件成熟的城市还可利用现有铁路，开行近郊列车。

(4)引导个人机动化交通方式合理使用。要提高大城市中心地区城市道路的使用效率，采取经济手段，鼓励使用公共交通；严格控制高污染机动车的拥有与使用，限制其行驶时间、区域。

(5)通过城市总体规划，使土地利用结构和土地开发合理化，尽量减少交通需求。大城市应该保持合理的区域功能，大力发展卫星城市；加强就业岗位配置与配套公共设施建设，以利于缩短客运距离，避免交通流聚集，并大力发展公共交通。

(6)加强城市交通与对外交通(城市间交通)的协调发展。城市是区域交通运输网络的枢纽和节点，必须注重城市交通系统与对外交通系统在空间布局和运行时间上的协调，以发挥多种交通方式联合运输的优势。

(7)加强对交通污染的控制。把环境影响评价作为判定城市交通政策和工程建设的先决条件之一；积极推进交通战略环境影响评价(SEA)技术。

(8)大力推行在用车的检查/维护(I/M)制度，保持车辆处于正常技术状态。国家应采取政策措施，严格控制尾气排放超标车型进入市场，鼓励在用车淘汰与更新，按国家标准报废老、旧机动车；制定在用车尾气治理计划，争取在2～3年内使运行车尾气排放达到国家或地方规定的标准。控制和减轻交通噪声污染。

(9)加强城市交通管理。要不断提高城市交通管理水平，推广新技术应用；合理组织交通流；做好路口渠化，改善路口行车条件，提高既有道路网络的通行能力。

(10)进一步提高燃油质量，推广使用无铅汽油，有条件的城市一部分机动车可推行使用液化气、天然气燃料，抓好在用公共汽车、出租汽车改装为燃气汽车的工作，建议国家尽早实施燃油税，并适当提高汽油税额(特别是低质燃料)，将其中一部分税费用于发展公共交通。

5.城市交通与环境改善综合试点项目

建议深圳、大连、昆明、青岛四个城市作为交通与环境综合试点城市，由建设部城建司、国家环境保护总局污控司和中国环境发展国际合作委员会环境与交通工作组与城市政府联合开展试点工作，以推广和检验本建议书提出的各项政策与措施。

(选自城市交通网)

【例文二】

关于城市拉土车管理问题的建议书

频频听到疯狂拉土车无情地践踏路人的生命，随意倾倒建筑垃圾破坏古城文明形象，严重地影响社会和谐。作为一个有良知的公民，无不感到痛心疾首，于是就如何治理拉土车问题提出一些建议，期望对搞好城市建设，树立古城文明形象有益，敬请审议。

一、拉土车问题久治不力的原因

1. 缺乏有效系统的管理，表面上谁都管，而实际上谁都管不好。

拉土车管理环节较多，涉及面广，它涉及城建局、园林局、城管局、交警支队、运政等多个部门。就拉土车管理而言，各部门仅就自己所辖问题进行管理，缺乏协作精神，可能还存在一些微妙的原因，常不越雷池半步，通常对违规车辆只进行一些经济处罚，没有从"头"管到"尾"的系统化管理措施，从而导致一些处罚措施相对于车主高额利润而言就显得苍白无力，无异于隔靴搔痒，扬汤止沸。

2. 客观地讲，工程承包商与某些领导干部有着千丝万缕的联系，要么是其亲属，要么可能有一些特殊的人际关系或微妙的交易，加之政府在管理上不够系统详尽，从而使承包商有可乘之机。所以当现有的管理制度面对复杂的人际关系时，便显得无能为力。而且究其根源，每一个部门都振振有词地说："我们管理尽职尽责且无过错，但是很无奈"。

3. 承包商唯利是图的经营理念也是导致政府久治不力的重要因素。

承包商缺乏社会责任感，唯利是图，只追求利润最大化，与司机单纯以土方量计工资，没有确定合理的劳动定额，从而导致司机只追求金钱，超负荷运营，面对金钱的诱惑，丧失了人格正义的一面，一味地疯狂，一味地随意倾倒建筑垃圾，破坏文明和谐的社会。

二、解决拉土车问题的建议措施

建立一套完整系统的管理措施，从源头上做到人性化、细致化管理，并充分利用GPS及网络优势，促使执法阳光化，确保整个建筑垃圾清运的全过程都得以监管和督导，从而有效地消除"疯狂"和"乱倒"现象，维护古城的文明形象。

1. 抓"头"顾"尾"

对每一个建筑工地确定建筑垃圾倾倒地点，并在每一个工地门口设立监管站并安装电子眼，单车发放通行登记证，通行登记证的主要内容有：车号、垃圾倾倒地点、出门时间、倾倒垃圾时间、进门时间。并建立档案归档。同时在建筑垃圾倾倒地点附近必经村镇也设立监管站并安装电子眼，对拉土车的通行登记证进行签发盖章，填写具体倾倒垃圾时间，并建立档案，从而实现全过程监控，确保土方归位，对于出现的乱倒现象发现一起，查处一起，从而扼制乱倒现象，同时也可避免拉土车肇事逃逸现象。

2. 对于不按规定签发通行登记证的车辆进行严肃处理，绝不姑息，该取消营运证的坚决予以取消，并公开处理信息，接受公众监督。

3. 细化管理，对营运车辆确定合理的工作定额，实现施政科学化、人性化。

有关部门应该把细致化、人性化管理纳入工作议程，深入实地，针对不同建筑垃圾倾倒地对每一工地营运车辆的运行路线进行规划,按照不同交通地段的路况及时速要求进行实地测算,对每一趟运程的时间做以统计,从而对每一个工地的营运车辆确定一个合理的劳动定额,使拉土车按照合理的劳动定额运行,让承包商不再唯利是图,让司机不再只为钱而奔,让他们也负起作为公民应尽的社会责任。

4. 在做好以上工作的基础上,城管、交警等行政部门应加强日常监管,从重从严处罚违规车辆,消除冒尖抛洒超速等现象。

5. 继续推行 GPS 监控制度,对监控结果的处理明确一个职能部门,进行追踪处理,切实推行有过必究,执法必严的原则。

6. 充分利用网络的开放性,设立"拉土车管理网页",倡议市民积极参与拉土车管理事务,举报管理中的渎职枉法等现象,查实一起处理一起,在阳光下晒一晒不正之风,真正做到还政于民。

(选自陕西新闻网)

6.3　决心书

一、概述

决心书是个人、集体、单位为响应上级号召、展开工作、完成任务而提出的保证或表示决心所用的文书。做了错事、犯了错误,表示决心要加以改正或悔改所写的保证或表示决心的书面材料,也叫保证书。

决心书具有调动人的积极性和约束人的行为的作用。通过写决心书,可以发动群众想办法,订措施,保证号召的落实,形成众人拾柴火焰高的局面。决心书虽然不是法律文书,没有法律效力,但是,由于它是个人、集体或单位自愿订立,而且要求有关领导和群众给予指导、检查、监督,这就产生了约束力,决心书的提出者也会自觉地在所订条款的范围内行动,保证条款的落实和任务的完成。

二、决心书的写作

标题。在第一行正中,以稍大的字体写上"决心书"字样,有的还写明是干什么事情的决心书。

称呼。在标题下空两行顶格处写出接受决心书的组织、机关、团体、单位的名称。称呼后面要有冒号,表示下面有具体内容。有的决心书带有群众性、公开性的特点,是对广大群众所作的保证,所下的决心,可以不写称呼。

正文。要写出保证的内容或决心做到的具体事项,这是决心书的主要构成部分。正文最好分条开列,第一行从称呼的下一行空两格处写起;没有标题、没有称呼的决心书,直接从第一行空两格处写起。以下各条都自成一段,每起一段都要空两格。有的条款内容丰富、具体,还可以根据概括与具体的内容分列若干段落,每一段落都应遵循单一性和完整性的分段原则。

结语。可以有"此致敬礼"等表示敬意的话。写法与申请书一样,也可以不写表示敬意的字样。

署名和日期。在结语下(没有结语格式的则在正文下)的后半行,写清写决心书的个人或集体的名称(有的还要加盖公章)。在署名后面或下面写上决心书的日期。

三、写作决心书的注意事项

(一)要实事求是。决心书是为了响应号召、开展工作、完成任务而对领导或上级所做出的保证或表示的决心,所以一定要从个人或单位的实际出发,实事求是,使所有保证的内容和决心做到的事项确实可行,取得成效;切忌说大话、假话、空话。

(二)要交代具体。决心书要写出为什么事情定的决心,从哪些方面做起,做到什么程度等。这些内容一定要具体、实在。只有具体、实在,才便于自己执行,落实到实处,也便于组织、领导或上级指导、检查、督促。

(三)要分条开列。只要是响应号召、开展工作、完成任务的决心,就要采取多种措施,从各个方面来促其实现,内容也就比较多。只有开列条款,逐项叙述,保持各个条款内容的单一性,才能看起来井井有条,眉目清楚,容易把握要领。条与条之间的排列,也要有一定的次序,或者按轻重缓急,或者按内容的逻辑关系,当视具体情况而定。

措辞要明确,文字要简洁。决心书一般是分条叙述各项措施和具体事项,所以一定要一是一,二是二,措辞十分明确,这样才便于执行和检查。如果模棱两可,似是而非,马马虎虎,不但不易掌握执行的分寸,而且会造成理解上的混乱,不利于督促、检查。

【例文一】

沈阳消防抗震救援队决心书

市委、市政府:

"5.12"四川汶川强烈地震发生后,按照公安部的命令,沈阳市消防支队260名官兵带着市委、市政府的重托,带着740万沈阳人民的深情厚谊,昼夜兼程赶赴抗震救灾战斗的第一线。为了最大限度地挽救生命,救援队在灾区一线主动请缨,迅速深入北川、青川、平武等重灾区,投入到抗震救灾之中。全体官兵始终牢记"一切为了人民"的坚定信念,克服条件艰苦、环境复杂等重重困难,冒着随时可能发生余震、坍塌等危险,与时间赛跑,与极限挑战,竭尽全力救民于危难。

5月17日,市委、市政府发出了《致沈阳市奋战在抗震救灾第一线全体人员的慰问信》,参加抗震救灾的消防官兵倍感亲切,深受鼓舞。在抗震救灾的关键时刻,市委、市政府的亲切关怀给我们增添了勇气,增强了斗志。请市委、市政府放心,请家乡的父老乡亲放心,全体救援官兵一致表示,我们一定不辜负市委、市政府的重托,不辜负家乡父老的期望,时刻牢记灾情就是命令、时间就是生命,继续发扬一方有难、八方支援的精神和艰苦奋斗、连续作战的作风,不怕牺牲、迎难而上,用信念、责任、汗水和生命,为夺取抗震救灾的全面胜利再立新功!

沈阳市消防支队抗震救援队全体官兵

二〇〇八年五月十七日于四川灾区

(选自东北新闻网)

【例文二】

决心书

苏总指挥:

我们 16 号来到成都,支援成都管制中心的救灾工作。在这短短几天内,我们感受到了灾区人民所遭受的磨难,体会到他们身受的痛苦。在与成都管制中心管制员们共同工作的时候,我们虽然不能自己拿话筒指挥,但看到成都塔台、进近、区调的领导和同志们拖着疲惫的身躯,战斗在指挥一线,我深受感动,也在尽全力熟悉成都地区的管制特点,认真履行监控职责。虽然,作用看起来不一定十分明显,但至少可以在精神上给他们以支持。

19 日晚,政府播报了余震预报后,考虑到我们的安全等问题,指挥部通知我们回去,但我们请求继续坚守前线,在此我们向空管抗震救灾指挥部和西南空管局党委表明我们的决心:

1. 耳闻目睹西南空管人在抗震救灾中的英勇事迹,我们备受鼓舞。我们决心向他们学习,为抗震救灾作出贡献!

2. 我们是来支援成都管制工作的,不会因为余震的威胁而退缩!

3. 我们已经做好了应急对策:购置必备的应急食品、药品、用品,在保障好自身安全的前提下支援成都工作,不会给成都抗震救灾工作增加负担。

4. 成都管制员普遍比较疲惫,多些保障人员,对管制安全就多了保障。

5. 我们在这短短几日的学习交流中,已经基本熟悉这里的管制程序,在特殊情况下,完全有能力协助成都管制中心的管制指挥工作。

我们有信心和决心,在总局抗震指挥部统一领导下,克服各种困难,服从命令、听从指挥,与西南空管局的全体同志并肩作战,争取抗震救灾斗争的全面胜利!

(注:苏总指挥指民航局空管局局长,民航空管抗震前线指挥部总指挥苏兰根)

全体支援抗震救灾管制员

2008 年 5 月 20 日

(选自中国民航新闻网)

【例文三】

督察大队全体党员决心书

5 月 12 日,四川汶川发生了 7.8 级的大地震。这场突如其来的大地震,给人民生命财产造成了巨大损失,目前,在党中央国务院的正确领导下,全国人民团结一心,众志成城,正如温总理所说:"地震可以移动山,但动摇不了我们的意志。"作为首都的城管执法工作者,我们在积极响应、踊跃支援灾区的同时,更重要的是把对灾区人民的千般情、万般意,化作工作的巨大动力,积极履职、认真工作,服务奥运无私奉献,努力确保 2008 年北京奥运会的环境保障任务圆满完成。

为此,我们决心做到:

一、提高认识,大力弘扬抗震精神。一方有难,八方支援,全体中国人民和海外华人在抗震救灾中表现出来的"团结一致、众志成城"的精神是我们这次抗震救灾行动的宝贵财富,要确实提高思想认识,把抗震救灾精神融入实际工作中,为即将开幕的 2008 北京奥运会做出更多的贡献。

二、团结一致,全力做好本职工作。以前方救灾人员为榜样,积极响应局党委号召,立足本职,发扬城管人"特别能吃苦、特别能战斗,特别能奉献"的精神,努力完成好本职工作,确保平安奥运环境保障工作的顺利开展。

三、无私奉献,积极参加公益活动。生命最可贵,全体党员在做好本职工作的同时,要积极投入到抗震救灾的公益活动中去,宣传抗震救灾,参与募捐救助活动,尽可能地为灾区人民多做实事、多送温暖。

我们相信,只要我们和灾区人民的心连在一起,就没有克服不了的困难,就没有战胜不了的灾难,就没有攻克不了的难关。

胜利,永远属于我们!

督察大队全体党员

2008 年 5 月 19 日

(选自北京市城市管理综合行政执法局网站)

【例文四】

公司赴甘肃灾区抢险队员决心书

公司党组：

　　5月17日,我们赴甘肃参加抗震救灾的抢险队员收到了公司党组的慰问信。信中公司党组对大家的亲切慰问和关怀,殷切希望和勉励,让我们深受感动,备受鼓舞。

　　四川汶川特大地震灾害发生后,公司党组迅速做出了支援灾区抗震救灾工作的各项工作部署,同时,发出号召要求各族电力员工以祖国利益为重,以人民利益为上,秉承"一方有难,八方支援"的民族精神和团结互助、扶危济困、无私奉献、大爱无痕的中华美德,开展救助灾区的自觉行动。我们作为公司员工,承担责任,履行义务,理应所在,义不容辞。

　　在甘肃陇南地震灾区,我们每天都为地震灾害给当地人民群众生产生活造成的伤害和损失感到痛心和惋惜,同时更为灾区人民坚强不屈的抗灾自救行动以及全国各地的紧急慷慨援助所深深震撼和感动。灾害并不可怕,只要科学应对,充满信心,一切困难险阻都无法阻挡勇士们前进的步伐。我们坚信在党和政府的坚强领导下,万众一心,众志成城,一定会取得抗震救灾工作的最后胜利。

　　我们一定牢记公司党组和各族电力员工的殷切希望和嘱托,在抗震救灾恢复重建工作中,发扬新疆电力员工"特别能吃苦,特别能战斗,特别能奉献,特别能打硬仗"的精神,与当地电力公司紧密协作,在确保安全的前提下,科学、有序、高效地开展救灾工作,竭尽全力,顽强拼搏,奋勇争先,不辱使命。让光明为灾区人民送去温暖,带来希望,增添力量。

　　全体抢险队员对公司党组和各族电力员工的关心和支持表示深深的谢意,决心在党组的正确领导下,发扬企业精神,全力以赴,努力工作,为灾区抗震救灾恢复重建工作做出应有的贡献。

新疆电力公司全体抢险队员

2008 年 5 月 18 日

（选自新疆电力公司网站）

第7章　申请书、邀请书与聘书

7.1　申请书

一、概述

申请书是个人或集体向组织或单位领导表达愿望和提出请求时使用的一种文书。其使用范围非常广泛,个人对党团组织和其他群众团体表达志愿可以使用申请书;个人在学习、工作、生活上对机关、团体、单位领导有所要求时,可以使用申请书;下级在工作、生产、学习、生活等方面对上级有所请求时,也可以使用申请书。因此,申请书是个人向领导、下级向上级请求的一种手段。

申请书是一种专用书信,它与一般书信一样,是表情达意的一种工具。但是,它与一般书信又有区别。一般书信大部分是个人与个人之间互通情况、交流感情、交换意见、研究工作、商量事情时使用的,内容比较广泛,既可以谈公事,也可以谈私事,谈一件或多件事都可以。而申请书则是个人或下级对组织或上级、机关团体、单位有所请求时才使用的,一般是一事一书,内容比较单纯。

二、申请书的格式

申请书的内容包括五个部分:

标题。申请书的名称,作为标题应写在申请书第一行的正中。标题有的只写"申请书"字样,有的则根据申请书的内容,标明具体名称,如"×××申请书"等。

称呼。在标题下空一两行顶格处写出接受申请书的单位的名称或有关负责同志的姓名,如"团支部"、"市教育局"、"×××同志"、"×××女士"等。名称后面加个冒号,表示下面有话要说。

正文。是申请书的主要部分,要写清所申请的事情和理由。正文要从接受申请书的组织和领导名称下一行空两格处写起,从第二行起再顶格写。申请的事情和理由最好分段写,每段开头都要空两格。这样既保证了内容的单一性和完整性,又条理清晰,使人看起来容易把握重点、要点。

结尾。申请书可以有结尾,也可以没有。结尾一般是写"此致敬礼"之类表示敬意的话,可以在正文完后接着写"此致",再起一行顶格写"敬礼"。结尾还可以写表示感谢、表示祝颂的话。

署名和日期。在结尾下一行的后半行,写上申请人姓名或申请单位名称(加盖公章),在署名下面,写上写申请书的年、月、日。

三、注意事项

(1)要把申请的事情和理由写清楚,使接受者能透彻地了解申请人或申请单位的意愿、要求和具体情况,以便领导研究处理。

(2)申请书是一种应用文体,常用叙述的方法。写作时应注意语言准确,文字朴实,简洁明了。切忌浮泛冗长、东拉西扯、故弄玄虚、有意渲染。使用生僻、深奥的语言文字,会造成组织或领导理解上的困难,甚至误解。字迹要工整,标点符号要用得正确,否则,也会造成阅读、研究、处理上的困难,还可以给人以不严肃、不懂礼貌的印象。

【例文一】

入团申请书

敬爱的××中学团支部:

在五四青年节来临之际,我郑重地向团组织提出申请,要求加入中国共产主义青年团。

共青团是党的忠实助手,是一所马克思主义的大学校。在这座共产主义的大熔炉里,培养了一批又一批共产主义战士。如黄继光、张海迪等。

加入共青团是我的理想。以前,我一直想加入共青团,但我将自己同那些优秀共青团员比较时,就感到自己缺点很多,相差甚远,因而没有勇气提出申请。近年来由于团支部的热情帮助,我逐渐认识了自己身上存在的缺乏坚韧不拔的毅力,经不起批评、受不起委屈等缺点,开始有所进步,我衷心感谢团组织对我的关怀和帮助。

我决心在加入团组织以前，以共青团员的标准严格要求自己，以优秀共青团员为榜样，刻苦学习，不断提高自己的思想水平与认识水平，争取做一个完全合格的共青团员。

最后，我再一次请求团组织接受我的入团申请，我决不会辜负团组织的期望。

致

崇高敬礼

初三(4)班 ×××

2008 年 8 月 23 日

【例文二】

入党申请书

敬爱的党组织：

我志愿加入中国共产党，愿意为共产主义事业奋斗终生。中国共产党是中国工人阶级的先锋队，同时是中国人民和中华民族的先锋队，是中国特色社会主义事业的领导核心，代表中国先进生产力的发展要求，代表中国先进文化的前进方向，代表中国最广大人民的根本利益。党的最终目的是实现共产主义的社会制度。中国共产党以马克思列宁主义、毛泽东思想、邓小平理论和"三个代表"重要思想作为自己的行动指南。

自 1921 年建党至今，我们的党已经走过了 80 多年光荣的道路。这几十年，中国共产党从小到大、从弱到强、从幼稚到成熟，不断发展壮大。从建党之初的几十名党员，逐步发展到今天这个拥有六千多万党员的执政党。并在长期的革命过程中，先后形成了分别以毛泽东、邓小平、江泽民为核心的三代党中央领导集体。正如江泽民同志所说："党领导全国各族人民为中国社会主义进步和发展做了三件大事：第一件是完成了反帝反封建的新民主主义革命任务，结束了中国半封建、半殖民地的历史；第二件是消灭了剥削制度和剥削阶级，确立了社会主义制度；第三件是开辟建设有中国特色的社会主义道路，逐步实现社会主义现代化，这件大事现在继续在做。"党的辉煌历史，是中国共产党为民族解放和人民幸福，前赴后继，英勇奋斗的历史；是马克思主义普遍原理同中国革命和建设的具体实践相结合的历史；是坚持真理，修正错误，战胜一切困难，不断发展壮大的历史。中国共产党无愧是伟大、光荣、正确的党，是中国革命和建设事业的坚强领导核心。

人的一生或重于泰山，或轻如鸿毛，就如保尔所说：人最宝贵的是生命。生命于每个人只有一次。人的一生应当这样度过：回首往事，他不会因为虚度年华而悔恨，也不会因为卑鄙庸俗而羞愧；临终之际，他能够说："我的整个生命和全部精力，都献给了世界上最壮丽的事业——为解放全人类而斗争。"这就是我为什么加入中国共产党，是因为中国共产党党员是中国工人阶级的有共产主义觉悟的先锋战士，党的宗旨是全心全意为人民服务。突如其来的非典检验了我们的党和党员，从70多岁的老军医到年轻的护士，从为非典献身的医生到身边坚守口岸抗非前线的同事，他们实践着新时代共产党员的风貌：全心全意为人民服务，不惜牺牲个人的一切，胸怀共产主义远大理想，带头执行党和国家现阶段的各项政策，勇于开拓，积极进取，不怕困难，不怕挫折；要诚心诚意为人民谋利益，吃苦在前，享受在后，克己奉公，多作贡献；要刻苦学习马列主义理论，增强辨别是非的能力，掌握做好本职工作的知识和本领，努力创造一流成绩；要在危急时刻挺身而出，维护国家和人民的利益，坚决同危害人民、危害社会、危害国家的行为作斗争。他们感动着我、激励着我加入到党的队伍中。

作为一名人民教师，是中国共产党把我从一个不懂事的孩子培养成为一名具有大学文化程度的教育工作者，二十多年来我也见证了改革开放所带来的巨大变化。我对党的认识，是逐步加深的。少年时代，在父母亲的言传和老师的指导下，幼小的心灵萌发了对中国共产党的敬慕和向往；中学时代，是我人生观初步形成时期，开始接受了马列主义、毛泽东思想；上大学后，我向党组织递交了入党申请书，参加了党校的理论学习，并以优异的成绩结业，在党组织的培养教育下，我逐步树立共产主义的世界观、价值观和人生观；参加工作以来，我更是坚持在业余时间学习有关党的理论知识，认真学习和领会江泽民同志"三个代表"重要思想、党的十六届全会会议精神，通过学习加深对"三个代表"精神实质的理解，在理解中改造自己的人生观、价值观和世界观，思想上有了极大进步。在进入教师队伍后，我踏实肯干，认真完成本职工作。在工作中，我任劳任怨，起到了模范带头作用。同时，在生活中，我接触到了许多优秀的党员同志，他们时刻以党员的标准严格要求自己，吃苦在前，享受在后，勤勤恳恳工作，从不叫苦叫累，我从他们的身上看到了党的优良传统和作风，进一步激发了我加入党组织的决心和信心。为此，我郑重的再次向党组织提交我的入党申请。

在自己有了一些优点的同时，我还经常作自我批评，发现自己在以下方面还有不足之处，如工作上缺乏开拓精神，思路不开阔，积极主动性不够，在工作中对政策文件的理解把握有待提高。我会尽快改正，同时还请组织给予指导和帮助。

今天，我虽然再次向党组织提出了入党申请，但我深知，在我身上还有缺点和不足，因此，我希望党组织从严要求我，以便使我更快进步。今后，我要用党员标准严格要求自己，自觉地接受党员和群众的帮助与监督，努力克服自己的缺点和不足，争取早日加入党组织，请党组织在实践中考验我。

如果党组织能批准我的请求，我一定拥护党的纲领，遵守党的章程，履行党员义务，执行党的决定，严守党的机密，对党忠诚，积极工作，为共产主义奋斗终生，随时准备为党和人民牺牲一切,永不叛党;如果党组织认为我还不完全具备党员条件,这次不能接纳我入党,我决不气馁,尽快克服自己的缺点和不足,继续以党员的标准严格要求自己,充实、提高自己,以更饱满的热情投入到以后的工作和学习中去,以实际行动争取早日加入党组织。

请党组织在实践中考验我!

×××

2008 年×月×日

7.2　邀请书

邀请书也叫请帖或请柬。它是一些单位邀请上级领导、兄弟单位的有关同志前来参加重要的纪念、庆祝活动时,为庄重通知对方而使用的一种告知性文书。其使用范围很广,召开庆祝会、纪念会、联欢会、洽谈会、订货会、研究会、交流会等可以发邀请书或请柬,举行招待会、宴会、茶会等也可发邀请书或请柬。

邀请书一般由以下几部分组成:

封面。居中写"邀请书",字体要略大,要醒目和美观。

背面。首行顶格写被邀请的单位名称或个人的姓名。

正文。写邀请的目的、活动内容、时间、地点及应注意的一些问题。

结尾。空一行顶格写"敬请光临"或"敬请光临指导"。

落款。写清发请柬或邀请书的单位名称或个人姓名,下一行注明年、月、日。

写作邀请书时应注意以下事项:

(1)邀请的目的要明确,时间、地点要准确。

(2)邀请书的款样和装帧要美观大方、庄重。

(3)如有需要注意的事项,要在"邀请书"的背后注明。如联系人,联系电话,食宿或携带物品、文件要求,交通路线等。

(4)如有签到卡,可附邀请书下侧。

(5)一般的会议仅发通知即可,不必发邀请书。

【例文一】

邀请书

×××同志:

为了纪念×××诞辰一百周年,我会定于 2008 年×月×日至×日,在××××

举行学术研究讨论会。您对×××素有研究,我们希望您能光临指导。如蒙应允,请在×月×日准时前来参加为盼。报道地点:××大学×号楼202室。

附:讨论会发言稿5份。

×××学术研究讨论筹备组(公章)

2008年×月×日

【例文二】

邀请书

各位嘉宾:

兹定于2008年10月17日(星期五)下午1点15分,在华东理工大学八角亭,举办东方老年文化交流中心沙龙现场交流会(时间约100分钟),届时有挹南民族舞沙龙等汇报演出。敬请各位前来观摩指导。

特此邀请

上海东方老年文化交流中心

徐汇区挹南民族舞沙龙

2008年10月8日

地址:梅陇路130号(靠近龙州路口、华轻市场对面)

交通:公交车720、50、957均乘至化工四村站下车。

(选自漕河泾社区教育网)

【例文三】

邀请书

×××同志:

政协××市第十届委员会第一次会议定于××××年×月×日至×日在市政府招待所召开。特邀请您出席×日上午8时开幕式和×日下午1时30分闭幕式。请届时出席。

政协××市委员会秘书处

××××年×月×日

【例文四】

邀请书

××家长：

经院务会研究：我院定于 5 月 14 日(本周五)下午 3：00 在老教学楼二楼会议室召开家长学校委员会议。会议主要内容安排如下：

1. 总结 2007 年度工作。

2. 布置 2008 年本学期工作。

3. 征求建议及意见。

届时敬请各位委员准时参加。

吉安县保育院

××××年×月×日

7.3　聘　书

一、概述

聘请书是聘请外单位的同志担任本单位某项职务或承担某项工作时使用的一种专门书信。使用聘请书，可以起到加强协作、互相支援、促进人才交流的作用，是单位间密切合作、互通有无的纽带。同时，聘请时使用聘请书，有利于增强受聘者的责任心和荣誉感，也表示对被聘请人的尊重。

二、聘请书的写作

标题。在首行正中写"聘请书"或"聘书"等字样即可。有的加署单位名称，如"×× 学院聘书"，限制了使用面。

称谓。另行顶格书写受聘者的姓名，后加"先生"、"女士"、"同志"、"教授"等称呼，称呼后加冒号。

正文。称谓下另行空两格书写，根据聘请目的不同而有所区别：

(1)聘请受聘者担任荣誉职务。如聘请在某一领域享有较高的社会知名度，但是因为年龄或者工作等原因不能做实际工作的人士担任名誉顾问、荣誉理事等职务。正文一般包括聘请担任的职务名称和聘请者的祈请等，也可以写明聘任的时限。

（2）聘请受聘者担任实际职务。如聘请在某一领域学有专长，具备实际工作能力，符合聘请者聘任要求的专业人士从事某项具体工作。正文一般包括聘请担任的职务名称、聘任的时限、聘任的报酬等。

（3）聘请受聘者担任临时职务。如聘请一些相关人士帮助完成某项临时性的工作或者活动，工作或者活动结束，聘任即行解除。这种情况应当属于前述两种情况的特例，既可以是荣誉职务的聘请，也可以是实际职务的聘请，只是聘任的时限很短，也不必在聘书中明确。正文一般包括聘请担任的职务名称，实际职务的聘请应当注明具体的到岗时间和到岗地点等。

结语。一般在正文下另行空两格书写"此聘"等字样，后面不加标点符号。

落款。在结语右下方书写聘请者名称和聘书发出的具体日期。聘请者如果是单位应当加盖公章，如果是个人应当有个人签名。

三、写作注意事项

（1）内容要清楚。在聘书正文中，对于涉及的聘请担任的职务名称、聘任的时限、聘任的报酬、到岗的时间和到岗的地点等主干项目必须交代清楚，不能模糊笼统。在内容清楚的前提下，还要注意表达得简洁，不能繁冗拖沓。实践中有的聘书正文内容过多，将具体职责等一并写入，实为不妥。如果必需的话，建议将除去聘请担任的职务名称等主干项目之外的内容另行成文说明，作为聘书的附件。

（2）文字要准确。写作聘书用词要考究，行文要严谨，这本身就体现了聘请者对受聘者的尊重。如正文起始语一般使用"兹聘请"、"特聘请"、"敬聘"等，结语使用"此聘"等。再如称谓中对受聘者应该写全姓名加上称呼，而不是只写姓氏或者名字加上称呼，受聘者姓名前面也不加"尊敬的"等敬语。又如落款聘请者名称应当书写单位全称，不能书写简称，更不能书写不规范化的简称，日期也应当是完全标准写法。正文中对聘请单位的自称应当是"我×"，最好不称为"本×"。如果聘书中涉及聘任的报酬，一定要用汉字书写，等等。总之，聘书正文从整体上要呈现庄重感和诚恳性。

（3）格式要规范。聘书格式的作用如同请柬，主要体现礼仪功能，所以不可忽略或者随意。如称谓要顶格书写，正文和结语需前空两格书写。除此之外应特别注意的是，实践中多有省略称谓项而将受聘者姓名并入正文的做法，从礼仪角度讲这样做是不合适的，建议将客观式的表述"兹聘请×××同志为……"改为主观式的表述"兹聘请您为……"。类似的还有将结语如"此聘"等省略或者并入正文的做法，建议按照前面所述另行标注为宜。

【例文一】

聘　书

×××先生：

　　敬聘您为我校名誉教授。盼指导我们的工作。

　　此聘

××××大学

2010 年×月×日

【例文二】

聘　书

×××同志：

　　特聘请您为校第×届春季运动会裁判员。请于×月×日到我校体育部报到。

　　此聘

××××大学

2010 年×月×日

【例文三】

聘　书

×××女士：

　　兹聘请您为我校计算机中心兼职教师，承担日常授课和机器维护工作，聘期一学年，自××××年×月×日至××××年×月×日。每月付聘金贰仟贰佰元整。

　　此聘

××××大学

××××年×月×日

【例文四】

聘　书

兹聘请××先生任××卫生制品厂办公室秘书，任期三年，月薪叁仟伍佰元。

××地区洪州卫生制品厂

2010 年×月××日

第8章　述职报告

8.1　述职报告的概念和作用

一、述职报告的概念

述职报告是领导者个人对一个时期内执行岗位职责的实践活动进行自我评述的总结报告。其主要作用是使上级或人事部门和群众细致地了解和评定个人和集体的政绩、预测其发展潜力,促使其忠于职守、更好地完成工作任务。作为普通公文,属于报告的一种,与总结相似。述职报告,按时间可分为年度述职报告、阶段述职报告和任期述职报告;按内容可分为个人述职报告、集体述职报告。

述职报告可以说是工作报告中的总结性报告。总结性报告多用于提交大会进行讨论,如各级政府向同级人民代表大会所作的“政府工作报告”。正文结构有基本情况、成绩经验、教训不足和今后计划等部分。述职报告要对已经做过的工作进行全面的回顾,包括做过些什么工作,达到预定的目标与否,达到了目的后有什么样的经验值得以后借鉴,如果没有完成预期的目标那么又是什么原因造成的,今后有什么打算。

述职报告是推动社会组织工作的重要因素,对于促进和监督社会组织负责人的工作有着重要的意义。

二、述职报告的作用

(一)有利于述职者的自我督促,自我提升

通过述职,可以使述职者定期回顾岗位职责的履行情况,总结成绩和收获,发现问题和教训,发扬优点,改正缺点,不断提高自身的认识和素质。

(二)有利于广大干部群众的监督

通过述职,广大干部群众能够进一步了解述职者的工作实绩,工作能力,责任感和事业心。监督领导干部、工作人员忠于职守,提高他们的政治思想水平和业务能力。

(三)有利于上级领导、人事组织部门、用人单位的考核考察

通过述职,上级领导部门、组织人事部门和用人单位可以定期全面了解所用工作人员的工作情况,考核、选拔、任用、调配和安排干部和工作人员,做到用人不疑,疑人不用,物尽其用,人尽其才。

8.2　撰写述职报告应该坚持的原则

一、要充分反映自己在任期内的工作实绩和问题

述职是民主考评干部的重要一环,也是干部自觉接受组织和群众监督的一种有效形式。干部作述职报告,是为了让组织和群众了解和掌握干部德才状况和履行职责的情况。因此,述职报告应该充分反映自己任期内的工作实绩和问题,写出自身在岗位上为本单位办了什么实事,结果怎么样,有哪些贡献,还有哪些不足,包括工作效率、完成任务的指标、取得的效益,等等。工作实绩如何,是检验干部称职与否的主要标志,述职人要充分认识这一点,实事求是地把自己的工作实绩和问题反映出来。

二、要实事求是地评价自己

对自己的评价要实事求是,不夸大,不缩小,要准确恰当,有分寸,不说过头话、大话、假话、套话、空话。要做到这样,应注意处理以下几个关系:

(1)处理好成绩和问题的关系,就是理直气壮摆成绩,诚恳大胆讲失误。

(2)处理好集体与个人的关系,不能把集体之功归于个人,也不要抹杀了个人的作用,必须分清个人实绩和集体实绩。

（3）在表述上要处理好叙和议的关系，就是以叙述为主，把自己做过的工作实绩写出来，不要大发议论，旁征博引，议论也只是对照岗位规范，根据叙述的事实，引出评价，不能拔高。

三、要抓住重点，突出个性

述职报告，如果用口头报告表述，一般宜占用 10 分钟，如果用书面报告表述，一般以三千字以内为宜。因此，表述的内容应抓住重点，抓住最能显示工作实绩的大事或关键写入述职报告。凡重点工作、经验、体会或问题等，一定要有理有据，充实具体，而对一般性、事务性工作，宜概括说明，不必面面俱到。抓住重点，突出中心，还应突出自己的特色，突出自己独有的气质，独有的风格，独有的贡献，让人能分辨出自己在具体工作中所起的作用。

四、述职报告写作注意事项

（一）要实事求是，切忌华而不实

述职报告一定要讲真话、讲实话、讲心里话。无论称职与否，都要与事实相符，既不要自吹自擂，也不要过分谦虚。述职报告一般要当众宣读，一些同志为了顾面子，获取领导和群众的好感，对自己的工作成绩大肆渲染、夸大其词，只讲自己的优点和所取得的成绩，对工作中存在的问题和不足采取回避态度。其实，任何人无论做什么工作，即使非常尽职尽责，缺点、错误也在所难免。而且，每个人所取得的成绩并非是一己之功，而是全体人员上下密切配合、共同努力的结果。作为一个部门的领导干部，应排除私心杂念，以集体利益为重，上不欺领导，下不瞒群众，正确处理好个人与集体、主观与客观的关系，时刻保持清醒头脑，分清功过是非，做任何事都不要抢头功，做到实事求是。在肯定自己成绩的同时，也要敢于承担责任，使述职报告真正全面地体现出自己的德、能、勤、绩四个方面的情况。

（二）要突出重点，切忌报"流水账"

平时的工作材料是琐碎的、分散的、零星的，述职者在动笔之前，要对材料进行筛选和整理，选择主要工作，抓住主要政绩来写，不要事无巨细，一概罗列。如果为了评功摆好，照顾各个方面的关系，把述职报告写成"流水账"，就会让人不知所云。述职报告的写作目的是为了说明其工作是否称职，因此，要将履行职责的过程，取得的成绩或出现的失误，及对工作的认识表述出来，要对履行职责的情况和取得的成绩进行深入的分析和研究。要解释对棘手问题的处理方法，特别是要交代清楚对群众迫切关心的问题是如何认识和处理的。剖析工作失误的原因，做到一切从实际出发，对得与失作出客观公正的评价，真正体现述职者的道德素质、政治理论素质、处事决断的能力和开拓进取精神。这些内容写得恰当适度，能全面反映述职者的工作能力和基本素质，让领导和群众清楚地了解述职者称职与否，从而对述职者作出恰当的评价。

（三）要情理相宜，切忌考虑个人

述职报告在叙事说理过程中，要有适当的感情色彩。但是个人情感不要融入过多，以免造成不良影响。述职者要对自己以往所从事的工作进行归纳、概括、提炼，围绕履行职责的实际情况进行认真、全面的反思，肯定成绩，找出差距。要与群众面对面地交流，以坦诚的胸怀虚心听取各方面的意见，特别是针对工作中群众反映较大、意见较为突出的问题进行阐述。另外，述职报告要如实阐述群众的反映，面对事实，将自己的真实想法公之于众，这样群众会感到亲切，而且也加深了群众对自己的理解和信任。然而，有的干部在作述职报告时，过多地考虑个人的利益，过于看重取得的政绩，热衷于"锦上添花"，缺乏面对错误与失败的勇气，这不仅脱离了群众，也严重违背了述职报告的宗旨。江泽民同志多次强调，共产党人要立志做大事，不要立志做大官。作为党的干部，一切从党和人民的利益出发，光明磊落，襟怀坦白，乐于奉献，这样才能更好地为群众办一些实事。

（四）要语言朴实，切忌虚饰浮夸

述职者要有驾驭语言的能力，崇尚朴实，给听众以豁然开朗的感觉。朴实之美历来备受人们推崇，在述职时，用朴实的语言叙事说理，不仅缩短了与群众的距离，也密切了干群关系。有些同志为了显示自己的才学，述职报告的语言艰深难懂，洋里洋气，听起来如"雾里看花"，摸不着头脑，反而弄巧成拙。述职报告的实用性，决定了它的语言必须具有真理般的自然质朴。述职者面对的听众文化层次有差异，这就要求叙述时语言通俗易懂，多采用质朴无华的群众性语言，直陈其意，绝不哗众取宠，也不能用一些生僻的字眼，故作高深。

8.3　怎么写述职报告

述职报告一般由标题、述职对象、正文和落款四部分组成。

一、标题

述职报告的标题有单标题和双标题之分。单标题一般为"述职报告"，也可以在

"述职报告"前面加上任职时间和所任职务；双标题由正标题和副标题组成，副标题的前面加破折号。正标题是对述职内容的高度概括，副标题与单标题的构成大体相似。

二、述职对象

述职对象是指听取述职报告陈述的对象或呈送对象的称谓。如果是在公众场合陈述的述职报告，称谓可采用泛称，如"各位领导，各位同志"。

三、正文

由导言、主体和结语三个部分组成。

（1）导言。包括两方面内容：一是任职介绍，说明自己的任职时间、担任职务和主要职责，简要交代述职的内容和范围；二是任职评价，扼要介绍任职以来的工作情况。这一部分力求简洁明了。

（2）主体。这是述职报告的核心，主要陈述履行职务的情况，包括三个方面的内容：一是任职期间的任务完成情况，取得的主要工作成绩；二是存在的问题及经验教训；三是今后工作的努力方向、目标或打算。

主体的写作结构一般采用分类分条式，即根据与职务相关的主要岗位职责，或根据任职期间完成的主要任务，将报告主体分为若干部门，逐一陈述。

（3）结语。一般要求用格式化的习惯语来结束全文，采用谦逊式结尾、总结归纳式结尾或表决心式结尾等形式。

四、落款

包括署名、成文或述职时间两种。也可以将署名放在标题之下。

【例文一】

述职报告

××市人大常委会：

我从2004年6月起任××市公路局局长，党支部书记。几年来，我忠诚党的事业，严于律己，严格管理、圆满完成上级下达的各项任务，使单位的两个文明建设取得丰硕成果。年年被省市评为"好路局"；2004年、2005年连续两届被省、市、县授予"文明单位"称号；局党支部年年被××市委评为"先进党支部"或"红旗党支部"；今年又被××市委评为"先进基层党组织"。

我本人，年年被市委评为"优秀共产党员"，年年被市政府评为"先进工作者"，曾被××市委、市政府授予"模范转业干部"称号。

现将我履行职责情况作具体汇报：

一、依法履行职务情况

我局是主管××市内国、省、县公路养护生产及养路费征稽工作的职能部门，现管养线路 12 条 218.8 公里，再加上今年 5 月 1 日开始接养的××部队营区 15 公里"军民共建文明路"，合计 233.8 公里。养护道班 15 个。在职人员 208 人，离退休人员 96 人，合计 304 人。面对这样一个线长、点多、人员散，劳动强度大，离退休人员多，经济负担重的部门，我是这样开展工作的。

（一）加强公路养护，以优良路况为社会提供优质服务

作为公路主管部门，服务的载体是公路，服务的对象是车主，服务质量的考评标准是好路率。为了完成××市公路局下达的年末好路率 80%，年平均好路率 78% 的任务指标，我采取的措施是：

1. 抓住重点，全面养护。（略）

2. 抗击自然灾害，积极抢修公路。（略）

3. 抓文明样板路建设，树××市的交通形象。（略）

（二）尽心尽职，抓好公路建设工程

由于国家连续几年实行经济调控政策，我局无法向银行贷款，2003 年借银行的 1000 万元本息至今难以偿还。因此，目前上马的四大公路工程全部是××市公路局计划投资的。我们××局的责任是代表建设单位进行施工管理，协调当地政府与施工队的关系，抓好征地和拆迁工作。

（三）强化征稽、路政工作，杜绝公路"三乱"现象。（略）

（四）关心职工生活，致力解决职工住房问题。（略）

（五）坚持两手硬的方针，两个文明建设一起抓。（略）

二、廉洁自律情况

几年来，我能自觉遵守中央和各级党委有关领导干部廉洁自律的规定，特别是《广东省党政领导干部廉政守则》出台后，我要求自己做到：

1. 按守则自律。上级规定不准做的我绝对不做，上级要求达到的我争取达到，不违章、不违纪、不犯法，做个称职的第一把手。

2. 用制度自律。我严格按本局制定的廉政措施办事。在人事问题上，凡干部和职工的招工、聘用、提升、奖惩、房建工程等重大问题，都经支委会讨论决定，不搞"一言堂"，不立"小山头"，力求秉公办事。在经济问题上，计划外超过 1 万元以上的一切开支，都需经局长办公会议讨论。

3. 以"局长"自律。一局之长应该是本局干部职工的表率，两个文明建设的"领

头雁"。因此,我在考虑问题、处理事情当中,凡是要求群众做到的,自己首先做到。我不是以"局长"自居,寻求索取,而是以"局长"自律,讲求奉献,珍惜党和人民给予的荣誉和权力。

三、存在的主要问题:

1. 在经济困难时,遇到棘手问题时容易产生急躁情绪。

2. 充分发挥副职干部的助手作用不够。

3. 制定的规章制度流于形式的地方不少。

四、今后的设想

1.(略)

2.(略)

×××

××××年×月×日

【例文二】

区委常委、纪检委书记刘文述职报告

2007 年,在市纪委和区委的正确领导下,我尽心履行岗位职责,扎实有效开展工作,较好地完成了各项工作任务。现将半年多来的工作情况述职如下:

一、工作开展及完成情况

(一)明确责任,强化措施,保证党风廉政建设责任制落到实处

坚持以党风廉政建设责任制为主导,实行"逐级负责,上下联动"的工作机制,把党风廉政建设责任制由区向乡镇(部门)、村(站、所)逐级延伸。一是抓分解,明确责任主体。研究制定并印发了《松山区 2007 年党风廉政建设工作实施意见》和《松山区 2007 年党风廉政建设和反腐败工作责任分解意见》,召开了落实党风廉政建设和反腐败工作分工会议,把责任明确到了各牵头部门和配合部门,形成了一级抓一级,一级对一级负责,层层抓落实、事事抓到位的良好局面。二是抓制度,完善监督制约机制。进一步完善了领导干部述廉制度、谈话制度、责任追究制度,强化了党风廉政建设调度、督查和考评制度。同时为推动和规范询问、质询工作,制定并出台了《松山区区委委员、纪委委员开展党内询问和质询办法》。三是抓督查,确保责任落实。采取集中和临时督查相结合的方式加强了对党风廉政建设责任制落实情况的监督。7 月中旬,对各乡镇、街道办事处和区直单位落实党风廉政建设责任制情况进行了一次全面督查,针对存在的问题及时提出了整改措施。

（二）强化教育，注重预防，着力构建惩治和预防腐败体系

一是继续完善了"大宣教"工作格局，将党风廉政宣传教育融入党的宣传教育工作之中。年初召开了党风廉政宣传教育联席会议，明确了各成员单位的职责，形成了宣教合力。二是围绕"加强作风建设、促进廉洁从政"这一主题，扎实开展了"领导干部讲廉课、评勤廉兼优典型、党政纪条规和作风建设知识测试、警示教育观片、反腐倡廉理论调研"等活动。三是用身边发生的典型案例作教育素材，对今年以来查办的两起典型案件进行了全区通报，在党员干部中引起很大震动，收到较好的教育效果。四是大力开展了廉政文化"进机关、进学校、进社区、进企业、进家庭、进农村"活动，全区各地区、各单位结合实际开展了丰富多彩的廉政文化活动，寓教于乐，营造了浓厚的反腐倡廉氛围。

（三）抓住源头，着力治本，进一步加大源头治腐力度

一是加强了制度建设，进一步完善监督制约机制。以推进行政许可法的落实为重点，深化了行政审批制度改革。进一步完善推进了首问责任制、审批代办制和全程跟踪服务等制度。在出台《松山区政府性投资项目监督管理办法》基础上，又研究制定并印发了《关于认真落实〈赤峰市松山区政府性投资监督管理办法〉有关事宜的通知》，就政府性投资项目、政府采购有关程序、备案制度等进行了具体规范，保证了工作落到实处。为严格农村集体资金、资产、资源管理工作，经过调研和征求各方面意见，制定出台了《赤峰市松山区农村集体资产管理办法》《关于农村集体资产处置违规行为责任追究暂行规定》，进一步规范了农村基层组织的财务行为，严肃了财经纪律。牵头制定了《松山区领导干部经济责任审计制度》，增加了经济责任审计的范围和频率，促进事后监督向事前、事中监督转变。进一步深化干部人事制度改革，完善干部选拔任用和管理监督机制，对有关单位招录工作人员进行了全程监督，保证了选拔结果的公正、公平。二是深化了政务、村务公开工作，推进服务型政府建设。不断健全政务、村务公开制度，完善公开内容、规范公开程序、健全公开载体、建立公开档案，把领导干部行使权利置于群众的监督之下。三是政府采购工作不断规范。加大了政府采购跟踪检查力度，集中采购率和公开招投标率明显提高，上半年，政府采购金额 2314 万元，资金节约率达 12%。

（四）抓住重点，灵活方式，努力在查处大要案上求突破

1. 以解决侵害群众切身利益的问题为重点，扎实有效做好信访工作。一是制定了《有关信访问题解决和落实服务承诺办法》等项制度，明确任务，强化责任，增强了工作人员的服务意识。二是建立健全了区、乡、村、组四级信访网络，开通了网上举报，进一步拓宽了群众投诉渠道。三是加强对各类问题的排查，注意收集苗头性、倾向性信息，对发现的问题和各类信访件、举报信及时处理，把问题解决在萌芽状态。1—7月份，全区纪检监察系统共受理群众来信来访78件（次），初核14件，转立案12

件,有 12 名党员干部受到党纪处分。通过执纪办案为国家和集体挽回经济损失 30 多万元。

2. 采取得力措施,集中力量查处大要案件。一是明确重点,集中力量查办有影响的大要案。今年上半年,查处了区民政局原副局长高××违纪案和岗子乡牌鹿沟村干部集体违纪案,并进行了通报,在广大干部中引起较大反响,起到了良好的警示教育作用。二是强化内部管理,形成高效有序的工作机制。委局每月召开一次案件检查调度会,每季度召开一次全区查办案件工作总结分析会,对全区的办案工作进行研究分析,及时掌握情况,解决查办案件工作中的问题。三是进一步加强了对乡镇查办案件工作的领导。将全区划分为三个责任区,每个责任区确定一名领导和一个查办案件职能室,负责查办案件工作的指导、协办、督查、督办。通过查办案件发现在管理、体制、制度等方面存在的问题,及时下发监察建议书,提出改进意见,发挥了查处一案,规范一面,教育一片的综合效益。在案件审理工作中,认真执行审理工作 24 字方针,保证了办案质量,半年来,无一例申诉复查案件。

(五)强化监督,规范行为,进一步推动纠风工作

一是规范中小学办学行为,加强教育收费管理,严查"三乱"现象。联合区教育局印发了《赤峰市松山区治理中小学乱收费工作实施方案的通知》,明确了学校收费的项目、标准及管理办法,通过实行责任制、逐级审核制、一票否决制三项制度,有效遏制了中小学乱收费现象。二是坚决纠正医药购销中的不正之风。严格执行药品集中招标采购,控制医药收费过高,开展了卫生系统商业贿赂专项治理,收到很好效果。三是研究制定并印发了《2007 年松山区民主评议政风行风工作实施方案》和《松山区民主评议行政执法人员活动方案》,在普遍评议的基础上,创新评议方式,对 2 个行政执法部门重点评议。截至目前,区纠风办共受理信访举报 4 件,已全部办结。

(六)强化监察,发挥职能,保证重点工程项目顺利实施

坚持围绕区内重点工程建设项目开展了执法监察。一是对三座店移民公路路面建设、松山广场改造工程和三座店水利枢纽工程水情自动测报系统等项目的招投标工作进行了全程监督,确保了招投标的公开、公平、公正。二是参与了政府土地储备重点项目专项推进工作。牵头开展了新城区 2000 亩土地储备项目的踏查、测绘和调查摸底工作,对涉及的房屋拆迁等工作,与财政、审计等部门实行了"联审联签",切实维护了群众利益。三是对区卫生局卫生院医疗业务用房等政府采购活动进行了监督,进一步规范了政府采购行为,提高了政府采购资金的使用效益。

(七)凝聚班子,强化队伍,为完成使命打下坚实基础

一是注重班子和谐。把发扬民主作为重要职责和工作要求,注意调动班子的整体功能和成员个体的积极性,善于听取班子成员的意见和建议,放手支持每个班子成员开展工作。二是注重队伍和谐。不断强化对纪检监察干部的培养和教育,适时购买一些相关业务、经济、法律方面的书籍供干部学习,积极选派干部参加各类培训班,定期组织纪检监察干部培训,提高了干部的业务素质和工作水平。三是注重氛围和谐。将营造良好的工作氛围作为机关建设的重要方面来抓,无论是安排工作还是日常交流,与同志们都坦诚相见,着力倡导相互尊重、相互理解、相互关爱的工作氛围,极大地调动了干部工作的积极性。

除此之外,还积极参与区重点工程项目建设、联系重点企业、包扶设施农业、包扶乡镇村户等工作,积极为企业出谋划策,为贫困村谋划脱贫致富途径,帮助解决发展中的困难。

二、下一步工作打算

一是继续抓好党风廉政建设责任制落实情况的监督检查和考核工作,着力构建教育、制度、监督并重的惩治和预防腐败体系。

二是抓好查办案件工作。进一步扩大案源,主动出击,挖掘案件线索,在查办大要案上下工夫。

三是抓好民主评议政风行风和经济环境治理工作。进一步明确纠风牵头部门的责任,采取切实有效措施,坚决纠正损害群众利益的不正之风。对行政执法部门和企业明察暗访,发现问题及时解决和处理。

四是围绕区内重点工程建设项目开展执法监察。继续抓好三座店移民公路建设、赤朝公路建设、木兰街道路建设、政府土地储备重点项目专项推进工作。对 2006 年以来国债资金管理使用情况开展专项执法监察。

五是结合全区党建工作拉练会,召开全区廉政典型现场观摩会。组织全区各乡镇在村务公开、财务公开、制度建设、集体资产处置、化解村级债务等方面做的比较突出的典型村开展学习交流。

三、加强自身建设,不断提高综合素质

一是不断加强学习。把学习作为永恒的主题,认真学习邓小平理论和"三个代表"重要思想,以及法律法规和业务知识,不断加强党性修养、提高自己的政策理论和业务水平。

二是注重树立求真务实的工作作风。安排部署工作讲实效,检查调度工作看实效。工作有部署、有调度,定重点、定责任人、定时限、定要求。

三是严格要求自己,倡正气,禁邪气,时刻做到自重、自省、自警、自励。思想上不断完善,政治上不断求强,业务上不断求精,使自身综合素质不断提高,更好地适应了日益艰巨的工作任务的需要。

四是以身作则,廉洁自律。恪守"公生明、廉生威"的人生信条,用"四大纪律八项要求"对照自己的言行,要求别人做到的,自己首先做到,要求别人不做的,自己坚决

不做,带头守住"清水衙门"这块阵地。

五是严格遵守区委班子的各项规定,认真执行重大事项报告制度,坦诚接受组织监督。

回顾半年来的工作,深感在理论学习上还不够深入、系统,对新形势下经济工作、反腐败工作的新路子、新方法探索还不够。在今后的工作中,我将发扬成绩,弥补不足,扎实工作,积极进取,努力取得更好的工作实绩。

(选自松山党建网)

第二部分

行政公文写作范例与技巧应用

第9章　指挥性公文

9.1　通　知

一、概述

通知的概念：通知是用于批下级机关的公文、转发上级机关和不相隶属机关的公文、发布规章、传达要求下级机关办理和有关单位需要周知或共同执行的事项、任免和聘用干部的一种公文。

它有如下特点：

（一）广泛性

它不受发文机关级别高低的限制，主要用作上级机关对下级机关、组织对所属成员的下行文，但平行机关之间、不相隶属的机关之间，也可使用通知知晓有关事项。它写作灵活自由，使用比较方便，内容根据需要可多可少，行文无须过分拘泥于固定的结构。

（二）权威性

大多数通知对受文对象有一定的指挥、指导作用。

（三）时效性

通知事项一般是要求立即办理、执行或知晓的，不容拖延。有的通知如会议通知等,只在指定的一段时间里有效。

一部分通知对下级或有关人员有约束力,起指挥、指导作用;另一部分通知则主要起知晓作用。

二、通知的分类

根据不同用途,可将通知分为以下几类:

（一）指示性通知

用于直接发布行政法规和对下级某项工作的指示、要求,带有强制性、指挥性和决策性。凡是上级机关对下级机关、单位就某项工作或某方面工作发出指示、提出要求、作出安排,又不宜采用命令和指示行文时,都可以使用这种通知。

（二）召开会议的通知

召开会议的通知是会议通知。这是通知中应用广泛、内容单一、格式简单的一类,以下行为主,也可平行。

（三）批示性通知

批转、转发有关文件和发布规章的通知是批转、转发、发布性通知。上级机关转发下级的文件,可用批转性通知;下级机关照转上级文件,同级或不相隶属的机关之间转发文件,均可用转发性通知。发布规章的通知,根据不同情况,可以分为发布、印发(公布)两种。一般说来,公布比较重要的规章用发布,公布一般性的、暂行或试行的规章用印发。

（四）任免聘用干部的通知

任免聘用干部的通知是任免通知,用于任免干部、聘用有关人员。

（五）公布某些专门事项的通知

公布某些专门事项的通知是事项通知。这类通知主要起知晓性作用。设置机构、启用印章、更正文件、迁址办公等专门事项,均用这类通知。

三、通知的基本结构和写法

通知的结构一般由标题、正文和落款三部分组成。

（一）标题

党政机关对外的行文,标题一般要求三要素齐全。根据工作需要和行文目的,有的标题还要写明是紧急通知、重要通知或补充通知等。

（二）正文

要交代清楚发文的原因、意图和目的,通知的什么事情,有哪些具体要求和意见,受文单位应如何办理。

正文的结构是灵活多样的,大体说来,可以有 3 种写法:一是总分条文式,引言之后将通知事项分为几点,用顺序号分条拟写,这样写的好处是条理清楚,一目了然。二是归纳式,按性质正文分为几大部分,如原因、要求、具体措施等等,每一部分集中说明一方面的事情,使受文者易于掌握和遵照办理。三是篇段合一式,有些内容简单的通知,正文不再分条、分部分,通篇就是一段话甚至一句话。

（三）落款

写出发文机关名称和发文时间。如已在标题中写了机关名称和时间,这里可以省略不写。

四、写作要点

（一）工作通知

这类通知的正文包括通知缘由、通知事项、通知要求。它通常采用总分条文式结构。

通知缘由或介绍背景,分析形势;或肯定成绩,指出问题;或说明依据,阐明发通知的目的、意义或指导思想。这部分一般不宜写得过详过细。

通知事项是这类通知的主要部分,要写明做什么、怎么做,即写明工作任务、原则规定、执行要求、具体措施、注意事项等。

通知要求是通知的结语部分。以要求、希望来结束全文,是这类通知写法上的一个特色。有的通知不写这部分,通知事项言尽文止。

（二）会议通知

这类通知写法简单、灵活。

一种是通过文件传递渠道发出的会议通知,这种通知一般应写明召开会议的原因、目的、会议名称、主要议题、出席人员、会议及报到时间、地点、需要准备的材料等。

上述内容并非每个通知都须写上,但不管怎么写,都要做到内容周密、语言清楚、表述准确,不致产生歧义或意义模糊,它通常采用总分条文式或条文式。

一种是供机关、单位内部张贴或广播的周知性会议通知,这种通知正文开头可不写受文对象,在通知事项中说明出席人员。语言力求简短、明白。

一种是传阅式会议通知,受文对象不在正文开头,常在正文之后用"此致"引出,或在通知后面附表列出出席会议人员名单,供签"知"用。这种通知也可事先印成表格式,将有关内容填入即可。

(三)批转、转发、发布性通知

批转、转发性通知正文包括两个部分:批转、转发对象和批注意见。批转、转发对象要写明批转、转发文件名称及原发文单位;批注意见则要写明对所批转、转发文件的态度、意见和执行要求。正文可长可短,有的照批照转,只极为简要地表明态度、做出评价、提出要求;有的强调重点,在写明态度、评价和要求之后,再针对实际情况,对所批转、转发文件的重要意义或者某一方面的精神加以强调,以引起重视;有的补充完善,对所批转、转发文件做出基本肯定外,还要就其不够完善的地方加以补充、说明。

发布规章的通知正文写法比较简单,一般写上"现将《×××××(规章名称)》印发给你们,望认真贯彻执行"即可。有的还要写明批准、通过的依据、时间、形式或生效日期,有的简要写明规章的基本精神和贯彻执行的原则意见。

这两类通知都要注意恰如其分地使用表态、评价、要求和希望的习惯用语。这两种通知中标题的使用要注意以下几种情况:一是不要漏掉批转、转发、发布性通知本身的文种"通知";二是层层转发有关文件的通知,可省略掉中间转发的层层单位,直转最上级领导机关发文标题,而正文中说明转发情况;三是除法规、规章名称加书名号外,转发的其他公文一律不加书名号。

(四)任免聘用通知

任免聘用通知正文写法极为规范、单一,只需简明扼要地写明任命或免职的根据和内容。有的还要写明任命、聘用的任期和待遇。制发任免通知一定要注意依法行文。

(五)事项通知

这类通知涉及的内容和写法都与通告、启事相似,但用法又有不同。它的主送对象是确指的,而通告主送对象是不确定的。这类通知格式简单,大都篇段合一,直陈其事,简明扼要。少数内容稍多的则采用多段式或总分条文式等结构形式。

【例文一】

国务院办公厅关于限制生产销售使用塑料购物袋的通知

国办发〔2007〕72 号

各省、自治区、直辖市人民政府,国务院各部委、各直属机构:

塑料购物袋是日常生活中的易耗品,我国每年都要消耗大量的塑料购物袋。塑料购物袋在为消费者提供便利的同时,由于过量使用及回收处理不到位等原因,也造成了严重的能源资源浪费和环境污染。特别是超薄塑料购物袋容易破损,大多被随意丢弃,成为"白色污染"的主要来源。目前越来越多的国家和地区已经限制塑料购物袋的生产、销售、使用。为落实科学发展观,建设资源节约型和环境友好型社会,从源头上采取有力措施,督促企业生产耐用、易于回收的塑料购物袋,引导、鼓励群众合理使用塑料购物袋,促进资源综合利用,保护生态环境,进一步推进节能减排工作,经国务院同意,现就严格限制塑料购物袋的生产、销售、使用等有关事项通知如下:

一、禁止生产、销售、使用超薄塑料购物袋

从 2008 年 6 月 1 日起,在全国范围内禁止生产、销售、使用厚度小于 0.025 毫米的塑料购物袋(以下简称超薄塑料购物袋)。发展改革委要抓紧修订《产业结构调整指导目录》,将超薄塑料购物袋列入淘汰类产品目录。质检总局要加快修订塑料购物袋国家标准,制订醒目的合格塑料购物袋产品标志,研究推广塑料购物袋快速简易检测方法,督促企业严格按国家标准组织生产,保证塑料购物袋的质量。

二、实行塑料购物袋有偿使用制度

超市、商场、集贸市场等商品零售场所是使用塑料购物袋最集中的场所,而且目前大多免费提供塑料购物袋。为引导群众合理使用、节约使用塑料购物袋,自 2008 年 6 月 1 日起,在所有超市、商场、集贸市场等商品零售场所实行塑料购物袋有偿使用制度,一律不得免费提供塑料购物袋。商品零售场所必须对塑料购物袋明码标价,并在商品价外收取塑料购物袋价款,不得无偿提供或将塑料购物袋价款隐含在商品总价内合并收取。商务部要会同发展改革委制订商品零售场所塑料购物袋有偿使用的具体管理办法,并切实抓好贯彻落实,逐步形成有偿使用塑料购物袋的市场环境。

三、加强对限产限售限用塑料购物袋的监督检查

质检部门要建立塑料购物袋生产企业产品质量监督机制。对违规继续生产超薄塑料购物袋的,或不按规定加贴(印)合格塑料购物袋产品标志的,以及存在其他违法

违规行为的,要依照《中华人民共和国产品质量法》等法律法规,相应给予责令停止生产、没收违法生产的产品、没收违法所得、罚款等处罚。要完善质量监管措施,加大执法力度,严格执行曝光、召回、整改、处罚等制度。

工商部门要加强对超市、商场、集贸市场等商品零售场所销售、使用塑料购物袋的监督检查,对违规继续销售、使用超薄塑料购物袋等行为,要依照《中华人民共和国产品质量法》等法律法规予以查处。商品零售场所开办单位要加强对市场内销售和使用塑料购物袋的管理,督促商户销售、使用合格塑料购物袋。塑料购物袋销售企业要建立购销台账制度,防止不合格塑料购物袋流入市场。

旅客列车、客船、客车、飞机、车站、机场及旅游景区等不得向旅客、游客提供超薄塑料购物袋(包装袋),铁道、交通、民航、旅游等主管部门要切实履行监督检查职责。

四、提高废塑料的回收利用水平

环卫部门要加快推行生活垃圾分类收集和分类处理,切实减少被混入垃圾焚烧或填埋的废塑料数量。废旧物资回收主管部门要加强对废塑料的回收利用管理工作,指导、支持物资回收企业建立健全回收网点,充分利用价格杠杆和提供优质服务等措施促进废塑料的回收,大力推进规模化分拣和分级利用,充分发挥塑料资源的效用。

环保部门要加大对废塑料回收利用过程的环境监管,制订环境准入条件、污染控制标准和技术规范并监督实施,建立废塑料从回收、运输、贮存到再生利用的全过程环境管理体系。

科技部门要加大对废塑料处理处置技术研发的支持力度,开发推广提高废塑料利用附加值的技术和产品,提高废塑料资源利用水平。

财政、税务部门要尽快研究制定抑制废塑料污染的税收政策,利用税收杠杆调控塑料购物袋的生产、销售和使用,支持、鼓励废塑料综合利用产业的发展。

五、大力营造限产限售限用塑料购物袋的良好氛围

结合环境日、节能宣传周等活动,充分利用广播电视、报纸杂志、互联网等各种媒体,采取群众喜闻乐见、通俗易懂的方式,重点选择社区、村镇、学校、超市、商场、集贸市场及车站、机场、旅游景点等场所,广泛宣传“白色污染”的危害性,宣传限产限售限用塑料购物袋的重要意义,使广大群众和生产、销售企业牢固树立节约资源和保护环境意识,自觉合理使用塑料购物袋,依法生产、销售合格塑料购物袋。

提倡重拎布袋子、重提菜篮子,重复使用耐用型购物袋,减少使用塑料袋,引导企业简化商品包装,积极选用绿色、环保的包装袋,鼓励企业及社会力量免费为群众提供布袋子等可重复使用的购物袋,共同营造节制使用塑料购物袋的良好氛围。

六、强化地方人民政府和国务院有关部门的责任

地方各级人民政府负责本地区限产限售限用塑料购物袋工作,要高度重视,加强领导,周密部署,精心组织各职能部门制订具体办法并抓好落实。发展改革、商务、质检、工商等部门要各司其职、各负其责,通力协作、密切配合,确保各项限产限售限用措施落实到位。要加强行政监察和执法监督检查,切实落实执法责任追究制度,强化地方各级人民政府和国务院有关部门的责任。对行政不作为、执法不力的,要依照《中华人民共和国行政许可法》、《中华人民共和国行政处罚法》追究有关主管部门和执法机构主要负责人及相关责任人的责任。

国务院办公厅

2007 年 12 月 31 日

(选自中央政府门户网站 www.gov.cn 2008 年 01 月 08 日)

【例文二】

国务院办公厅关于加强渔业安全生产工作的通知

国办发〔2008〕113 号

各省、自治区、直辖市人民政府,国务院各部委、各直属机构:

渔业是我国国民经济中的重要行业,是农村经济的优势产业,同时也是高风险行业。加强渔业安全生产工作,对于促进渔业健康发展、保障人民群众生命财产安全、加快社会主义新农村建设具有重要意义。经过多年努力,我国渔业安全生产工作取得较大进展,但是由于渔业作业地点分散,个体生产经营单位众多,受自然环境因素影响大,基础设施和技术装备相对落后等,渔业安全生产形势依然严峻。特别是受水上海上生产运输活动日益活跃以及极端天气事件多发等因素影响,各类渔业安全事故时有发生。为进一步做好渔业安全生产工作,经国务院同意,现就有关事项通知如下:

一、总体要求和工作目标

(一)总体要求。深入贯彻落实科学发展观,坚持"安全第一、预防为主、综合治理"方针,全面落实渔业安全生产责任制,进一步加强安全管理和监督,加大投入力度,完善基础设施,改进技术装备,健全法律法规,不断提高从业人员安全素质和防灾避险能力,努力构建渔业安全生产长效机制,有效遏制渔业安全事故,切实保障人民群众生命财产安全,促进渔业经济安全发展。

(二)工作目标。到"十一五"末,扩建新建一批安全避风、配套完善的渔港,使全国海岸线平均 200 公里以内有一个一级以上渔港,能够为 45% 的海洋渔船提供服

务;在重点渔港配备港口安全监控设备,建设海洋渔业船舶管理动态监控系统、渔船安全设备检测检验基地和渔业船员培训基地;使重特大渔业船舶事故得到明显控制,事故死亡人数比"十五"末明显下降。到 2015 年,形成较为完善的渔业安全生产支撑保障体系,渔业安全监管和防灾减灾能力显著增强,从业人员素质有一定程度提高,渔业安全生产状况明显好转。

二、加强渔业安全设施和装备建设

(三)加强渔港安全基础设施建设。按照《国务院办公厅关于印发安全生产"十一五"规划的通知》(国办发〔2006〕53 号)要求,依据土地利用总体规划、海洋功能区划和城乡规划,合理规划渔港建设布局,适当提高建设标准,尽快形成以国家级中心渔港、一级渔港和内陆重点渔港为主体,以地方二、三级渔港为支撑的渔港防灾减灾体系。新建、改扩建渔港要突出避风防灾功能,提高码头、防波堤和护岸建设质量,完善航标、港口监控系统、港口消防和照明设施、抢险救灾船艇等配套设施设备,提高安全保障能力。

(四)大力提高渔船安全质量。严格渔船建造企业资格认可制度,依法取缔不具备渔船生产资质的企业,加强对制造、改装、进口渔船以及船用安全设备的检测检验,强化渔船修造质量的监督管理。加强老旧渔业船舶管理,鼓励、督促企业和渔船船东更新淘汰有安全隐患的老旧渔船和装备,探索推广应用安全系数高、抗风险能力强的先进渔业船舶,禁止无船舶检验证、登记证、捕捞许可证和存在安全隐患的渔船入海作业。

(五)积极推进渔业安全通信网络建设。加快信息技术在渔业安全生产中的应用,完善卫星、短波、超短波、移动电话"四网合一"的安全通信网。加强渔船通信终端设备配备,扩大近海和内陆水域无线电信号覆盖范围,远洋渔船要配备卫星电话,为安全信息播发与接收、紧急遇险报警、搜救指挥提供通信保障。加快大中型渔船船位卫星监控系统建设,实现对作业渔船的动态监控和实时跟踪。

(六)努力改进渔业安全技术装备。研究和鼓励有条件的渔船装备适用的船舶自动识别系统等助航设备,提高渔船防碰撞、防触碰能力。加大渔船自救设施设备配备力度,在按照规定配备救生、消防等安全设施的基础上,推广应用气胀式救生筏等装备,提高渔船抵御风险的能力。

三、加强渔业安全管理与监督

(七)认真落实渔业安全管理制度。各渔业生产经营单位要建立健全安全管理制度,落实岗位责任制,规范生产操作规程。各级渔业部门要严格落实渔业船舶签证制度和渔船、船员持证作业制度;严禁渔船及渔业辅助船擅自改变作业性质、非法载人载货,严禁渔船在恶劣天气条件下冒险作业。要合理规划渔业作业区,尽可能远离商船习惯航道。在商船航道和渔业作业区域交叉航段、作业渔船密集区域，渔船和商船要严格遵守值班瞭望等安全操作规程，采取有效防范措施，防止碰撞事故发生。

（八）强化安全监督检查。地方各级人民政府要进一步明确渔业安全监管机构及职责，充实和加强渔业安全监管队伍，探索在重点渔业乡村建立和推广渔业安全员制度。有关部门要切实履行职责，加强督促检查，严格执法。要以渔业企业、渔港码头、渔船集中停泊点等场所为重点，加大安全隐患排查整改力度。按照事故原因未查清不放过、责任人员未处理不放过、整改措施未落实不放过、有关人员未受到教育不放过的"四不放过"原则，认真做好渔业安全事故调查处理工作。

（九）加强涉外渔业安全管理。渔业企业要严格执行国际渔业条约、双边渔业协定和有关管理规定，依法从事渔业生产活动；渔业执法机构要加强在重点敏感海域的巡航护渔、监管检查工作，禁止渔船违规进入敏感争议水域作业；外交、渔政、海事、公安边防、海洋等部门要加强沟通协调，做好涉外渔业事件的防范处置工作，防止引发渔业安全事故。

（十）强化从业人员安全培训。加强渔业安全生产职业培训，严格执行渔业船员考试发证制度，对职务船员、远洋及涉外渔业船员实行特殊安全强制培训，努力提高渔业从业人员安全素质。建立渔业船员培训基地，加强培训机构管理，规范培训内容，重点加强渔船航行技能、避碰规则、科学装载、养殖排筏安全措施、自救互救技能等方面的培训，逐步建立健全以安全生产和防灾减灾为主要内容的渔民职业安全技能培训体系。

四、提高渔业安全生产应急能力

（十一）加强灾害监测预警。建立和完善灾害监测预警信息共享机制，气象、海洋部门要及时将灾害天气和风暴潮、赤潮、海浪、海啸、海冰等灾害信息通报地方人民政府及渔业部门。渔业、海事部门要通过广播、电视、无线电台、海岸电台、手机短信等各种渠道，及时将灾害气象预警信息传递给渔区、渔业企业和渔民，并同时发布渔船避险路线、避险操作规程、养殖人员撤离注意事项等，为渔民提供充分的气象预警和避险信息服务。

（十二）完善渔业安全应急预案。各级渔业行政主管部门和企业要健全应急预案体系，制订完善渔业安全生产和防灾减灾应急预案，特别要根据本区域自然气候条件等，进一步细化渔船和渔业养殖设施防避台风、风暴潮等灾害的预案，明确具体的防灾避险措施，切实提高预案的科学性、针对性和可操作性。积极开展多种形式的应急演练，提高应急处置实战能力。

（十三）加强渔业救助力量建设。交通运输部门要综合考虑渔业生产特点，合理布局救助力量，充分发挥国家专业海上搜救力量对渔业安全事故的主体救助作用。

各级渔业部门要建立完善渔业专业应急救援指挥平台，完善 24 小时值班制度，落实值班岗位责任制。加强渔政执法船（艇）和渔船的辅助救助能力建设，为执法船（艇）配备必要的救助装备，建立应对突发事件紧急备航制度，组织渔政执法船（艇）和渔船参与海上应急救助行动。积极引导渔船编队生产作业，赴中远海作业船队要指定带队指挥船进行统一指挥管理，加强渔船之间的相互支援和自救互救。

五、强化渔业安全生产的保障措施

（十四）加大资金投入力度。渔区地方人民政府要组织编制与安全生产和防灾减灾规划相衔接的平安渔业建设规划，加大渔港等渔业安全基础设施和水上搜救、预警信息系统建设投入力度。对渔港、安全通信等基础设施的建设维护、渔业安全监管、渔民安全宣教培训、海难救助等项目所需投资和经费，有关部门和地方人民政府要通过基建投资或一般性财政预算大力支持。对老旧渔船更新改造和安全设施配备，有条件的地方要给予政策扶持。引导、鼓励并督促渔业生产经营单位加大安全隐患治理投入，在充分发挥市场机制作用的前提下，积极探索和建立稳定、多元的渔业安全投入机制。

（十五）健全渔业安全生产法律法规和制度。进一步研究完善渔业安全生产、防灾减灾以及渔船、渔港和渔业船员管理等方面的法律法规和规章制度。加快制订事故预防和控制、应急救援和处置等方面的技术标准和渔船、渔机、网具、养殖机械、渔业通信导航及防灾救生等渔业装备安全标准，完善渔业安全生产操作技术规程。各级渔业行政主管部门要加强对渔业安全生产法律法规的执法检查力度，把渔业安全生产逐步纳入法制化、规范化轨道。

（十六）推进渔业安全科技进步。加大渔业安全生产科技研发和先进技术示范推广力度，加快信息技术在渔业安全生产上的应用。鼓励渔业企业和渔政部门与高等院校、科研院所产学研相结合，促进渔业安全生产技术创新和成果转化运用。大力开展渔业安全生产管理理论研究，加强相关学科和专业建设，培养渔业安全科研和管理人才。

（十七）完善渔业安全风险保障机制。要充分发挥保险对分散和降低渔业安全生产风险的作用。鼓励渔船雇主购买船东责任保险，引导和鼓励渔民积极参加保险。

六、加强组织领导

（十八）全面落实责任制。渔区各级人民政府要切实加强对渔业安全生产工作的领导，纳入政府安全生产总体工作部署，制定具体实施意见，及时协调解决出现的问题。认真落实县、乡等基层政府的安全监管责任，实施责任目标逐级考核制度。强化渔业生产经营单位和船东、船长的安全生产主体责任，指导督促渔业企业强化安全管理措施,提高安全生产水平。建立并落实渔业安全生产责任追究制度。

(十九)加强协作联动。农业(渔业)、安全监管部门要建立联合执法工作机制,形成监管合力。交通运输、渔业部门要完善遇险渔船搜救联动机制。有关部门要按照职责分工做好渔船与商船碰撞事故处置工作,地方人民政府要妥善做好渔船事故的善后处理。充分发挥各类协会等中介组织在渔业安全生产教育引导、技术推广等方面的作用。努力形成政府统一领导、安全生产综合监管部门和渔业行政主管部门依法监管、各部门协作配合、渔业生产经营单位全面负责、渔民群众广泛参与的渔业安全生产和防灾减灾格局。

(二十)广泛开展宣传教育。加强宣传教育和舆论引导工作,充分利用各种媒体,采取多种形式,广泛开展渔业安全知识宣传教育。深入开展"平安渔船"、"平安渔村"、"平安渔港"等创建活动,营造全社会特别是渔区干部群众关心、支持并自觉参与渔业安全的良好氛围。

国务院办公厅

2008 年 10 月 12 日

(选自中央政府门户网站 www.gov.cn 2008 年 10 月 17 日)

【例文三】

国务院办公厅关于深入开展全民节能行动的通知

国办发〔2008〕106 号

各省、自治区、直辖市人民政府,国务院各部委、各直属机构:

节约资源和保护环境是我国的基本国策。为缓解能源供应紧张状况,保护生态环境,进一步增强全民能源忧患意识和节能意识,建设资源节约型和环境友好型社会,经国务院同意,现就开展全民节能行动有关事项通知如下:

一、增强全民节能意识

人口众多、能源资源相对不足、环境承载能力较弱,是我国的基本国情之一。近年来,为实现"十一五"节能减排目标,保障国家能源安全,促进经济社会可持续发展,国家制定了一系列促进节能的政策措施,取得了一定成效。但是,浪费能源的现象仍然比较严重,如一些地方城市建设贪大求洋,汽车消费追求大排量,住房消费追求大面积,装修装饰追求豪华,大量使用一次性用品,产品过度包装等,不仅造成需求的不合理增长,而且加剧了能源供应紧张状况,加重了环境污染,助长了不良社会风气。开展全民节能,关系到我国经济社会的持续健康发展,关系到人民群众的切身利益,体现全民族的文明素质。要从全局和战略的高度,充分认识深入开展全民节能行动的重大意义,增强紧迫感和危机感,广泛动员全民节能,把节能变成全体公民的自觉行动。

二、全民节能行动的主要内容

(一)开展能源紧缺体验。各级节能主管部门要会同有关部门,在每年的全国节能宣传周期间组织开展主题鲜明、形式多样的能源紧缺体验活动,强化节能意识。地方各级人民政府和国务院各部门主要负责人每年都要参加一次能源紧缺体验活动。

(二)每周少开一天车。除特殊公务车外,各级行政机关、社会团体、事业单位和国有企业的公务车按牌号尾数每周少开一天,星期一至星期五停开公务车牌号尾数分别为1和6,2和7,3和8,4和9,5和0。同时要加快推进公务车改革。倡导其他单位和个人参照上述原则每周少开一天车,更多选乘公共交通工具出行。

(三)严格控制室内空调温度。除有特定要求并经批准外,公共建筑夏季室内空调温度设置不得低于26摄氏度,冬季室内空调温度设置不得高于20摄氏度。倡导居民参照上述标准设置空调温度。

(四)减少电梯使用。各级行政机关办公场所三层楼以下(含三层)原则上停开电梯,非高峰时段减少运转台数。提倡高层建筑电梯分段运行或隔层停开,短距离上下楼层不乘电梯,尽量减少电梯使用。

(五)控制路灯和景观照明。在保证车辆、行人安全的前提下,合理开启和关闭路灯,试行间隔开灯,推广使用可再生能源路灯。在用电高峰时段,城市景观照明、娱乐场所霓虹灯等要减少用电。各级行政机关、公共场所应关闭不必要的夜间照明,除重大的庆祝活动外,一律关闭景观照明。

(六)普及使用节能产品。鼓励和引导消费者购买使用能效标志2级以上或有节能产品认证标志的空调、冰箱等家用电器,鼓励购买节能灯、节能环保型小排量汽车。各级行政机关要优先采购节能产品,认真落实强制采购节能产品的有关规定。

(七)使用节能环保购物袋。严格执行限制生产销售使用塑料购物袋的有关规定,提倡重拎布袋子、菜篮子,重复使用节能环保购物袋,减少石油用量,保护生态环境。

(八)减少使用一次性用品。提倡不使用一次性筷子、纸杯、签字笔等。各级行政机关要带头减少使用一次性用品。各类宾馆饭店不主动提供一次性洗漱用品。采取有效措施治理过度包装,积极抵制过度包装产品。

(九)夏季公务活动着便装。每年夏季,除重大外事活动及有特殊要求以外,公务活动一律着便装。

(十)培养自觉节能习惯。提倡单位、家庭在夏季用电高峰时段每天少开一小时空调、晚开半小时电灯,尽量使用自然光照明,随手关灯,杜绝白昼灯、长明灯。及时关闭办公设备和家用电器,减少待机能耗。

三、加大宣传力度

要采取多种形式,大张旗鼓地宣传能源供求紧张形势和节能重要意义,普及节能知识和方法,宣传节能政策,推介节能新技术、新产品,宣传节能先进典型,大力倡导节俭文明的社会风尚,形成全民节能的强大声势和浓厚氛围。

新闻宣传部门要会同发展改革委等部门制订全民节能宣传方案,纳入重大主题宣传活动。各地区、各部门要统筹做好开展全民节能行动的有关宣传工作。各级节能主管部门要会同有关部门组织好集中宣传和日常宣传。各新闻媒体要制订具体的宣传报道方案,在重要时段、重要版面增加报道频次,强化深度报道,加大节能公益广告宣传力度,曝光浪费能源现象,充分发挥舆论监督作用。积极组织推动在工矿企业、学校、社区广泛开展节能宣传教育和节能科普活动。

四、加强组织协调和监督检查

发展改革委要会同有关部门和单位组织开展全民节能行动,并加强对各地区、各部门开展全民节能行动的指导和协调。地方各级节能主管部门要会同有关部门组织好本地区全民节能行动,会同质检、工商等部门加强对室内空调温度控制、生产销售使用塑料购物袋、能效标志、过度包装等的监督检查。各级节能监察机构要加强日常监督,确保各项措施真正落到实处。

国务院办公厅

2008 年 8 月 1 日

(选自中央政府门户网站 www.gov.cn 2008 年 08 月 02 日)

9.2　通　报

一、概述

通报是在一定的范围内表彰先进、批评错误、传达重要精神或交流重要情况,以推动面上工作的一种下行公文。

通报具有知晓性和指导性的特点,它对下级和有关方面的指导作用重于指挥作用,主要起倡导、警戒、启发、教育和沟通情况的作用。具体说来,其作用是:

（一）嘉奖和告诫

在一定范围内对具体的人和事表扬或批评，借以达到鼓励先进、发扬正气或批评错误、打击歪风邪气的目的。

（二）交流

凡传达重要情况和知晓事项的通报，都能及时交流信息，上情下达，促进上下级之间、有关部门之间相互了解。

二、通报的分类及特点

（一）通报的分类

根据通报的作用和应用范围，可将通报分为 3 类。

（1）表彰性通报用于在一定范围内表扬好人好事。

（2）批评性通报用于在一定范围内批评错误，纠正不良倾向。

（3）情况通报多用于向有关方面知晓应该掌握和了解的信息、动态，以作为工作的参考。

从写法上看，又可分直述式通报和转述式通报。直述式通报是作者直接叙述通报事项，再在此基础上做出分析、评价、处理；转述式通报则是针对附件（如下级报送的情况报告、调查报告、通报、来信等等）所反映的先进事迹、错误事实或严重情况分析、评价，提出处理意见。

（二）通报的特点

（1）典型性。不是任何的人和事都可以作为通报的对象来写的。通报的人和事总是具备一定的典型性，能够反映、揭示事物的本质规律，具有广泛的代表性和鲜明的个性。这样的通报发出后，才能使人受到启迪，得到教益。

（2）引导性。无论表扬性通报，批评性通报，还是情况通报，其目的都在于通过典型的人和事引导人们辨别是非，总结经验，吸取教训，弘扬正气，树立新风。

（3）严肃性。通报的内容和形式都是严肃的。由于通报是正式公文，是领导机关为了指导面上的工作，针对真人、真事和真实情况制发的，无论是表扬、批评或通报情况，都代表着一级组织的意见，具有表彰鼓励或惩戒、警示的作用，因而其使用十分慎重、严肃。

（4）时效性。通报针对当前工作中出现的情况和问题而发。它的典型性、引导性都是就特定的社会背景而言的。随着客观情况的变化，一件在当时看来具有典型意义的事,时过境迁,未必仍具有典型性。因此,通报作用的发挥,与抓住时机适时通报是分不开的。

三、通报的写作

通报的一般结构

(1)标题有两种写法,一是公文标题;一是新闻式双标题,多是正题加副题,也可写为眉题加正题。前者突出庄重、严肃,后者更鲜明、醒目。

(2)主送机关行文对象有专指的,写明主送机关;普发性的通报,也可不写主送机关,而在文后的发至范围中注明。

(3)正文。各类通报写法上的差异体现在正文中,直述式和转述式通报正文的写法也有区别,后面将分类介绍。

写进正文的材料和事件,务求真实、准确,实事求是,这样才令人信服;必须典型而有普遍意义,这样针对性才强,才对工作有指导作用,对群众有教育作用。它的内容切忌一般化,宁可不发,不可滥发。

文式正文通常采用递进式结构,也有的情况通报采用总分条文式结构。

(4)落款注明发文机关和成文日期。

四、撰写通报应注意的问题

(1)通报的内容必须真实。通报的事实,所引材料,都必须真实无误。动笔前要调查研究,对有关情况和事例要认真进行核对,客观、准确地进行分析、评论。

(2)通报决定要恰如其分。无论哪一种通报,都要做到态度鲜明,分析中肯,评价实事求是,结论公正准确,用语把握分寸。否则通报不但会缺乏说服力,而且有可能产生副作用。

(3)通报的语言要简洁、庄重。其中表扬性和批评性的通报还应注意用语分寸,要力求文实相符,不讲空话、套话,不讲过头的话。

【例文一】

我省手足口病疫情情况通报

手足口病是一种由肠道病毒引起的常见传染病。该病自上世纪起,在世界范围内流行。我省近年来没有出现较大规模的手足口病疫情,但发病数总体呈上升趋势。自 2005 年开始监测以来,2005 年至 2007 年分别报告手足口病病例 101 例、793 例和

1607 例。

从今年 5 月 2 日起,卫生部将手足口病列入《中华人民共和国传染病防治法》规定的丙类传染病进行管理,实行网络疫情信息直报。我省按照卫生部最新要求,进一步加强了手足口病的监测和报告工作。从今年 1 月份起,截至 5 月 3 日 24 时,全省累计报告手足口病病例 1198 例,死亡 1 例,其中经实验室确诊为肠道病毒 EV71 感染的病例为 9 例,其余均为临床报告病例。目前,我省手足口病疫情呈高度散发,未出现聚集性病例。

省委、省政府领导高度重视手足口病的防控工作,多次作出重要批示,并召开专门会议研究部署全省手足口病的防控工作。省卫生厅专门成立了防治肠道病毒感染工作领导小组,制定各项防控措施,指导各地加强监测报告、流行病学调查、医疗救治、健康教育以及宣传等工作。省卫生厅已先后下发了《关于加强手足口病(EV71感染)防控工作的通知》、《关于下发浙江省手足口病爆发疫情防控工作方案的通知》、《关于我省手足口病疫情报告的暂行规定》等文件,对手足口病疫情的报告、现场调查处置、临床救治等防控措施提出了明确的要求。

手足口病传播途径多,婴幼儿普遍易感。搞好儿童个人、家庭和托幼机构的卫生是预防感染的关键。要做到饭前便后洗手、不喝生水、不吃生冷食物,勤晒衣被,多通风。托幼机构和家长发现可疑患儿,要及时到医疗机构就诊,并及时向卫生和教育部门报告,及时采取控制措施。轻症患儿不必住院,可在家中治疗、休息,避免交叉感染。做好这些方面的工作,手足口病是可以得到有效预防和控制的

浙江省卫生厅

2008 年 5 月 4 日

(选自浙江卫生厅网站 2008 年 5 月 5 日)

【例文二】

流通领域方便面质量监测情况通报

为加强对流通领域方便面质量的监督管理,日前,国家工商行政管理总局组织河北、河南、甘肃等 3 个省级工商行政管理局,对石家庄等 6 个市、区的商场、超市、商铺等 37 家经销单位销售的 110 组方便面进行了质量监测。

根据国家强制执行标准的有关规定,此次监测对方便面的水分、酸价、过氧化值、过氧化苯甲酰、苯甲酸、山梨酸、菌落总数、大肠菌群和食品标签共 9 项指标进行了检验。经检测,在抽取的 110 组方便面样品中,有 109 组方便面内在质量合格,1 组方便面内在质量不合格,质量监测合格率为 99.1%。在 37 家经销单位中,共有 27 家经销单位销售的方便面全部合格,被监测人合格率为 73%。

　　本次针对方便面的质量监测,发现市场上销售的方便面质量水平比较高,仅有1组样品存在菌落总数超标的现象。菌落总数是反映商品一般卫生状况的指标,说明商品在生产、储存、运输、销售过程中被微生物污染的程度。2007年方便面质量监测合格率比2006年同期提高9.8个百分点,这说明经过全国产品质量和食品安全专项整治,流通领域方便面质量水平有了新的提高。

　　此外,本次监测还发现10组商品标签未达到国家强制标准《预包装食品标签通则》的要求。主要表现在,某些生产企业生产的方便面经检验含有苯甲酸或山梨酸,但在食品标签上并没有按规定标注。造成这一问题的主要原因是企业采购原辅料时质量要求不明确,导致方便面料包中所使用的酱油或辣酱检出防腐剂成分。

　　对本次监测中发现的不合格的方便面,国家工商行政管理总局组织相关地方工商局依法进行了查处。其中对标签不合格的方便面,监测地工商行政管理机关已经责令经销单位暂停销售,限期整改;对质量不合格的方便面产品,监测地工商行政管理机关已经责令经销单位停止销售,并依法予以处罚。在下一步的工作中,各地工商行政管理机关根据本次检测情况,将会继续加强对方便面产品的监督检查,教育引导经销企业树立食品质量意识,严把食品质量入市关,并有针对性地继续开展市场检查,确保食品市场消费安全。

　　方便面部分合格商品及经销单位名单

序号	商品名称	被监测人	标称商标	标称生产企业	规格	生产日期或批号
1	泼辣牛肉面(方便面)	(甘肃)嘉峪关宏丰实业有限责任公司宏丰超市大众"5+1"店	康师傅	西安顶益食品有限公司清真制面厂	110g/袋	2007-7-25
2	辣煌尚方便面	(甘肃)商联超市	今麦郎	华龙日清食品有限公司	125g/袋	2007-8-23
3	回锅肉面	(甘肃)酒泉市至诚商贸有限公司	统一	成都统一企业食品有限公司	100g/袋	2007-9-11
4	方便面(韩国汤味面)	(河南)濮阳市百姓量贩有限公司人民路分公司	农心	韩国独资上海农心食品有限公司	120g/包	2007年8月22日
5	方便面(红烧牛肉面)	(河南)安阳市北关区丰庆食品经营部	华龙	今麦郎食品有限公司	98g/包	2007年8月25日
6	方便面(葱爆牛肉味面)	(河南)安阳市汇昌商贸有限责任公司	南街村	河南省南街村集团有限公司	85g/包	2007年8月13日

续表

序号	商品名称	被监测人	标称商标	标称生产企业	规格	生产日期或批号
7	大骨面(酱香猪骨味)	(河北)石家庄市北国超市裕华店	白象	高碑店白象食品有限公司	106g×5包	河北200708162
8	老坛酸菜牛肉味面	(河北)石家庄市北国超市裕华店	统一	郑州统一企业有限公司	85g×5	20070825 22B
9	五谷道场海鲜八珍速食面	(河北)邢台市大槐树超市	五谷道场	北京五谷道场食品技术开发有限公司	102g/袋	20070806172
10	蒙面侠干脆面	邢台市隆尧南汪店村亿源超市	华龙	今麦郎食品有限公司	47g/袋	200709173112

方便面不合格商品及经销单位名单

序号	商品名称	被监测人	标称商标	标称生产企业	规格	生产日期或批号	主要不合格项目
1	五谷庄园红烧牛肉面	(河北)邢台市隆尧县隆尧新时肖超市	华统	河北华食品有限公司	102g/袋	70712234	菌落总数,大肠菌群数

(选自国家工商总局宣传中心 2008 年 1 月 25 日)

【例文三】

关于表彰教育工作先进个人的通报

各乡(镇)人民政府,县直各单位:

为在全县范围内掀起敬业乐教、尊师重教的新热潮,进一步调动广大教职工教书育人、管理育人、服务育人的积极性,经县人民政府研究,决定对刮海泉等13名优秀教育工作者、刘瑛等30名优秀教师、王世玉等33名优秀班主任予以通报表彰。

希望受表彰的先进个人珍惜荣誉,戒骄戒躁,以更高的标准严格要求,继续当好全县教育工作的排头兵。全县广大教育工作者要向先进典型学习,以更加饱满的热情积极投身到工作中,为我县教育事业发展作出新的、更大的贡献。

附件:2008 年安乡县优秀教育工作者、优秀教师和优秀班主任名单

2008 年 8 月 28 日

(选自安乡县人民政府网站)

9.3 通　告

一、概述

通告是党和国家机关、人民团体、企事业单位在一定范围内公布应当遵守或者周知的事项时,使用的下行公文。

二、通告的特征

(1)用于宣布一般性事项,有别于公告宣布重大事项。

(2)通告只在国内一定范围内公布,有别于公告向国内也向国外公布。

(3)通告可以由各级机关、人民团体、企业或事业单位发布,有别于公告只能由地位较高机关发布。

(4)通告不写抬头,无主送单位。

三、通告的分类

根据通告的内容和性质,大致可分为强制性通告和事项性通告两种。

向有关单位或个人公布应该在特定范围严格遵守执行的规定和要求的通告,称为强制性通告,具有政策性和法律性,要求有关人员必须遵照执行。这类通告中的规定和要求大多是围绕着保证某一事项或活动正常进行而制订的。发布的内容只在一定范围内适用。所以,强制性通告只是在一定范围内才具有较强的权威性和约束力。发布这类通告的机关一般都具有相应的权威,或者是依据国家的有关法规法令和上级机关的有关决定行事。发布者主要是各级政府和公安、司法和交通管理等部门。

用来向一定范围内的单位或个人公布应当遵守或周知的一般事项的通告,称为事项性通告。事项性通告让有关人员知道就行了,不具备法律性。这类通告在性质上同事项性公告相似,但发布机关多为基层单位,发布范围较事项性公告为小。事项性通告正文篇幅较长,常常以分条的形式写成。

四、通告的写作

通告由标题、正文和落款三部分组成。

标题。通告的标题有四种构成形式:一种是由发文机关名称、事由和文种构成;

二种是由发文机关和文种构成;三种是事由加文种构成;四种是只用文种"通告"作标题。

正文。通告的正文包括开头、主体和结束语三部分内容。开头主要交代通告的缘由、根据和目的。主体要求明确具体写出通告的内容、通告事项的要求和实施措施。结束语一般单独设段,用"特此通告"、"此布"等习惯用语作结。

落款。通告的落款应写明发文机关名称和发文时间。在标题中有发文机关名称的,落款处可以省略,只写年、月、日,或将发文时间年、月、日写在标题下方、正文上方。

【例文一】

关于 2008 年北京奥运会残奥会期间对外省区市进京
机动车采取临时交通管理措施的通告

为保证 2008 年北京奥运会、残奥会期间交通正常运行和空气质量良好,履行申办奥运会时的承诺,根据《北京市人民代表大会常务委员会关于为顺利筹备和成功举办奥运会进一步加强法治环境建设的决议》,市政府决定,在 2008 年 7 月 1 日至 9 月 20 日期间,对外省、区、市进京机动车(含临时号牌车辆)采取临时交通管理措施。现就有关事项通告如下:

一、7 月 1 日 0 时至 9 月 20 日 24 时,禁止货运机动车、拖拉机、低速载货汽车、三轮汽车、摩托车及危险化学品(含剧毒化学品)运输车辆在北京市行政区域内道路行驶。但以下车辆除外:

(一)"绿色通道"车辆(即整车运送鲜活农产品的车辆,包括新鲜蔬菜、水果,鲜活水产品,活的畜禽,新鲜的肉、蛋、奶等)、邮政专用货车;

(二)经北京市运输管理部门核准、北京市公安交通管理部门备案的为北京市运送生产生活物资的车辆;

(三)持有北京奥组委核发的奥林匹克运动会专用车辆证件的车辆;

(四)经北京市安全生产监督管理部门和北京市运输管理部门核准(属剧毒化学品运输车辆的,还须提交北京市公安治安管理部门核发的证明文件)、北京市公安交通管理部门核发通行证件的为北京市运送危险化学品(含剧毒化学品)的车辆(按批准的时间和路线行驶)。

二、7 月 1 日 0 时至 9 月 20 日 24 时,进京的外省、区、市机动车须符合规定的排放标准(汽油车须符合国Ⅱ及其以上排放标准、柴油车须符合国Ⅲ及其以上排放标准,"绿色通道"车辆除外)。

三、7月20日0时至9月20日24时,进京的外省、区、市机动车(含持有北京市市区通行证的车辆)按车牌尾号实行单号单日、双号双日行驶(单号为1、3、5、7、9,双号为2、4、6、8、0),"二〇〇二"式号牌和车牌尾号为英文字母的机动车按双号管理。单双号限行范围为:7月20日0时至8月27日24时,北京市行政区域内道路;8月28日0时至9月20日24时,北京市五环路主路以内道路(含五环路主路)、机场高速公路、八达岭高速公路主路(上清桥至西关环岛)、京承高速公路(来广营桥至白马南桥)。

四、7月1日至7月19日在北京市五环路以内道路(不含五环路)行驶、7月20日至9月20日在北京市行政区域内道路行驶的进京车辆,须按下列规定办理进京通行证件:

(一)载客汽车需持所在地环保部门核发的尾气排放合格证明,有效的驾驶证、行驶证、车辆检验合格标志、强制保险标志;

(二)悬挂临时号牌的车辆需持所在地环保部门核发的尾气排放合格证明,有效的驾驶证、机动车来历凭证、整车出厂合格证明或机动车进口凭证、强制保险标志;

(三)其他车辆需持有效的驾驶证、行驶证、车辆检验合格标志、强制保险标志;

(四)由北京市环保部门核查尾气排放合格证明、北京市公安交通管理部门核查其他证件、证明后,办理有效期为3天的进京通行证件。

五、以下机动车不再办理进京通行证件,且不受单双号行驶措施的限制:

(一)持有北京奥组委核发的奥林匹克运动会专用车辆证件的车辆(但车证底色为黄色的场馆外围和场馆临时车证车辆受单双号行驶措施的限制);

(二)进京执行任务的警车、救护车;

(三)持道路运输证件的省际长途客运车辆及经批准的临时入境车辆。

六、省际旅游大型客车、"绿色通道"车辆、邮政专用车及经北京市运输管理部门核准、北京市公安交通管理部门备案的为北京市运送生产生活物资的车辆,不受单双号行驶措施的限制,但仍须办理进京通行证件。6时至24时,除省际旅游大型客车和邮政专用客车外,其他车辆禁止在北京市五环路以内道路(含五环路)行驶。

七、违反本通告规定的,由北京市环保部门和北京市公安交通管理部门按照国家和北京市有关规定依法处理。

特此通告。

2008 年 6 月 19 日

(选自北京市公安局公安交通管理局网站 2008 年 6 月 20 日)

【例文二】

关于通州区京哈高速公路北运河桥桥梁检测期间禁止机动车通行的通告

北京市公安局公安交通管理局通告
二〇〇八年 第 119 号

经有关部门批准,通州区京哈高速公路北运河桥将进行桥梁检测。为保证检测期间的道路交通安全与畅通,根据《中华人民共和国道路交通安全法》及《中华人民共和国道路交通安全法实施条例》的有关规定,决定自 2008 年 11 月 15 日 23 时起至 11 月 16 日 6 时止,京哈高速公路进京方向耿庄出口至北关环岛以西禁止机动车通行。途经此路段的机动车从耿庄出口驶出后可绕行芙蓉东路、新华大街或芙蓉东路、京榆旧线、北关环岛。

特此通告。

2008 年 11 月 6 日

(选自北京市公安局公安交通管理局网站 2008 年 11 月 11 日)

【例文三】

关于 2008 年香山"红叶节"期间对香山地区杰王府路

采取临时交通管理措施的通告

市交管局通告
二〇〇八年 第 117 号

为确保 2008 年香山"红叶节"期间(10 月 15 日至 11 月 9 日)香山地区的道路交通安全与畅通,根据《中华人民共和国道路交通安全法》的有关规定,决定于香山"红叶节"期间每周六、日(10 月 18 日、10 月 19 日、10 月 25 日、10 月 26 日,11 月 1 日、11 月 2 日、11 月 8 日、11 月 9 日),对香山地区杰王府路采取以下临时交通管理措施:

一、8 时至 17 时,杰王府路(一棵松路西口至公交车总站后街东口)禁止机动车由南向北行驶(公共汽车除外);

二、8 时至 17 时,杰王府路(公交车总站后街东口至香山南路)禁止机动车由东向西行驶。

特此通告。

2008 年 10 月 14 日

(选自北京市公安局公安交通管理局网站 2008 年 10 月 15 日)

第 10 章　批示性公文

10.1　决　定

一、概述

　　决定是党政军机关、社会团体、企事业单位对重大事项或重大行政公务做出安排而制定的一种指挥性公文，属于下行文种。上至党和国家的重大决策和战略部署，下至基层单位的奖惩事宜均可使用。决定具有很强的领导性、权威性、规定性的特点。

二、决定的分类

　　从性质和内容上看，可以划分为决断性决定和指示性决定两大类。

　　（一）决断性决定

　　公布决定的机关或会议就某一重大事项做出的决断，而不需要受文单位执行的具体要求的决定，称为决断性决定。因此，这类决定的正文一般篇幅短小，通常由决定机关或会议名称、决定的根据和内容三部分构成。但也有些表彰性的这类决定，由于决定的根据和内容比较丰富，所以篇幅稍长。

　　（二）指示性决定

　　就具体事项做出安排和指示，提出执行要求的决定，称为指示性决定。这类决定的内容比较丰富,篇幅较长。其正文除了决断性决定的内容外,还有执行要求,一般采用条文式的写法,比较明确具体,便于受文者执行。

三、决定的写作

结构分为首部和正文两部分。

(一)首部。包括标题和成文时间两部分。

(1)标题。标题一般有两种构成形式:一种是由发文机关、事由加文种构成;另一种是由事由和文种构成。

(2)成文时间。指发布决定的时间。在标题正上方注明成文的年、月、日期,或者在标题下方用括号注明某年某月某日某会议通过字样。

(二)正文。正文的结构一般由三部分组成。

(1)开头部分。简要交代决定的缘由、目的、根据;

(2)主体部分。主要写决定的内容,落实决定的要求和措施,行文要求具体明白、层次清楚,便于有关单位执行;

(3)结尾部分。用于提出希望、要求或执行说明。有的决定需要带附件。有附件的决定,应当于正文之后、发文机关署名之前注明附件的名称或依据,并将附件附在主件之后。

【例文一】

北京市旅游局关于表彰奥运会残奥会服务接待工作
先进集体和先进个人的决定

自北京申奥成功至北京 2008 奥运会残奥会胜利闭幕,全市旅游企业在市委、市政府的坚强领导下,以科学发展观为指导,认真贯彻"绿色奥运、科技奥运、人文奥运"的理念,全力以赴做好奥运会残奥会筹办和服务接待工作,达到了"三高四零三满意"目标,即:接待高标准、服务高水平、运转高效率。星级饭店接待实现零投诉;旅行社实现入境旅游团队零投诉;重点旅游景区实现零投诉;设在奥运村、主新闻中心、国际广播中心的旅游信息中心的旅游接待实现零投诉。外国元首、政要、国际奥组委官员满意;各国运动员、媒体、赞助商满意;外国游客满意。北京市旅游行业以优美的环境、优质的服务和有力的安全保障,为实现两个奥运同样精彩,达到"三个满意"的目标,做出了应有的贡献。

为充分展示奥运旅游工作取得的丰硕成果,激励全市旅游行业广大干部员工更加奋发进取,推动我市旅游产业深入发展,北京市旅游局决定:授予在奥运会残奥会旅游接待工作中,作出突出贡献的北京饭店等130家星级饭店、首都旅游集团公司等12家奥运村管理团队、中国旅行社总社等30家旅行社、故宫博物院等32家旅游景区和东城区等8个区县旅游局服务奥运先进集体奖,授予刘善志等240名同志服务奥运先进个人奖。

这次受到表彰的先进集体和先进个人,在奥运会残奥会服务接待工作中,牢记党和人民的重托,秉承"我参与、我奉献、我快乐"的奥运意识,勇于承担中华民族百年圆梦的光荣使命,大力弘扬了为国争光的爱国精神、艰苦奋斗的奉献精神、精益求精的敬业精神、勇攀高峰的创新精神、团结协作的团队精神,齐心协力、积极奉献,把旅游服务工作做得有声有色,以一流的精神状态,创一流的工作业绩,以奉献奥运,服务宾客的实际行动,生动体现了爱国主义的民族精神、改革创新的时代精神,展示了北京旅游业的风采。全市旅游企业和旅游工作者要以他们为榜样,认真总结北京奥运会残奥会收获的宝贵经验,弘扬奥运工作中所形成的五种精神,全面贯彻党的十七大精神,高举中国特色社会主义伟大旗帜,坚持以邓小平理论和"三个代表"重要思想为指导,深入贯彻落实科学发展观,进一步解放思想、与时俱进、锐意改革、勇于创新,不断推动产业科学发展,促进旅游和谐繁荣,为建设"人文北京、科技北京、绿色北京",为首都旅游业未来发展作出更大贡献!

2008 年 10 月 21 日

(选自北京市旅游局网站 2008 年 10 月 27 日)

【例文二】

北京市中医药管理局关于表彰在首都中医药奥运服务工作中作出突出贡献的集体和奥运服务志愿者的决定

在党中央国务院和国家中医药管理局的坚强领导下,在北京市委、市政府和北京奥组委的统一指挥下,首都中医药系统全力以赴圆满完成了北京奥运会和残奥会的医疗服务保障工作,并借助奥运舞台大力宣传和弘扬中医药文化,为"服务北京奥运、弘扬中医药文化",为实现举办一届"有特色、高水平"奥运会的庄严承诺作出了贡献。

北京奥运会和残奥会期间,首都中医药系统各单位党政领导高度重视奥运服务工作,大力支持奥运服务和中医药文化宣传工作。首都医科大学附属北京中医医院、中国中医科学院广安门医院两家奥运定点服务医院的医疗团队,来自首都中医药系统35家单位的263名中医服务志愿者,以过硬的中医技术、统一的操作规范、良好的心理素质、标准的服务礼仪,为奥运会和残奥会提供的具有鲜明中医特色和高水平的中医医疗服务,成为本届奥运会上最受欢迎的医疗服务项目。中医药作为传统医学全面介入奥运会的医疗保障服务,这在现代奥林匹克历史上还是第一次,也成为北京奥运会和残奥会医疗卫生保障服务的一大特色和亮点。现代奥运会不仅是体育竞技的盛会,更是各国文化交流的重要舞台。首都中医药系统精心策划、组织实施了中医药文化系列宣传活动,让世界认识中医、走进中医,让百姓体验中医、享受中医。奥运会前以"健康北京、健康奥运"为主题的中医药文化宣传周活动热动京城;在奥运村为各奥运参赛队伍的首席医务官和队医举办的"中国传统医学在运动医学中的预防性的应用"研讨会首开奥运会传统医学在运动医学中的应用学术研讨的先河;中医药文化展览——《走进中医:历史与文化》首次被国际奥林匹克博物馆收藏;传播中医药健康知识、弘扬中医养生文化的英文版《首都市民中医健康指南》传遍奥运村;"领略中医文化,体验中医养生——中医药文化展示活动"吸引海内外媒体广泛宣传和报道。首都中医药系统为奥运会、残奥会提供有中医药特色的医疗服务,借助奥运会舞台传播弘扬中医药文化,得到国际奥委会医疗委员会的高度评价,受到世界各国、各地区奥运参赛队伍的欢迎和新闻媒体的关注。

首都中医药系统广大干部和中医药工作者在服务北京奥运会、残奥会的工作中所表现出来的为国争光的爱国精神、艰苦奋斗的奉献精、精益求精的敬业精神、勇攀高峰的创新精神、团结协作的团队精神,是一笔宝贵的精神财富。北京市中医药管理局决定,对在首都中医药奥运服务工作中作出突出贡献的集体和奥运服务志愿者予以表彰,颁发荣誉奖牌。希望首都中医药系统认真总结成功经验,继续保持和发扬奥运精神,全面贯彻党的十七大精神,深入贯彻落实科学发展观,大力弘扬中医药文化,为加快首都中医药事业的全面可持续发展而努力奋斗!

（选自北京市卫生局网站 2008 年 10 月 30 日）

【例文三】

国务院关于废止部分行政法规的决定

为了更好地适应加快建设法治政府、全面推进依法行政的要求,国务院对截至2006 年年底现行行政法规共 655 件进行了全面清理。经过清理,国务院决定:

一、对主要内容被新的法律或者行政法规所代替的 49 件行政法规,予以废止（目录见附件 1）。

二、对适用期已过或者调整对象已经消失,实际上已经失效的 43 件行政法规,宣布失效（目录见附件 2）。

本决定自公布之日起生效。

附件:1. 国务院决定废止的行政法规目录（49 件）

2. 国务院决定宣布失效的行政法规目录（43 件）

2008 年 1 月 15 日

（选自中央政府门户网站 www.gov.cn 2008 年 01 月 23 日）

10.2　批　复

一、概述

批复是用于答复下级机关、单位请示事项的一种下行公文。它的一个显著特点就是针对性强，总是针对请示被动行文。上级决不会主动发出批复，总是下级有请示，上级才有批复。

批复内容总是针对下级来文的请示事项作出答复的。批复事项紧扣请示事项明确作答，不能答非所问，复非所求，节外生枝。

批复的主送对象一般就是请示的发文单位，有时甚至标题就体现出针对性而与其他公文不同。

批复具有权威性、针对性和指示性等特点：

权威性。批复发自上级机关，代表着上级机关的权力和意志，对请示事项的单位有约束力，特别是那些关于重要事项或问题的批复，常常具有明显的法规作用。

针对性。凡是批复，必须是针对下级机关请示事项而发，内容单纯，针对性强。

指示性。批复的目的是指导下级机关的工作，因此批复在表明态度以后，还应当概括地说明方针、政策以及执行中的注意事项。

二、批复的写作

（一）标题

批复的标题有两点需要特别强调：

（1）关于发文单位。批复的发文单位即行文主体，既不能不写，也不能随意略写或简化。

（2）关于事由。批复的事由大致有两种写法，一种是用表示关联范围的介词"关于"加上请示或批复的事项来表述，如《国务院关于 1991—2000 年全国治沙工程规划要点的批复》；另一种是在"关于"和请示或批复事项中间再插入一个表态动词"同意"来表述，如《国务院关于同意开放×××航空口岸的批复》。

（二）正文

批复的正文一般由三个部分组成：

（1）引语。批复的开头通常要引述来文作为批复的依据，引述的方法有四种：第一种是结合请示的日期引述，如"×年×月×日来文收悉"；第二种是结合来文的日期和文号引述，如"×年×月×日×号文收悉"；第三种是引来文日期和来文名称，如"×年×月×日《关于……的请示》收悉"，第四种是引述来文日期和请示事项，如"×年×月×日关于……问题的请示收悉"。

（2）主文。主文是批复的主体，这部分应针对下级机关请示的事项，表示同意与否的态度，有时还要阐述同意或不同意的理由。答复请示事项针对性要强，答复要明确具体，简明扼要，表达要准确无误。

（3）结尾。是批复正文的最后部分，它的写法有三种：第一种是提行写"此复"或"特此批复"；第二种是写希望和要求，给执行请求事项的答复指明方向；第三种是秃尾，就是请示事项答复完毕就告结束，此种结尾方法使用的频率越来越高。

三、写作批复时应注意事项

要写好批复还应注意以下几点：

（1）要核实请示缘由的真实性，研究请示所提意见或建议的可行性，有些情况应先作调查研究；

（2）凡请示事项涉及其他部门或地区的问题，批复前都要与其协商，取得一致意见；

（3）及时批复，以免贻误工作。对不按行文的正常渠道办理或一文多头的请示，应予以纠正，以免误事。

【例文一】

国家税务总局关于个人通过网络买卖虚拟货币取得收入征收
个人所得税问题的批复

国税函〔2008〕818 号

北京市地方税务局：

你局《关于个人通过网络销售虚拟货币取得收入计征个人所得税问题的请示》（京地税个〔2008〕114 号）收悉。现批复如下：

一、个人通过网络收购玩家的虚拟货币，加价后向他人出售取得的收入，属于个人所得税应税所得，应按照"财产转让所得"项目计算缴纳个人所得税。

二、个人销售虚拟货币的财产原值为其收购网络虚拟货币所支付的价款和相关税费。

三、对于个人不能提供有关财产原值凭证的,由主管税务机关核定其财产原值。

国家税务总局

2008 年 9 月 28 日

抄送:各省、自治区、直辖市和计划单列市地方税务局,西藏、宁夏、青海省(自治区)国家税务局。

(选自国家税务总局网站 2008 年 9 月 28 日)

【例文二】

国务院关于太湖流域防洪规划的批复

国函〔2008〕12 号

上海市、江苏省、浙江省、安徽省人民政府,发展改革委、财政部、国土资源部、建设部、铁道部、交通部、水利部、农业部、环保总局、林业局、气象局:

水利部《关于审批太湖流域防洪规划的请示》(水规计〔2007〕453 号)收悉。现批复如下:

一、原则同意《太湖流域防洪规划》(以下简称《规划》),请你们认真组织实施。力争到 2015 年,太湖流域防洪标准达到 50 年一遇,重点防洪工程按照 100 年一遇防洪标准建设;上海市黄浦江干流及城区段按 1000 年一遇高潮位设防,城区段海堤按 200 年一遇高潮位加 12 级风设防;杭州市老城区段堤防按 500 年一遇高潮位设防;苏州、无锡、常州、嘉兴、湖州市按 100 年一遇洪水位设防,其中苏州、无锡和常州市中心城区按 200 年一遇洪水位设防;其他县级城市按 50 年一遇洪水位设防。到 2025 年,太湖流域防洪标准达到 100 年一遇。

二、《规划》的实施,要坚持"蓄泄兼筹、洪涝兼治"和"引排结合、量质并重、综合治理"的方针,进一步完善太湖流域防洪总体布局,以治太骨干工程为基础,建设洪水北排长江、东出黄浦江、南入杭州湾的防洪工程体系,辅以防汛抗旱指挥系统建设和防洪调度管理、洪水风险管理等非工程措施,构建集防洪减灾、水资源调控为一体的防洪减灾体系。

三、加强防洪骨干工程建设,抓紧实施治太骨干工程二期,加强区域河道整治和周边河湖江堤堤防建设;修建上游山区水库,加快病险水库除险加固,确保水库安全运行;加强城市防洪工程建设,不断完善重点城市防洪工程体系,制订城市防御超标准洪水预案;加强海塘、排涝工程和平原区各类圩闸等建设。

四、认真做好规划建设项目的前期工作,按照基本建设程序报批。防洪工程建设要严格实行项目法人责任制、招标投标制、工程监理制和合同管理制,认真组织,加强监督检查,确保工程质量。

五、加强防洪管理,提高洪水风险管理水平。堤防要严格按标准建设,不得超过《规划》确定的标准;河道上特别是河口处的建设项目,必须实行洪水影响评价制度,任何工程建设均不得超越规划治导线。地方各级人民政府及相关单位要加强对防洪设施的管理与维护,确保工程正常运行。太湖流域管理机构要切实履行规划、管理、监督、协调、指导的职责,加强流域防汛抗旱的统一管理和调度,加快流域防汛抗旱指挥调度系统建设,抓紧研究制订防洪骨干水库的调度运用方案。各类工程在汛期必须服从流域防洪调度。

太湖流域城市密集,人口和产业集中,是我国经济最发达的地区之一,也是洪涝灾害比较严重的地区。《规划》的实施,对保障太湖流域人民群众生命财产安全,促进经济社会又好又快发展,构建社会主义和谐社会,具有十分重要的意义。各有关地区和部门要加强领导,密切配合,精心组织实施,确保太湖流域防洪安全。

国务院

2008 年 2 月 16 日

(选自中华人民共和国环境保护部网站 2008 年 2 月 21 日)

【例文三】

<h2 align="center">国家统计局关于对外提供企业基本情况和有关信息资料的批复</h2>

国统函〔2007〕43 号

辽宁省统计局:

你局辽统字〔2007〕10 号文收悉。经研究,现批复如下:

《中华人民共和国统计法》第十五条规定:"属于国家秘密的统计资料,必须保密。属于私人、家庭的单项调查资料,非经本人同意,不得泄露。统计机构、统计人员对在统计调查中知悉的统计调查对象的商业秘密,负有保密义务。"国家统计局 1988 年 3 月 22 日发布的《关于对外提供统计资料的几点意见》第四条明确规定:"统计部门掌握的原始统计资料,特别是企业秘密、家庭秘密等资料,一律不对其他部门提供。"辽宁省社会信用体系建设领导小组办公室要求提供的企业基本情况和有关信息资料,属于原始统计资料,有不少还属于企业的商业秘密,你局不应对其提供。

此复。

国家统计局

2007 年 3 月 22 日

(选自中华人民共和国国家统计局网站 2008 年 4 月 10 日)

第 11 章　晓谕性公文

11.1　报　告

一、概述

报告是用以向上级机关汇报工作、反映情况、答复询问的一种上行公文。它是机关、团体、单位使用较多的、比较重要的呈报性公文，作用十分突出。用好报告，能帮助上级及时了解情况，掌握下情，为领导决策提供依据；能向上级及时反馈下级机关、单位的工作情况，以便接受上级的监督和指导，使本单位工作少出差错、少走弯路。

二、报告的分类

可从不同角度对其分类。

（一）按报告内容和用途分类

工作报告用于向上级汇报工作进程，反映工作问题，总结工作经验教训。

情况报告用于向上级反映情况，特别是反映调查了解到的重大的情况、特殊情况、新情况。

答复报告用于答复上级机关的查询、提问；按要求如期汇报执行上级机关某项指示、意见的结果；回答有关代表大会、委员会及其执行机构提出的质询，交付处理的提案、议案的处理意见或处理结果。

报送报告用于向上级机关说明报送有关文件、材料或物品的情况。

（二）按报告写作范围分类

综合报告用于反映一定阶段、一定范围的多方面工作情况，注重综合、全面。

专题报告用于反映某一项专门工作或某一方面工作的情况，注重专一性。实际工作中的报告大多是这种类型。

综合报告与专题报告的划分有相对性，有时部门的综合报告对全局而言，就成了专题报告了。

根据需要，工作报告、情况报告既可写成综合报告，也可写成专题报告，而答复报告、报送报告通常都写成专题报告。

专题报告可用于专题总结工作的经验教训、汇报专项工作情况。这样写，可以避免总结性工作报告写作中的一般化和流于形式，提高报告的写作质量，发挥报告的作用。

撰写专题工作报告要注意：明确重点，突出中心，力求"一文一事一报"；它不一定在工作结束后才写，也可在工作进程中当工作告一段落时撰写，以便及时向上级反馈工作情况和工作建议；写作要及时、迅速，注重时效，力求向上级反映新情况、反馈新信息、汇报新经验、提出新办法。

（三）按报告时限分类

例行报告指定期向上级机关所作的工作报告，如周报、旬报、月报、季报、年度报告等。有严格的期限规定，必须按时完成。

不定期报告指无严格的期限规定，根据工作实际需要而写的报告。在撰写报告时，要事先明确所写报告属何种类型，以便根据各类报告的特点写好报告。

调查报告、可行性论证报告、经济活动分析报告、技术鉴定报告等等，则是由报告衍生出的一些各有特色的不同文种，它们的用途、写法都与机关常用公文类的报告有所不同，不宜将其都列入这种报告之中。

三、报告的写作

（一）报告的结构

报告的结构和机关其他常用公文大同小异。

1.标题

标题由发文机关、事由和文种组成。有的报告因事情紧迫，还要在文种前加"紧急"二字。

2. 主送机关

主送机关力求单一。

3. 正文

不同内容性质的报告，写法不尽相同，但正文结构一般由三部分构成。

报告缘由简明扼要地说明为什么写报告。若无必要也可略而不述。

报告内容这是正文重点所在。内容较多时，可依事情的发展变化脉络、认识处理问题的由浅入深，以纵式结构安排材料；也可按情况、经验、教训或问题的方方面面，以并列的横式结构安排材料，而且常分条列项使层次段落更分明。决不能在报告中夹带请示事项。

报告结语一般以"特此报告"、"请审阅"等语作结。也可以不要结语。

4. 落款

写明发文机关和成文日期。

(二)报告的写作要求

1. 不得夹带请示事项

由于报告和请示分工明确，报告中不能有请示的事项，也不能有"请批复"、"请批示"、"请批准"、"请审批"的字样。

2. 真实简练

真实是报告的生命。务求内容的绝对真实，不能只报喜不报忧，不能弄虚作假。同时，报告也要以简练为上。就是说，妥善处理材料的详略，学会删繁就简，尽量避免文字的冗长。

【例文一】

国务院关于加强金融宏观调控情况的报告

委员长、各位副委员长、秘书长、各位委员：

我受国务院委托，现向全国人大常委会报告2007年12月中央经济工作会议以来加强金融宏观调控的有关情况，请予以审议。

一、关于上半年货币政策实施情况

针对2007年经济出现过热苗头、物价上涨压力加大的状况，根据中央经济工作会议精神，为了防止经济增长由偏快转向过热、防止价格由结构性上涨演变为明显通货膨胀,实施了从紧的货币政策,加强流动性管理,引导货币信贷合理增长,维护总量平衡。

一是灵活开展公开市场操作。搭配使用中央银行票据和以特别国债为工具的正回购操作,对冲银行体系流动性。2008 年 8 月末,中央银行票据余额为 4.3 万亿元,比年初增加 0.8 万亿元。

二是提高金融机构存款准备金率。继 2007 年 10 次上调存款准备金率 5.5 个百分点后,2008 年上半年五次上调存款准备金率共 3 个百分点,一般金融机构存款准备金率达到 17.5%。同时,继续对农村信用社执行较低的存款准备金率。

三是发挥利率杠杆的调控作用。通过上调利率抑制需求膨胀,稳定通货膨胀预期。2007 年 6 次上调人民币存贷款基准利率,其中,一年期存款利率累计上调 1.62 个百分点至 4.14%,一年期贷款利率累计上调 1.35 个百分点至 7.47%。同时,稳步推进利率市场化改革,加快货币市场基准利率体系建设,引导金融机构提高利率定价能力。

四是加强"窗口指导"和信贷政策引导。在商业银行信贷扩张动力较强的情况下,向金融机构提示贷款过快增长的风险,传达宏观调控意图。引导金融机构合理控制信贷投放总量和节奏,坚持"区别对待、有保有压",优化信贷结构,合理控制基本建设等中长期贷款,严格限制对高耗能、高排放和产能过剩行业劣质企业的贷款,加大对"三农"、就业、服务业、中小企业、自主创新、节能环保等重点领域和薄弱环节的信贷支持。督促金融机构加强对受低温雨雪冰冻和汶川地震灾害影响较大地区的金融服务,支持灾后恢复重建。

五是稳步推进金融企业改革。中国农业银行改革的基础性工作取得重大进展,中国人民银行正会同有关部门,进一步修改完善中国农业银行股份制改革实施方案。国家开发银行的商业化改革稳步推进,股份有限公司正在筹备中。农村信用社改革取得重要进展和阶段性成果。截至 2008 年 6 月末,对 1771 个县(市)累计兑付专项票据 1206 亿元,有效化解了历史包袱。农村信用社资金实力增强,支农服务改善。

六是完善人民币汇率形成机制,加快外汇管理体制改革,促进国际收支基本平衡。进一步发挥市场供求在人民币汇率形成中的基础性作用,在人民币汇率升值的同时,增强人民币汇率弹性,保持人民币汇率在合理均衡水平上的基本稳定。同时,修订发布《外汇管理条例》,加强和改进外汇管理。打击跨境资金违规流动,加强异常外汇资金流动的部门协调和联合监管,建立出口收结汇联网核查制度,完善企业货物贸易项下外债登记管理,完善外债指标管理。进一步完善合格境外机构投资者(QFII)及合格境内机构投资者(QDII)制度。推进外汇市场发展,更好地满足市场主体规避汇率风险的需要。

二、关于 2008 年下半年以来金融宏观调控灵活微调的情况

2008 年下半年以来，鉴于国内外经济运行中的新情况，金融调控及时增强了灵活性和针对性，灵活运用公开市场操作、利率、存款准备金率等工具，适当调增信贷总量，并坚持区别对待、有保有压，把总量微调与结构优化结合起来，引导新增信贷资源向重点领域和经济薄弱环节倾斜。

一是适时调整公开市场操作力度以保证流动性供应，并于 9 月和 10 月连续两次下调基准利率和存款准备金率。其中，一年期贷款基准利率两次下调共 0.54 个百分点，一年期存款基准利率一次下调 0.27 个百分点。存款准备金率两次合计下调 1.5个百分点。这主要是为了应对国际金融危机及对我国经济可能产生的影响，也释放了保经济增长和稳定市场预期的信号。

二是加大对"三农"的政策支持。继续对农村金融机构执行较低的存款准备金率，增强其支农资金实力。目前全国 1379 个县涉农贷款比例较高、资产规模较小的农村信用社存款准备金率已比全国性大型商业银行低 6.5 到 7.5 个百分点。引导金融机构拓展服务"三农"的渠道，提升服务水平，加大信贷支农力度。进一步引导农村金融机构根据农时需要，充分运用资金支持"三农"发展。

三是引导金融机构加强对小企业的信贷支持。各地探索了多种发挥财政和金融合作优势、扶持小企业发展的方式，改善小企业信贷投入环境。金融机构在满足审慎监管要求、确保稳健经营的前提下，建立适合小企业特点的授信审批流程，积极探索信贷支持小企业的长效机制。部分金融机构已成立专门的中小企业部门，目前普遍反映试点成效良好，正在进一步推广。此外，为小企业量身订制的多元化创新产品不断推出，试点发行了中小企业集合债券，小企业担保融资逐步拓展与完善，风险管理进一步规范，总体上金融机构小企业业务保持稳定健康发展。

四是积极支持灾区重建信贷需求。对地震灾区实行倾斜和优惠的信贷政策，继续采取较低的存款准备金率、落实改革试点资金支持、特种存款可提前支取等综合措施，加大对灾区金融机构资金支持力度，增强其信贷投放能力。引导金融机构在满足审慎监管要求、保持稳健经营的前提下，调整信贷结构和投放节奏，满足灾区重建的合理信贷需求。金融机构通过调整担保、评级、授信、流程等信贷政策，及时发放灾区贷款，维持优惠贷款利率，积极为灾区提供金融服务支持。前三季度，受地震灾害影响较重的四川和甘肃两省新增贷款合计增加 2141 亿元，同比多增 566 亿元，比上年全年多增 484 亿元。下一阶段信贷投入力度将进一步加大。

当前，货币信贷增长基本平稳。2008 年 9 月末，广义货币供应量同比增长15.3%。前三季度贷款增加 3.5 万亿元，同比多增 1201 亿元。通货膨胀形势有所好转。CPI 同比涨幅已由 2008 年 2 月份 8.7%的高点逐步回落至 9 月份的 4.6%。中

国人民银行三季度城镇储户问卷调查显示,居民通货膨胀预期呈现减缓迹象。国民经济克服重特大自然灾害冲击和国际环境不利因素,保持了平稳较快发展。前三季度 GDP 增长约 10%,投资、消费、出口增长相对更加均衡,内需特别是消费需求对经济增长的拉动作用有所增强。居民收入、企业利润和财政收入持续增长。总的来看,国民经济运行符合宏观调控预期的方向。

三、关于当前金融宏观调控面临的主要问题

最近,国际金融市场动荡加剧,全球经济增长明显放缓,国际经济环境中不确定不稳定因素明显增多,国内经济运行中也存在一些突出矛盾和问题。这增加了判断未来经济和物价走势、把握经济增长与通货膨胀之间关系的难度,宏观调控面临更加复杂的局面。

(一)全球经济明显减速,可能会影响我国出口

近期,美国政府接管"两房"和美国国际集团、五大投行发生巨变,华盛顿互惠银行破产倒闭,美联银行出现危机等一系列事件,表明美国次贷危机已演化为金融危机。危机迅速向欧洲甚至全球蔓延,富通集团、德国地产融资抵押银行、意大利联合信贷银行、英国布拉福德—宾利银行、冰岛整个金融体系等陷入危机。尽管美国通过了 7000 亿美元的《2008 年紧急经济稳定法案》,各主要央行向市场注入巨额流动性,欧洲各国也相继宣布对私人存款提高担保额度或提供无限担保,但信贷紧缩并未缓解,全球各主要股市仍震荡走低,国际汇市也出现宽幅振荡,显示投资者信心依然不足。

受此影响,美国乃至全球的实体经济都有可能受到较大的负面冲击,并可能拉长调整周期。美国 8 月份失业率升至 2003 年 9 月以来最高的 6.1%,显示美国经济正快速趋向疲软。欧洲经济出现下滑,欧元区第二季度投资、消费及出口同时下降,导致当季经济收缩 0.2%,为欧元诞生以来首次负增长。日本经济可能进入新一轮衰退,第二季度 GDP 环比下降 0.7%,折年率下降 3%。在此背景下,亚洲地区出口增速下降,经济逐步走缓,资本大量外流。近期 IMF 已将今明两年世界经济增长预测由之前的 4.1% 和 3.9% 调低至 3.9% 和 3.0%。WTO 则预测今年全球贸易增长可能降至 2002 年以来的最低。

目前我国经济对外依存度较高,全球经济放缓以及由此带来的外需减弱必然会给我国经济发展带来负面影响。

(二)密切关注物价形势及其变化

当前,稳定物价工作面临着复杂的局面。经济中既存在可能引起物价上涨的成本推动因素,也有物价出现持续回落的可能。因此在政策把握上需要特别谨慎。

当前通胀压力主要来源于成本推动因素。从国际看,受到次贷危机的影响,越来越多的经济体将政策重点从抑通胀转向保增长。在相对宽松的货币条件下,一旦市

场信心有所恢复,国际商品价格就可能重拾涨势。而且随着中国、印度、巴西等发展中大国的工业化进程加快,资源和要素价格出现趋势性上涨的可能仍然存在。从国内看,也存在较强的工资和成本上涨预期。9月份 PPI 涨幅仍达 9.1%,农业生产资料价格同比上涨高达 22.9%,有进一步向消费物价传导的压力。

但如果全球经济放缓,国际大宗商品价格显著回落,推动 CPI 和 PPI 上涨的外部力量也会趋弱。近期,纽约原油期价跌至 80 美元左右。国际煤价最近一个月内下跌近 25%。这意味着,我国通胀形势会有很大的不确定性。2008 年 4 月份以来,我国 CPI 逐步回落。9月份食品价格出现了历史上少有的环比下降现象,这在一定程度上也显示出当前物价有下行动力。

总体来看,未来通货膨胀形势有可能出现交替和反复。

四、关于下一步金融宏观调控工作

当前,全球性的经济金融调整是长期积累的失衡矛盾最终释放的必然结果,对我国经济的影响不容低估。同时,也应该看到,当前我国总体经济形势是好的,而且我国金融机构实力普遍增强,盈利能力和抗风险能力明显提高,市场流动性总体上还比较充裕,金融体系也是稳健和安全的,能够有效抵御外部冲击。尤为重要的是,我国仍处于工业化、城市化和产业结构升级过程中,有广阔的国内市场、比较充裕的资金和素质不断提高的劳动力优势,国民经济发展的基本态势没有改变。但面对诸多不稳定不确定因素,必须增强忧患意识、积极应对挑战,扎实做好应对困难局面的准备。

下一阶段,人民银行将继续按照党中央、国务院的部署,全面贯彻党的十七大和十七届三中全会精神,认真落实科学发展观,实行灵活审慎的货币政策。既要从根本上稳定物价预期,也要根据形势变化及时适度调整政策操作,努力维护货币稳定和金融稳定,促进经济又好又快发展。

一是拟定保证金融稳健运行的各项应对预案,建立完善国际金融危机监测及应对工作机制。加强对国际金融形势演变的监测,重视与其他主要央行的沟通。加强与银监会、证监会和保监会之间的信息共享与合作,密切关注国内金融机构经营状况,及时制定完善应对各种紧急情况的预案,努力避免和减少危机对我国的影响。完善我国金融监管体系,强化功能监管和事前监管,维护金融市场和金融体系稳定运行。

二是继续改进流动性管理,保证市场流动性充分供应,引导货币信贷合理投放。结合国际收支变化情况,灵活运用公开市场操作和存款准备金率等政策工具,将银行体系流动性保持在合理水平。制定完善银行体系流动性支持应急预案,应对国际金融危机对我国银行体系流动性可能产生的不利影响。

三是加强窗口指导和信贷政策指引,优化信贷结构。引导金融机构进一步改进金融服务,根据实体经济的有效需求调整信贷投放的节奏和力度。同时将总量调整和结构优化相结合,在商业可持续的原则下加大对"三农"、就业、服务业、中小企业、自主创新、节能环保等经济重点领域和薄弱环节的信贷支持。要加强对信贷投向的监测指导,确保贷款投向符合信贷政策要求。

四是结合地震灾后重建进展情况,制定金融支持政策。继续引导金融机构在坚持商业化运作和风险可控原则下,积极满足灾区信贷资金需求。研究制定切实可行的农房重建贷款指导意见,通过机制创新最大限度地满足农户住房重建的有效贷款需求。继续通过支农再贷款增强灾区农村信用社的资金实力,研究拓宽优惠利率支农再贷款的使用范围。加大对农村信用社改革试点专项票据兑付的政策扶持力度。

五是加强对房地产金融的监测,改进房地产金融服务。建立健全房地产金融监测机制,密切跟踪房地产市场发展态势。简化和规范住房贷款制度,理顺住房消费贷款政策。引导商业银行科学评估房地产业的风险,在完善风险控制的前提下,进一步改进金融服务,支持房地产业的合理有效信贷需求,促进房地产信贷市场平稳运行。

六是加强价格杠杆工具调控作用,推进利率市场化和汇率形成机制改革。合理运用利率等价格型工具实施调控,稳定市场预期。加强货币市场基准利率体系建设,更多地发挥市场在利率决定中的作用。保持人民币汇率的基本稳定,继续按照主动性、可控性和渐进性原则,完善人民币汇率形成机制,增强汇率弹性。积极推动外汇市场发展,丰富汇率风险管理工具。

七是加强外汇管理,防范短期资本流动冲击我国金融体系。加强跨境资本流动的监测管理,完善针对不同流出流入渠道的管理措施,防范投机资本大规模流动对经济造成大的冲击。加强对外投资的风险提示及监管,完善多元化、多层次的对外投资体系。稳步推进资本项目可兑换。

委员长、各位副委员长、秘书长、各位委员,下一步改革发展稳定的任务艰巨而繁重。我们要在以胡锦涛同志为总书记的党中央领导下,高举邓小平理论和"三个代表"重要思想伟大旗帜,全面贯彻落实科学发展观,认真落实党的十七大和十七届三中全会的各项部署,进一步加强和改善金融宏观调控,促进国民经济又好又快发展。

(选自中国发展门户网)

11.2　简　报

一、简报的含义及特点

简报是机关、单位、团体用来汇报工作、反映情况、传递信息、交流经验的公务文书。它是使用范围极为广泛,使用频率极高的信息文书。可以说是简要的情况报告、情况通报。

简报是一类综合性很强的公务文书,可以说它是集多种应用文特点、优点之大成的公务文书。它具有简、快、新、活的特点。

简,既是它的内在特征,又是它的外部标志。它的内容简明,每份简报一般反映一件事或者一个问题,内容高度集中,下笔直叙其事;篇幅简短,每篇一般几百千把字,有的甚至几十百把字就反映一个信息;语言简练,要言不烦,叙事以概括叙述、说明为主,一般不过多铺陈、渲染,说理以正面表态为主,一般不过多阐述、剖析。

快,简报作为公文中的"轻骑兵",要求尽快地反映情况,提出问题,传递信息,以使上级机关及有关方面及时掌握最新动态,不失时机地指导工作,处理问题。

新,也是简报的价值所在。简报要求选材新、观点新,力求反映新情况、新经验、新动向、新问题。

活,简报涉及的内容丰富广泛,不受过多限制;写作形式多样,不拘一格;表达方式自由灵活,除主要使用说明、叙述和议论外,有时甚至用到描写和抒情。这种特点,是其他公文都不具备的。

二、简报的作用

随着信息工作的加强,简报越来越受到大家的重视。各级党政机关、企事业单位、团体,一般都编发简报,诸如"××简报"、"××工作简报"、"××工作"、"××简讯"、"××通讯"、"情况交流"之类。在机关的收文、发文中,简报占了很大比例。

简报具有如下作用:

(1)为上级领导提供各种情况、信息,便于上级机关和领导同志及时了解社会情况、工作情况、群众情绪,更好地作出决策,有效地指导工作。

(2)便于兄弟单位和部门之间互通情报,互相学习,协调工作。

(3)及时向下级和所属单位推广经验、通报情况、传递信息、传达领导意图、提出工作意见,以推动面上工作的开展。

三、简报的分类

(一)工作简报

工作简报是反映工作进展情况的简报,它涉及的内容比较广泛、全面。机关、单位一般长期连续编发。一段时期的简报,能大致反映出该部门、该单位在这段时间的工作情况。

（二）社会动态情况简报

这类简报通常反映不同阶级、阶层、地位、职业的人，对国内外重大事件以及党和国家的方针、政策、重大措施的反映、看法、认识，反映社会生活中的偶发事件，突发事件，以便领导及时了解社情、民情。

（三）会议简报

会议简报主要是对某些规模较大的会议作连续性的报道，以帮助有关领导和与会人员沟通情况，及时了解会议进程，提高会议质量。它的内容包括会议进程，领导和有关人员的报告、讲话，讨论的发言，主持者的工作安排，与会者的意见等。它最能体现简报及时、迅速反映情况的特点。

其中，第一类简报使用最广泛，第二类机密程度较高，第三类程式性较强。

四、简报的写作

（一）标题

简报标题的基本要求是：贴切、简明、醒目。简报的标题不同于机关常用公文标题的写法，它可以灵活多样。常见的有以下几种方式：

说明式，直截了当地说明文章中心。

提问式，抓住文章主要问题提问，以引人注目。

警句式，用祈请式的警句作题。

双标题式，一般用正标题揭示文章中心，副标题标示事件和范围。

（二）正文

简报的正文，没有固定的格式和写法，总的要求是观点鲜明、材料精当、条理清晰、语言简洁。通常采用下列形式组织、安排材料。

（1）总分条文式。它把选用的材料分条分项列出。开头或用叙述说明方式概括情况、交代背景，或用结论方式概括全文主要内容，或用提问方式揭示全文重点。然后，再分条分项写明所做的工作、或者取得的成绩、归纳的经验、存在的问题、反映的意见等等。

（2）消息报道式。这是采用新闻消息的写法，简要介绍一项工作，说明某种情况，表扬或批评某人某事等等。它要写出时间、地点、人物、事件、起因、结果；主要采用概括叙述式，而且以顺叙为主；可采用消息那种导语、主体、结尾的格式。这种写法多用于叙述事件进程的简报。

（3）讲话、发言摘要式。有的简报全文就是某领导的报告或某同志讲话摘要，或者是会议讨论发言选登。会议简报、领导机关的简报常用这种写法。

（4）列小标题分部式。有的简报内容丰富，情况繁杂，就可采用这种写法。它围绕中心，把材料分成几个部分来写，每个部分拟一个小标题概括这部分主要内容。

（5）集锦、动态式。这是围绕一个中心，选取典型事迹或突出情况、工作进程的一个断面，分别写成几则"动态"，从不同侧面反映同一个主旨。每一则篇幅都很短，几句话说明一件事。或者是一篇简报收入几则动态，分别冠以小标题；或者几篇动态编入一期简报中。

（6）简要通讯式。有些介绍先进人物、先进事迹的简报，为了更生动感人，常采用通讯特别是新闻小故事的写法。它可以叙述得详细些，有时甚至运用描写、抒情手法，增强表达效果。因为它比一般通讯更简短，故名简要通讯式。

（7）数据、图表分析式。有的简报采用数据统计、图表统计并加以文字分析的形式，通过数字的统计、比较和分析，客观全面地反映情况，说明问题。

上述方法常交叉使用、综合使用。

（三）落款

落款要注明作者或者供稿者。

【例文一】

产品质量和食品安全专项整治工作简报第一期

河南岸街道办事处产品质量和食品安全专项整治工作
简　报

第一期

河南岸街道办事处产品质量和食品安全工作领导小组办公室编

二〇〇七年十一月十一日

我街道召开产品质量和食品安全
专项整治工作紧急动员会议

11月11日晚，我街道办事处召开了产品质量和食品安全专项整治工作紧急动员会议。办事处党工委书记凌战、办事处主任邓军及全体班子成员、机关各部门负责人、企事业单位负责人及各村（居）委会负责人等参加了会议。会议由办事处主任邓军亲自主持。

会上，邓军主任通报了市质安办《关于开展全市产品质量和食品安全专项整治督查工作的通知》及区委办、区府办《关于做好迎接国家省市产品质量和食品安全专项整治工作督导组到我区督导工作的紧急通知》。办事处党工委书记凌战就如何做好迎接国家省市产品质量和食品安全专项整治工作作了重要讲话,对工作的开展作了部署,督促各部门、单位及村(居)委会迅速行动起来,加大宣传力度,认真落实各项工作,确保完成既定的工作目标任务。

　　会议结合国际背景,一再强调开展此次专项整治活动的重要性和特殊意义,强调整治活动的开展一定要按照上级政府及部门的要求,认真落实"三大重点,八项任务,十二个100％目标和二十个量化指标",严格按照《广东省产品质量和食品安全专项整治工作规范要求》,全力以赴落实各项工作,特别要加强宣传教育和环境卫生整治工作。会上还宣布成立了"河南岸办事处产品质量和食品安全工作领导小组",下发并学习了《河南岸街道办事处产品质量和食品安全专项整治工作检查方案》及《产品质量和食品安全专项整治工作要点》。同时,全街道分工成立了6个联合督导检查工作组,由班子各挂钩领导任组长,24个部门、单位紧密配合,分赴各单位及各村(居)委会指导、检查专项整治行动。

报:区产品质量和食品安全工作领导小组办公室
送:区卫生监督局、区质监局、区安委办、区府办

（选自河南岸街道办事处网站）

【例文二】

新农村建设简报 2008 第 43 期(总 124 期)

第四十三期

（总字第 124 期）

灞桥区建设社会主义

新农村领导小组办公室　　2008 年 12 月 5 日

2008 年度重点村第一阶段村内基础设施建设
顺利通过市级检查验收

　　12月1日—5日,由市建委副主任高省安为组长,市农工办副巡视员刘建才、市建委城建处处长苟继东、市农工办信息处处长刘军为副组长一行16人组成的检查组,对我区2008年度重点村第一阶段村内基础设施建设项目进行了检查验收。区委常委、宣传部长、新农办主任苟立武,区政府副区长韩孝民,区委政研室副主任、区新农办常务副主任张小利及相关街道主要领导陪同。

1日上午,市检查验收组在区委常委会议室听取灞桥区08年度重点村新农村建设工作汇报后,将市级检查组成员分为2个检查验收小组,利用一周的时间,分别深入13个重点村,主要从村内道路硬化、水渠修建、广场建设、路灯安装、垃圾台建设及改厕情况进行了检查验收。

5日上午,市检查组召开总结反馈会,对我区08年度重点村村内基础设施建设任务量的超额完成、村容村貌的巨大变化以及本次核查细致周密的组织安排给予了充分肯定和高度评价,同时对我区08年度重点村下一步综合建设任务提出了更高的要求,争取明年8月份综合考核验收高分通过。

发:各街道党工委、办事处

送:市建设社会主义新农村领导小组办公室,区级各大

　　班子有关领导,区建设社会主义新农村领导小组各

　　成员单位,办公室各组

责任编辑:区新农办　　　　　　　　　　　　　　共印80份

(选自西安市灞桥区人民政府网站)

【例文三】

援川救灾简报

(第12期)

海南省支援四川抗震救灾工作办公室　　　2008年5月15日

省政府召开援川救灾新闻发布会

海南省采取快速有效措施,迅速展开援川救灾工作,引起了社会的广泛关注。5月15日下午,省政府召开援川救灾新闻发布会,通报全省援川救灾基本情况。

省支援四川抗震救灾工作办公室主任、省政府新闻发言人、秘书长徐庄在通报基本情况时说,省委、省政府把援川救灾作为当前首要的工作任务,省委书记卫留成、省长罗保铭多次主持召开会议进行研究和部署,全省上下齐心协力支持灾区,体现了"一方有难、八方支援"和"以人为本"的精神,充分展示了特区人的良好风貌。

徐庄说,四川汶川县发生强烈地震后,我省专门成立援川抗震救灾工作办公室,实行24小时值班。自5月13日中午12时起,已陆续派出三支专业救援队伍,携带专业设备和器材,抵达灾区展开救援。省委、省政府向四川地震灾区紧急提供的300万元救灾款,已汇抵四川省财政厅账户。全省社会各界踊跃捐款捐物,省委书记卫留成、省长罗保铭等省领导带头捐款,目前已筹集社会捐款1300多万。根据灾区需求,

我省筹集总价值 1390 多万元的救灾物资,多批次运往灾区。目前,省药监局已落实海南亚洲制药有限公司、海南长安国际制药有限公司、海口奇力制药有限公司等 46 家医药企业捐赠抗生素类、抗病毒类、急救类药品共 82 个品种,价值 1038 万元;省国资委已落实 200 吨矿泉水,加上运费价值 35 万余元;省红十字会开始筹措价值 200 万元的速食食品;省民政厅正在筹措 1000 床棉被、10000 套御寒衣服,总价值 119 万元;省卫生厅准备好了 1500 袋血浆,随时供国家抗震救灾指挥部调拨使用。

　　新闻发布会上,就目前我省三支救援队在川救援进展情况等问题,与会的省支援四川抗震救灾工作办公室、省民政厅,省卫生厅、省食品药品监督管理局、省红十字会、省地震局、省公安边防总队、省公安消防总队、海南航空股份有限公司以及粤海铁路有限责任公司等单位主要负责人回答了记者的提问。中央驻琼媒体和海南媒体共 20 多家媒体参加了新闻发布会。

(选自海南省人民政府网)

11.3　公　　告

一、概述

　　公告是较高级别的国家行政机关、法定机关向国内外宣布重大事项或者法定专门事项的周知性公文。公告是周知性公文,内容不涉密,要公开发布,登报、张贴、通过电视播出或广播。

　　公告用于向国内外宣布重要事项,公布某些法定专门事项。公告由较高级别的国家机关、人大机关和有关法律、法规指定机关制发。公告强调法定权威性,其周知事项常有较强的法律效力或行政效力。除法定机关或者较高级别行政机关外,基层行政机关和企事业单位不用公告行文。

二、公告的分类

　　(1)向国内外宣布重要事项的公告主要用于级别较高的国家行政机关郑重地宣布重要事项、重大事件。也用于人大及其常委会宣布重要事项、重大决定,如颁布法律、法令、法规,公布选举结果等。

　　(2)公布法定事项的公告是有关法律、法规规定使用的专门事项公告。如《中华人民共和国专利法》规定的专利公告、《中华人民共和国企业破产法》规定的破产公告、《中华人民共和国企业法人登记管理条例》规定的企业法人登记公告、《国家公务员暂行条例》规定的招考公告、《中华人民共和国税收征收管理法实施细则》规定的税务文书送达公告、《中华人民共和国中药品种保护条例》及《中华人民共和国药品行政保护条例》规定的中药(药品)行政保护公告、《中华人民共和国城市房屋拆迁管理条例》规定的房屋拆迁公告等等。

　　(3)法院公告是按照《中华人民共和国民事诉讼法》规定发布的一系列公告。诸如通知权利人登记公告、送达公告、开庭公告、宣告失踪或死亡公告、财产认领公告、强制执行公告等。

　　除上述三类公告之外,机关、企事业单位、团体公布其他事项时,都不应使用公告。

【例文一】

关于机动车按车牌尾号每周停驶一天轮换停驶日的公告

　　根据《北京市人民政府关于实施交通管理措施的通告》关于机动车按车牌尾号每周停驶一天定期轮换停驶日的规定,决定自 2008 年 11 月 10 日起至 12 月 7 日止,每星期一至星期五分别停驶车牌尾号为 5 和 0、1 和 6、2 和 7、3 和 8、4 和 9(含临时号牌;机动车牌尾号为英文字母的按 0 号管理)的机动车。

　　特此公告。

2008 年 10 月 29 日

(选自北京市公安局公安交通管理局网站 2008 年 11 月 3 日)

【例文二】

关于北京市建筑施工企业 2008 年第七期三类人员
安全生产考核合格名单公告

京建科教〔2008〕658 号

　　根据建设部《建筑施工企业主要负责人、项目负责人和专职安全生产管理人员安全生产考核管理暂行规定》(建质〔2004〕59 号),经审核,本期三类人员共有 1160 人安全生产考核合格,其中:主要负责人 136 人;项目负责人 433 人;专职安全员 591人。现在北京建设网(http://www.bjjs.gov.cn)上予以公告。

　　附件 1:北京市建筑施工企业 2008 年第七期三类人员安全生产考核合格名单(企业主要负责人)

　　附件 2:北京市建筑施工企业 2008 年第七期三类人员安全生产考核合格名单(项目负责人)

　　附件 3:北京市建筑施工企业 2008 年第七期三类人员安全生产考核合格名单

（专职安全员）

2008 年 10 月 16 日

（选自北京市建设委员会网站 2008 年 10 月 29 日）

【例文三】

北京市第二次全国经济普查领导小组关于实施
第二次全国经济普查的公告

按照《全国经济普查条例》（国务院令第 415 号）、《国务院关于开展第二次全国经济普查的通知》（国发〔2007〕35 号文件）的规定和要求，以及国务院经济普查领导小组的统一部署，切实做好经济普查清查和登记工作，确保经济普查数据质量，现将有关事项公告如下：

一、普查目的

为了完成国家任务、了解奥运大背景下首都经济总量及经济社会运行状况；为了全面摸清奥运会后二、三产业的发展态势，重点掌握第三产业内部结构、产业状态，把握总体经济、非公经济、区域经济发展状况，找准各功能区及各区县经济发展的主体和支撑点；为了整合各部门统计数据资源，推进北京市宏观数据库建设，完善国民经济核算制度，科学制定国民经济和社会发展"十二五"规划奠定基础。

二、普查时间

普查时点为 2008 年 12 月 31 日 24 时，普查时期为 2008 年 1 月 1 日—12 月 31 日。

清查登记时点数据为 2008 年 9 月 30 日数据，时期数据为 2008 年年度预计数。

三、普查对象

普查对象包括全市辖区内从事第二产业和第三产业的全部法人单位、产业活动单位和个体经营户。普查具体范围包括：采矿业，制造业，电力、燃气及水的生产和供应业，建筑业，交通运输、仓储和邮政业，信息传输、计算机服务和软件业，批发和零售业，住宿和餐饮业，金融业，房地产业，租赁和商务服务业，科学研究、技术服务和地质勘察业，水利、环境和公共设施管理业，居民服务和其他服务业，教育，卫生、社会保障和社会福利业，文化、体育和娱乐业，以及公共管理与社会组织等国民经济行业。

清查对象包括全市辖区内从事经济社会活动的全部法人单位及所属的产业活动单位，外省市法人单位在本市兴办的产业活动单位；驻京军队系统所属从事装备修理的企业和租赁军队房地产的地方企业，以及营区内的非隶属经济单位；武警系统的水电指挥部、交通指挥部所属的生产性企业、租赁武警房地产的地方企业和营区内的非隶属经济单位,以及消防部队。清查对象还包括全市辖区内实际从事第二产业和第三产业经营活动的全部个体经营户。

四、普查工作要求

依据《中华人民共和国统计法》和《全国经济普查条例》的规定,按时、如实地填报普查表是每一个经济普查对象必须履行的法定义务。任何单位和个人不得虚报、瞒报、拒报、迟报,不得伪造、篡改普查数据。各级政府统计执法机构和监察机关要加大对普查工作中违法违纪行为的查处力度,坚决杜绝人为干扰普查工作的现象,确保普查数据质量。

各级普查机构及其工作人员,对在普查中所知悉的国家秘密和普查对象的商业秘密,必须履行保密义务。经济普查取得的单位和个人资料,严格限定用于普查目的,不作为任何单位对普查对象实施处罚的依据。

特此公告。

北京市第二次全国经济普查领导小组
2008 年 9 月
(选自北京市统计局网站 2008 年 9 月 28 日)

11.4　调查报告

一、概述

调查报告,是对某一情况和问题进行深入调查,占有丰富的材料,运用辩证唯物论的观点作出科学的分析,得出正确的结论,并如实地整理成书面报告。

在实际使用中,调查报告的文种名称很多,常见的"调查"、"调查记"、"调查汇报"、"调查总述"、"调查与思考"、"考察报告"等均属此类。

调查报告与总结有近似之处,两者都要在深入调研的基础上反映新情况、新经验、新问题,揭示带有规律性的东西,用以推动工作。但是两者又有明显的区别:在目的上,调查报告主要介绍经验、揭露问题、推广新生事物、考察历史事件、研究工作等,用以推动面上的工作,总结则多是做自我检查和评价,并从中找出经验和教训,以指导自身工作的开展;在范围上,调查报告则内外均可,总结多用于反映本身的情况;在人称上,调查报告多用于第三人称,总结多用于第一人称。

调查报告是一种多栖文体。除了作为事务文书的重要文种外,它在其他文书中也广为运用,比如新闻文书中的新闻调查、经济文书中的市场调查、科技文书中的科技调查报告、司法文书中的现场勘查记录、学术文书中的工作研究报告等都是调查报告的特殊形式。

调查报告有以下两个特点:

（一）用事实说话

调查报告属于陈述性文体,它主要通过对有关事实的叙说来阐明观点,以增加说服力和感染力。可见调查研究必须有严谨的科学态度,必须一切从实际出发。客观事实是调查报告存在的基础。无论是总结先进经验,还是揭露问题真相,或者反映工作情况、社会情况,调查报告总是凭大量确凿的事实说话。也正因为真实地反映了不断发展变化的、丰富多彩的社会生活实际,调查报告的各种作用才得以发挥。

（二）针对性强

调查报告总是从领导和管理工作的需要出发,通过对客观实际的调查,以揭示事物的本质和规律,从而促进工作的开展。它的目的性、针对性是很强的。社会主义建设事业改革开放的时代,许多新事物有待通过调查研究来认识,许多新经验有待通过调查来推广,许多新问题有待通过调查来解决。可见反映社会生活、公务活动实际的调查报告与时代总是息息相关的。这也反映出它针对性强的特点。就是考察历史事实的调查报告,也是服从于现实的需要的。

二、调查报告的作用

（一）为领导科学决策提供信息

没有调查研究就没有发言权,要做到决策科学、正确,必须以高质量的信息作参考,只有"情况明",才能"决心大,方法对"。而有典型意义的、有普遍性的调查报告,正是为领导提供高质量、高层次信息的重要渠道。也正因为如此,我们党历来重视调查研究。在改革开放的今天,面对社会主义建设的新形势,更注重调查研究的重要地位和作用,注重调查报告的社会效益。

（二）有利于扶植新事物,传播新经验,推动面上工作

要促进工作的开展、社会的前进、改革的深入,必须研究新情况,推广新经验,也就必须造成一定的舆论。而运用调查报告反映新情况,支持新事物,宣扬新经验,正是重要的舆论渠道。

（三）有利于克服官僚主义

调查研究是领导和管理者一项重要的基本功,是克服官僚主义,了解社会、学习群众的重要措施。因此,搞好调查研究,写好调查报告,将有助于提高领导和管理人员的素质。

三、调查报告的分类

从调查报告的内容上可将其分为三类:

（一）总结经验的调查报告

一种是总结、推广某一地区、某一部门或者某一单位先进典型经验的;一种是介绍、宣扬发展、成长中的新生事物的。

（二）揭露问题的调查报告

一种是总结、分析后进单位的问题和教训的;一种是揭露某一问题的真相的。

（三）反映情况的调查报告

一种是反映宏观情况的;一种是历史事实的调查。

四、调查报告的基本结构与写法

（一）标题

标题既要鲜明、醒目,揭示文章中心,又要有调查报告的特色。常用以下两种方式:

一种是公文式标题,常用于说明调查内容的范围,如《关于××集团发生重大火灾事故的调查报告》;

一种是新闻式标题,单标题如《××公司是怎样改革经营运行机制的》、《××街道齐抓共管、结合治理社会治安取得成效》,既可说明内容范围,又可用于揭示文章中心。双标题如《加强党的支部建设,狠抓思想政治工作——××县汽车站保养场加强支部建设的调查》,往往是正标题说明中心,揭示主旨,副标题说明调查地点、范围或事由,这种写法较为普遍。

（二）正文

（1）开头。它包括导语、引言、前言,这部分着重介绍基本情况,提出问题。一般可概括说明以下内容：

　　——调查工作本身概况，如调查的起因和目的、时间和地点、对象和范围、方法和步骤等。

　　——被调查对象概况，如组织规模与沿革、有关背景材料、历史与现实状况等。可因文而异，但都要力求紧扣文章中心，不要求全贪多离题太远。

　　——调查结论或调查报告的基本内容，或开门见山说明调查结论、文章主旨，或介绍调查报告的基本内容，或提出调查报告所要回答的问题。

　　不同的调查报告，对这些内容可有不同取舍和侧重，但都要紧扣中心，写得简明扼要。有的调查报告也可不要导语，开篇即主体内容。

　　（2）主体。这是正文的主要部分，调查到的基本事实或主要情况、归纳出来的成绩问题、分析得来的经验或教训、抽象出来的规律，都写进这一部分。要写好这一部分，应注意以下几点：

　　①以调查得来的事实材料为基础，注意观点和材料的统一。调查报告主要是凭事实说话的，因而材料就是支撑调查报告尤其是其主体的基础。在一些以反映情况、总结成绩或者揭露问题为主的调查报告中，材料的叙说常常占据主要篇幅；在一些注重探索工作规律、分析研究工作经验或教训的调查报告中，虽然比较注意理论色彩，但也离不开大量事实的叙说，也是以材料为基础的。使用好材料，是写好调查报告的关键环节。

　　一要充分运用确凿、典型的材料，才能客观公正地说明问题，支撑观点，使读者信服。材料充足、全面，涉及量的要求；真实、确凿、典型，涉及质的要求。材料必须是充足丰厚而不是零乱的；是全面有序而不杂乱堆砌的；是围绕中心、服务于中心而不是与中心无关、多而无用的。至于典型的材料，不能是那种虽然根据突出，但却是孤立的、个别的、不具代表性的"典型"，而应该是从调查得来的众多材料中筛选、归纳出来的、能代表事物的整体水平和发展趋势、反映事物本质的典型。

　　二要善于运用材料，尽可能运用比较的材料说明问题，如用先进与后进的材料对比、好的典型与差的典型材料对比、正面与反面材料对比、历史和现实材料对比、点上和面上材料对比、个别和整体材料对比等等，以便更鲜明地说明问题。

　　三要注意观点和材料的统一，用材料说明观点，用观点统率材料。

　　调查报告要对调查的材料加以研究，从中归纳、提炼出观点。如果只罗列材料，缺乏有价值的观点，不仅材料没有价值，调查报告也失去了价值。如果没有材料，也就无从提炼观点；因此，要注意观点和材料的有机结合。提炼出观点后，也就应围绕观点从"可能有用"的材料中，来选择"必然有用"的材料；要恰当地组织安排材料；精心地用材料来说明观点，证明观点。不能让观点和材料脱节，南辕北辙；不能空发议论，观点多，事实少，把材料淹没在观点中，使调查报告十分空洞，不伦不类；也不能拔高观点、无法用调查到的材料说明这类外加的、"有深度、有高度"的观点,"帽子"大,内容小。

在调查报告中,可以精心选用典型材料说明观点,或者用一个材料说明观点,或者用几个材料说明观点,或者把观点融合在对材料的叙述之中。

②选择恰当的结构形式。调查报告的主体常采用以下两种结构形式组织安排材料;一是纵式结构。可以按事情的发生、发展的先后顺序组织材料,说明、分析问题。这种方法线索单一,脉络清楚,既使读者了解事情的来龙去脉,又从中得到经验教训。适用于事情比较单纯的、注重反映事件全貌的调查报告。也可以按提出问题——分析问题——解决问题的认识过程安排材料,由浅入深层层深入地分析问题,得出结论。

二是横式结构。这是把主体部分的内容,按照事物内部或外部的联系,进行分类归类。把材料分成一个问题的若干方面或者并列的若干问题,从不同的角度去阐述,去说明。从内容上看,这些并列的项目可以分别是各种情况、各项工作、各项成绩或问题、各类看法和意见、各种因素或原因、各方面经验或教训、各种规律等等。从形式看,上述内容总是分条列项有序地横列在一起,而每条每项每部分先提炼出一个观点作小标题或者段首(条首、部首)句,有时每条每项还标出序号。这样,从形式到内容都显得眉目清楚,层次分明。

这两种基本结构形式也不是一成不变的,两者也常综合使用,特别是纵式结构的某一部分中,常又包含着横式结构。

(3)结尾。这是调查报告的结论部分,是全文的结束语,应写得简短自然、干净利落、收束有力。根据不同内容,常用如下类型:①根据对情况的调查、分析,对调查对象作出定性结论。②总结全文、深化主旨,以加深理解;③从更广阔的背景上强调调查结论的普遍意义。④简明扼要提出解决问题的措施、办法和意见、建议;⑤展望前景,指出方向,发出号召希望,鼓舞人心。

也有不少调查报告在主体部分已把有关内容讲清楚了,就不再另立结尾部分,而以主体部分的结束作结。

(三)落款

落款注明发文单位(或撰稿者)、时间。

【例文一】

城镇解放思想调查报告

为认真贯彻落实《关于组织开展专题调研活动的通知精神》(雄解办[2008]9

号),深入开展好解放思想大学习大讨论活动,切实找准制约发展的因素和需要破解的难题,确保解放思想大学习大讨论取得实实在在的效果,我于三月中旬,就关于建设富裕文明、和谐安康的粤北门户城市专题,深入到建设系统各单位、各建筑施工企业、房地产开发企业,走访了20多个单位、部门和开发商老板,对如何拓宽城市框架,提升城市品位,推进城市建设的制约因素等进行了调查,掌握了当前城市建设工作的现状、面临的困难和不足,明确了进一步解放思想,稳步推进城市建设工作的对策。

一、当前存在的问题和不足

1. 思想解放不够,城市规划与建设粤北门户城市的要求还存在一定差距。近几年来,我市的城市建设工作坚持高起点规划的原则,加强科学规划,分类指导,进一步做好区域内功能布局、交通通信、供排水、供电等专业规划的制定工作,不断完善基础设施和公共设施建设,为城市经济提供良好的发展空间,有效地促进了全市经济持续快速发展。但是,现有的规划与建设粤北中等城市和打造粤北门户城市的要求还存在一定的差距,还缺乏科学的调查研究及区域规划的统筹协调,国土、水利、园林等相关规划衔接方面已不能完全适用经济迅速发展的需要,特别是两路的相继开工建设,我市的城市建设迎来了新的发展机遇,原有的城市总体规划滞后城市的发展趋势。

2. 思想认识不到位,城市管理有待加强。近年来,由于我市加大了城市改造力度,稳步推进城市建设经营工作,城市范围不断扩大,新增了许多街道,城市面貌发生了巨大的变化。同时,随着市民物质文化生活的不断提高,市民对城市管理工作的要求也越来越高,加强城市管理工作的呼声也越来越强烈。但是,由于政府对城市管理工作的财政投入没有相应跟上,造成市政维护资金严重不足,日常工作无法正常开展,部分街道"脏、乱、差"严重,且在一定程度上存在"重建设、轻管理"的倾向,致使一些基础设施及小区建设起来后,管理工作跟不上,影响城市整体形象。

3. 思想解放不够,建管工作难到位。由于建筑管理面临新的形势,实行新的政策,但我市现在的建筑施工各类技术人员较少,如项目经理,专职安全员、架子工、电工、提升机操作工均供不应求,对施工现场动态管理带来不利因素,既不利于规范建筑市场,又不利于安全生产和工程质量。

4. 思维方式还不完全适应市场经济的发展要求,拓宽城市建设渠道还有潜力。几年来的城市建设虽然取得重大突破,但以市场手段的方式来推进城市建设的力度还不够大,思路还不够广,挖掘城市有形资产和无形资产的深度和广度还有待延伸,城市建设的潜力还有待进一步挖掘。

5. 城市房屋拆迁工作难度加大,还没有找到切实解放拆迁闹访、越级上访的办法。由于外部环境等多种原因影响,在房屋拆迁中被拆迁户不配合、漫天要价,少数人为达到个人目的,煽动被拆迁户阻碍拆迁,少数拆迁户闹访、越级上访,使城市房屋拆迁工作难度不断加大,城市房屋拆迁进展缓慢,严重地制约城市的稳步推进。

二、进一步拓宽城市框架,提升城市品位,推进城市建设的措施对策

围绕建设宜居宜商宜业的粤北门户城市,我们必须进一步解放思想,更新观念,以大力推进城市化为中心,以服务全市经济发展、服务全市工作大局、服务城乡建设事业发展为己任,突出热点,主攻难点,打造亮点,团结拼搏,开拓进取,努力为全市经济和社会发展创造一个充满生机活力的服务载体和发展平台。

(一)以思想大解放推进城乡建设新一轮大发展,努力营造良好的发展环境。

1. 搞好城乡规划,编制一个高质量的城乡规划蓝图,优化发展布局。高质量的规划能够充分利用社会资源,降低城镇发展、建设成本,增强城镇竞争力,推进城镇和区域经济的快速发展,反之就会出现重复建设,建了又拆,拆了又建,浪费社会资源,进而阻碍城镇和区域经济的发展。所以,规划工作必须充分运用城镇体系规划的成果,与土地利用总体规划等相关规划相协调,高起点,超长远抓好各项规划,引导我市城镇健康、可持续发展。一方面,要以新一轮总体规划修编为契机,强化城市中心区和重点地段的详细规划,逐步完善规划体系。一是抓好高速公路出口引线工程和粤赣铁路城区引线工程两侧控制性规划设计,做好北城区控制性规划设计;二是抓好深圳宝安区沙井(南雄)产业转移园和小岛产业转移园的规划设计工作;三是抓好城区各组团开发项目的详细规划设计,力争近期建设的控制性详规覆盖率达 100%。四是大力实施新一轮的村镇规划修编,逐步完善各乡镇总规和详规,并积极倡导开展示范村建设。另一方面,要抓好规划的实施,严格按照城镇规划要求使用建设用地,积极推进控制性详规指导下的土地挂牌出让制度,明确用地性质、建筑密度、容积率、绿地率,集约合理使用土地,最大限度地为政府实施城市经营,增加财政收入做好服务。

2. 加快城市建设,优化城市载体功能。一是要抓好基础工程。启动仓前街的改造建设工程,抓好青云东路东出口建设工程、雄州大道西出口建设工程(金叶大道至环城路);继续抓好金竹园市场改造项目、梅关农土特市场和电影院等项目的改造建设;尽快形成布局合理、设施完善的路网格局。加大城市排水、垃圾清运、收集、处理、停车场、公厕等设施建设力度,逐步完善城市功能。二是要抓好品位工程。以"城在绿中,绿在城中"为建设目标,大力实施绿化,加快工业园区公共绿地,一河两岸河滨公园改造和城区绿化改造。积极开展创建园林化单位活动,引导增绿扩绿。三是住宅工程。积极抓好金鹏花园、华瑞小区、城市花园、建设新区、金竹园小区、新岭南住宅小区等项目建设,提高居住水平和质量。并积极推进住宅小区物业管理,扩大物业管理覆盖面,进一步优化人居环境。

3. 统筹城乡发展,服务小城镇建设。在加快完善镇、村两级规划的基础上,大力做好乡镇总体规划的实施。同时,积极抓好示范村的建设,按照村庄规划要求实施重

点改造，配套完善设施，开展"三改"(改水、改路、改厕)，整治"脏、乱、差"和"空心村"，引导农民集中连片建房，提高农村建设用地利用率。

4. 要坚持依法行政，依法办事，加强监管，稳步推进城市改造拆迁安置工作。要严格规范操作规程，严格执行《国务院办公厅关于加强控制城镇房屋拆迁规模严格拆迁管理的通知》的精神，用科学的发展观和正确的政绩观来指导拆迁安置工作，按照城市总体规划和建设规划，制止和纠正房屋拆迁中违法违规行为，坚决纠正老城改造拆迁中侵害人民群众利益的各种行为，维护群众的合法权益，从而，为城市建设工作奠定良好基础。

(二)进一步解放思想，充分挖掘城市潜在资源，拓宽城市建设渠道。

要坚持"三个有利于"的标准，坚持用改革来破除体制障碍，用创新来摈弃思维定式，用创造来求解发展难题，敢于做一些"惯例没有、周边地区没有、领导讲话里暂时还没有"的创造和突破，通过创新创造，实现城市建设科学发展，加快推进。

1. 创新工作思路，拓宽城市经营的途径。几年来，我市的城市建设经营工作之所以能够取得历史性的突破，是因为思想认识到位，观念转变及时的原因。当前，在各项工作都取得了历史性突破，社会各界对城市工作要求越来越高的新情况下，我们必须重新审视城市建设，确定好城市建设的经济地位和经济属性，继续坚定用市场的手段来推进城市建设。

2. 改革城市建设投资模式，建立多元投资机制。进一步推进城市建设经营工作，必须充分发挥政府在市场经济中的主导作用，改政府直接投资为间接投资，由原来的建设项目经营者转变为整个城市建设的总体设计者和项目投资与实施的监管者。

3. 把城市存量资产由"公用产品"变为"城市商品"。城市建设最难的是资金问题，在市场经济条件下，必须运用市场经济的手段，优化城市资源配置，搞好城市资产的集聚、重组和运营，把城市资产中可以经营的部分和生产要素推向市场。一是要经营好城市的土地资源，走以地生财，滚动发展的路子，使土地收入成为城市建设的主要资金来源。二是要盘活市政公用设施。城市存量资本中，市政公用设施长期作为"公用产品"，被社会共享，大量的资本被闲置或低效运作，城市政府不得不拿出相当一部分资金用于维持资本的简单再生产。同时，其他社会投资主体又无法进入。因此，必须明晰产权，将其所有权与经营权剥离开，通过拍卖、出售、租赁、重组，将低效运作的市政公用设施的使用权推向市场，在交易中实现其价值。目前，我市的广告经营已经取得了突破，其他的市政公用设施的维护和管理等也可进行相应的尝试，通过市场的运作来挖掘潜力。三是要盘活城市延伸资本。城市空间、自然人文景观、历史文化遗产、城市特色文化、生态环境等，这些是城市派生又独立于城市有形资产之外的延伸资本，是构成城市资产的重要组成部分。过去，对这些资产只注意了社会效益而忽视了经济效益,随着市场经济的发展,这些城市延伸资本的商业价值得到提升。如果引入市场机制,对这些资产进行市场化运作,也可以创造很多的经济效益,从而提高城市基础设施自我积累、自我发展能力,较好地实现基础设施建设的良性循环。

(三)强化综合管理,提高城市文明水平,营造和谐新环境。

实现高水平的城市综合管理是城市发展的必然要求,也是城市现代化的重要保证,是建设和谐南雄的重要组成部分。因此,我们要按照科学化、网络化和法制化的要求,进一步改革和完善城市管理体系,全面提升管理水平,使规划、建设、管理协调一致,不断提高城市文明水平,为建设和谐南雄贡献力量。一是要抓好建筑市场的管理。贯彻落实好建筑法、招标标投法等法律法规,严格执行法定建设程序,切实加大建筑市场监管力度,完善制度,强化监督,加强对中标后的跟踪监督,实行"市场和现场"联动,综合治理转包、违法分包等问题。二是抓好质量和安全生产的管理。认真贯彻落实建设工程质量管理条例和工程建设强制性标准条文,积极稳妥地推进政府质量监督改革,进一步完善工程质量和安全生产工作联动工作机制,全面推进工程竣工验收备案制度,严抓工程质量和安全生产工作的管理。同时,逐步规范乡镇建设,将农村建房,特别是乡镇工程纳入规范管理,切实加强对乡镇建设的监督管理。要继续加强燃气的监督管理,加大日常检查工作力度,重点检查燃气行业安全生产中的薄弱环节,严厉查处违反安全生产的行为,督促抓好存在安全隐患部位的整改,确保安全生产工作不留漏洞。三是要加强市容市貌管理。坚持以构建社会主义和谐社会为目的,把提高城市管理水平和维护人民群众的根本利益相结合,进一步理顺城市管理体制,建立城市管理的长效机制,通过健全城市管理的规章制度,制定一系列符合南雄实情的规章制度,建立起一套与社会主义市场经济相适应的城市管理法规体系,使城市管理真正转变到"法治"上来,并朝着法制化、规范化方向发展。同时,要以卫生、整洁、有序、文明为核心,明确和抓好市容市貌管理这一重点,坚决制止"脏、乱、差"和各种违法违章行为,保证市容环境和卫生,从而,确保城市全面协调发展,提高城市综合承载能力。

(四)解放思想,扎实工作,加强自身建设,努力提高服务质量。结合机关效能建设和"南雄富不富关键靠服务"等活动,紧扣机关效能建设主题,扎实开展自身建设。实施政务公开、阳光作业,进一步规范行政审批程序,整合机关管理要素,坚决取缔不必要的程序,切实改进工作作风,创造一种提速提效提质、周到周全周密的服务环境。经常性组织召开座谈会,将联系群众作为一项制度长期坚持下去,广泛倾听外商和基层群众呼声,听取促进经济发展的有关意见,积极为企业发展牵线搭桥、献计献策。抓紧建立行政审批监管系统,建立和完善企业信用档案,为外商和群众提供优质、高效、便捷的服务。

【例文二】

社会实践调查报告：调整农村和农村经济结构

7月22日我们工程学院暑期三下乡社会实践小组一行14人来到平度市崔家集镇周家村，开展大学生暑期三下乡社会实践活动。在周家村的五天中，我们开展了许多活动，和小学生联欢、与当地青年座谈、为小学生义务辅导功课，深入农民之中调查研究等等。在农村里，我们学到了好多书本上学不到的东西，同时也看到了一些问题。这是我们这些大学生第一次如此热衷于农村问题，并且如此深入地思索农村问题。其中大家关心最多，也是讨论最多的，就是农村经济的发展问题。

进入二十一世纪，我国将开始实施第三步战略部署，全面建设小康社会，加速推进现代化进程，对农业将提出更高的要求。我国的经济结构能否顺利调整，国民经济能否发展得更快一些、更好一些，在很大程度上取决于农业基础是否稳固。只有加强农业基础，确保农产品供给，才能顺利推进工业化和城镇化；只有加强农业基础，开拓农业市场，才能支持国民经济的快速增长。

农业效益和农民收入问题不仅关系到农村的改革、发展和稳定，而且关系到国民经济和社会发展的全局。"十五"规划纲要提出，必须高度重视农民收入问题，把千方百计增加农民收入作为做好新阶段农业和农村工作、推进农业和农村经济结构调整的基本目标。

靠天吃饭是几千年来中国农民祖祖辈辈唯一的谋生手段，但是随着时代的发展，这种方式显然已经不能满足时代的需要。农业发展进入新阶段后，农业生产受到资源和市场的双重约束，市场风险增加。在经济全球化的大背景下，我国农业将面临更大的竞争压力。根据江泽民同志"三个代表"的思想，周家村两委在调整农业和农村经济结构，拓宽农业增效农民增收的领域上做文章。吸引外资和引进国外先进技术，带领全村人走上了致富之路在产品供求关系发生变化、市场竞争加剧的情况下，必须对农产品的品种结构进行调整，面向市场，依靠科技，进一步加强优质品种的引进、选育、繁育和推广工作，尽快淘汰和压缩劣质品种，全面优化农作物品种结构，发展优质高产高效种植业。他们为村民们联系了韩国的育种辣椒和西瓜，辣椒2000元/亩，西瓜4000元/亩，西葫芦5000元/亩，环绕村子还种了5000棵柿子树，每棵树收入200多元，年人均收入3800元。

虽然取得了这么大的成绩，但村两委并没有故步自封，他们清楚地知道要想再发展农村经济，还是要想办法，上项目。我们觉得要想拓宽农业增效农民增收的领域，还要在以下三点上想办法：

一、发展农业社会化服务

鼓励农民服务组织创新，培育经纪人队伍，加强农业质量标准体系、农产品质量检测检验体系和市场信息体系建设,加快制订或修订农业行业标准和重要农产品质量标准,推广采用国际标准,创建一批农产品标准化生产示范基地。加强农村市场体系建设,有计划地兴建或扩建一批农副产品批发市场和科技、劳务等要素市场。搞好农业服务,大力推广优良品种,引导农民发展优质高效经济作物;搞好对农民的科技教育和培训,组织技术人员深入到农户,及时为农民提供技术指导和服务。

二、大力推进农业产业化经营

农业产业化经营,是在坚持家庭承包经营基础上推进规模经营和农业现代化的有效途径,也是加快农业结构战略性调整的重要带动力量。

1. 鼓励采取公司加农户、订单农业等多种形式。要采取财政、税收、信贷等方面的优惠政策,扶持重点龙头企业发展。从信息、技术、资金等方面为龙头企业搞好服务,支持龙头企业建设农产品生产、加工和出口基地,引进、开发和推广新品种、新技术,支持农产品加工企业、销售企业和科研单位带动农户进入市场,与农户形成利益共享、风险共担的经营机制。合理调整农业生产区域布局,发展特色农业,形成规模化、专业化的生产格局。推进农业机械化,提高劳动生产率,降低农产品生产成本。

2. 提高农产品加工水平和效益。农产品的转化主要是发展畜牧业和水产养殖业。目前,我国农产品加工业水平还很低,通过运用高新技术,实行对初级产品的深加工,还可以为农产品的增长提供极为广阔的市场空间。要加快农产品加工技术和设备的引进开发,发展农产品销售、储运、保鲜等产业,积极促进初级农产品的转化和加工,不断开发名、优、特、新品种,搞好优良品种的繁育。

3. 扩大对外开放,发展创汇农业。"十五"期间,我国将加入世贸组织,要以此为契机,千方百计引进国外资金、先进技术和管理经验,促进我国农产品结构调整优化和升级。建设农产品出口创汇基地,重点扶持和扩大畜禽、水产品、水果、蔬菜、花卉及其加工品等劳动密集型产业、特色产品和有机食品的出口。有计划地组织劳务输出,参与国外农业开发、水利工程承包等。

三、积极有序转移农村富余劳动力

促进农村富余劳动力逐步从种植业向多种经营、乡镇企业和小城镇转移,是提高农业劳动生产率的必由之路,也是使农村丰富劳动力资源得到充分利用、多渠道增加农民收入的客观需要。

1. 向农业的深度和广度进军。引导农民更多地从事非农产业,要立足当地资源优势,重点发展农副产品加工、储藏、保鲜、运销等行业,加快改造传统工业,积极发展商业、运输、饮食服务、旅游等劳动密集型产业。

2. 发展个体私营企业和乡镇企业。通过深化改革,完善机制,充分调动投资者、经营者的积极性,引导乡镇企业加快调整产业和产品结构,加快科技进步和体制创新,积极发展高新技术产业和名、优、特、新产品,加快农村富余劳动力转移,提高乡镇企业的科技水平和竞争能力。

3. 加快发展小城镇。小城镇是转移农民的基地,是二、三产业的载体,对增加农民收入具有强大的带动作用。有选择的培育一批重点的中心集镇,努力在城镇投资体制、土地使用制度改革等方面取得突破,使小城镇成为农村经济发展的重要增长点。

4. 鼓励、支持和组织农民开展劳务输出。采取多种形式,通过多种渠道,把农村富余劳动力组织起来,到大城市和沿海开放城市务工经商,加快促进农村劳动力向非农产业转移步伐。

这次三下乡活动虽然早已结束,但它给我们留下了许多思考,使我们这些读圣贤书的人也开始关心窗外事。它时时刻刻提醒我们,在生活着九亿多农民的广大农村中,还存在着许许多多这样或那样问题,那里的经济还不够发达,那里的政治体制还不够健全,非常需要我们这些大学生为祖国的繁荣昌盛,为人民生活水平的整体提高,为农村经济的快速发展,尽自己应尽的一份力,作出自己应做的一份贡献!

第 12 章   商洽性与纪要性公文

12. 1   商洽性公文

函,是平行机关或不相隶属的机关之间,相互商洽和联系工作、询问和答复问题时常用的一种公文文体。这种平行公文,一般不具有指挥或指示作用。但在实际工作中,上下级机关之间联系工作,询问、答复或通知某些政策性问题时,也往往使用函。这种函件则具有一定的指示性和指挥性。

函的使用范围非常广泛。机关之间联系工作,凡是不便使用其他公文文种的,都可用函行文。与其他公文相比,函还具有简便灵活的特点。它的篇幅比较简短,行文比较自由。虽然也按照一定的写作格式,但又不受公文规定的严格限制,作为纯事务性的便函,还可以不使用公文文头,不编号,不归档。

从性质和内容上划分,函可分为以下三类:

一、商洽性函

平行机关之间相互商洽或联系工作的函,称为商洽性的函。这类函篇幅短小,文字精练,使用方便,较多地用在商调干部、联系事务、查询或了解人和事等方面。这类函的正文一般包括两个部分:

(1)商洽原因:写明发函的原因。

(2)商洽事项:明确提出所要联系的商洽事项的具体内容,特别要注意写清对对方的要求与希望。

二、询问性函

询问性函为向对方询问有关问题,有时也可以简述某一事项,提出处理意见,请求对方给予答复时使用。这类函件的正文一般也包括两个方面:

(1)询问缘由:说明询问的目的或者原因,亦可以叙述有关情况,以使对方了解所询问的问题的由来。

(2)询问内容:明确而具体地写明所询问的问题。

三、答复性函

答复性函为答复对方来函所询问的问题时使用。上级机关对下级机关一般性问题的请示,除批复外,亦可用函给予答复。这类函件的正文分为三个层次:

(1)告知情况。说明对方来函收悉,并在简要复述对方所询问题或所提出要求后,用"经……研究,现答复如下"承上启下,过渡下文。

(2)答复意见。针对来函内容,给予明确、具体的答复。

(3)结尾。最后以"此复"、"特此函复"或"谨作答复"等作结尾,也可以不写。

【例文一】

环境保护部办公厅函

环办函〔2008〕870 号

关于批准山东农业大学恢复建设项目环境影响评价工作的函

山东农业大学:

根据我部《关于北京永新环保有限公司等 8 家机构环境影响评价问题处理意见的通报》(环办〔2008〕28 号)的要求,你校于 2008 年 5 月 26 日至 2008 年 11 月 25 日期间进行了内部整改。经查,你校通过六个月的内部整顿和学习,对环境影响评价工作重要性有了较深刻的认识,在内部管理方面采取了有效的改进措施,并达到了整改要求。现整改期已满,我部批准你校恢复建设项目环境影响评价工作,自即日起可在资质证书规定的等级和评价范围内承担环境影响评价工作。你校应吸取教训,严格按照相关要求开展环境影响评价工作,进一步提高业务水平,认真抓好各项质量保证措施和内部规章制度的落实。

2008 年 12 月 1 日

主题词:环保　环评　资质　函

抄送：山东省环境保护局，环境保护部环境工程评估中心。

（选自中华人民共和国环境保护部网站）

【例文二】

环境保护部办公厅函

环办函〔2008〕877 号

关于征求《地方环境质量标准和污染物排放标准备案管理办法》
（征求意见稿）意见的函

各有关单位：

　　为贯彻《中华人民共和国环境保护法》、《中华人民共和国大气污染防治法》和《中华人民共和国水污染防治法》，加强和规范地方环境保护标准及其备案工作，我部决定对《地方环境质量标准和污染物排放标准备案管理办法》（国家环境保护总局令第24 号，以下简称《办法》）进行修订。现将该《办法》征求意见稿和编制说明印送给你们，请研究并将修改意见于 12 月 30 日前以书面形式反馈我部。

　　联系人：环境保护部科技标准司　张国宁

　　电话：(010)66556216

　　传真：(010)66556214

　　附件：1. 征求意见单位名单

　　　　　2. 地方环境质量标准和污染物排放标准备案管理办法（征求意见稿）

　　　　　3. 地方环境质量标准和污染物排放标准备案管理办法（征求意见稿）编制说明

2008 年 12 月 3 日

　　主题词：环保标准备案办法函

（选自中华人民共和国环境保护部网站）

【例文三】

环境保护部办公厅函

环办函〔2008〕725 号

关于征求进口废物管理目录(2009 年)(征求意见稿)意见的函

　　国家发展改革委、商务部、海关总署、质检总局办公厅，各省、自治区、直辖市环境保护局(厅)，新疆生产建设兵团环境保护局，各有关单位：

　　为规范固体废物进口管理,防止进口固体废物污染环境,根据《中华人民共和国固体废物污染环境防治法》、《控制危险废物越境转移及其处置巴塞尔公约》等法律法规,原国家环境保护总局、商务部、国家发展和改革委员会、海关总署、国家质量监督检验检疫总局于 2008 年 1 月公布了《禁止进口固体废物目录》、《限制进口类可用作原料的固体废物目录》和《自动许可进口类可用作原料的固体废物目录》(以下简称"进口废物管理目录")。

　　根据 2008 年进口废物管理目录执行的情况,我部对进口废物管理目录进行了修订和增补,形成了 2009 年进口废物管理目录,现印发给你们,请研究并提出书面意见,并于 2008 年 11 月 5 日前将意见反馈我部。

　　联系人:环境保护部污染防治司　张嘉陵

　　联系电话:(010)66556255

　　传真:(010)66556252

　　Email:zhang. jialing@mep. gov. cn, swmd@mep. gov. cn

　　通信地址:北京市西直门内南小街 115 号

　　邮政编码:100035

　　附件:1. 禁止进口固体废物目录(2009 年)(征求意见稿)

　　　　　2. 限制进口类可用作原料的固体废物目录(2009 年)(征求意见稿)

　　　　　3. 自动许可进口类可用作原料的固体废物目录(2009 年)(征求意见稿)

　　　　　4. 有关单位名单

2008 年 10 月 10 日

主题词:环保进口废物目录征求意见函

(选自中华人民共和国环境保护部网站)

【例文四】

中国科学院××研究所
致××大学商洽建立全面协作关系的函

××大学:

　　近年来,我们研究所与贵校在一些科学研究项目上互相支持,取得了令人满意的成绩,建立了良　　协作基础。为了巩固已取得的成果,取得更大的成就,建议我们双方今后能进一步在学术思想、科学研究、人员培训、仪器设备等方面建立全面的交流协作关系,特提出如下意见:

　　一、定期就共同关心的学术问题举行所、校之间的学术讨论与学术交流;共同分析国内外同行的项目动态和发展趋势；互相参加对方组织的学术年会及专家讲学活动；互派专家参加对方的学术组织对科研发展方向、任务和学位、学术论文及重大科研成果的评审工作。

二、根据所、校各自的科研发展方向和特点，对双方共同感兴趣的课题进行协作。协作形式和办法视课题性质和双方条件，制定单项协议。

三、根据所、校各自人员配备情况，校方在可能条件下对所方研究生、科研人员的培训予以帮助，所方为学校学生、研究生的毕业论文提供指导。校、所双方教学科研人员对等地承担对方一定的教学科研工作，享受同原单位职称相应的待遇。

四、双方每年进行科研计划交流以便掌握方向，协调分工，避免重复。共商协作项目，使双方有所侧重与分工。

五、双方科研教学所需高、精、尖仪器设备，在可能情况下向对方提供利用，并协助做好测试工作。双方的附设工厂车间，相互给予科研和实验设备加工的方便。

六、加强图书资料和情报的交流。

以上各项，如蒙同意，建议互派科研主管人员就有关内容进一步磋商，达成协议，以利工作。

特此函达，请即研究函复。

中国科学院××研究所

××××年×月×日

12.2　纪要性公文

一、概述

会议纪要是用于记载传达会议情况和会议议定事项的公文。

它有如下特点：

(1)内容的纪实性。它是在会议后期或者会后根据会议记录和各种会议材料整理而成的，注重真实、客观、准确、全面地反映会议情况和会议精神，不容随意深化、拔高。

(2)表述的纪要性。它不像会议记录那样对会议发言和会议内容逐一记载，它是对会议结果的择要归纳。

(3)作用的限定性。它只对与会单位、与会人员有约束力，要求他们共同遵守、执行会议议定事项。若需在更大范围内发挥作用，则要由领导机关用"通知"下发执行。

二、会议纪要的分类和作用

根据会议性质的不同,会议纪要可以分为两类:办公会议纪要,其他会议纪要。

办公会议纪要用以传达机关、单位召开的办公会议研究的工作、议定的事项和布置的任务,要求与会单位和有关方面、有关人员共同遵守执行。

其他会议纪要指专门工作会议、专题讨论会、座谈会、学术研究会等会议形成的纪要。这类纪要,有的起通报会议情况的作用,使有关人员尽快知道会议的基本情况和主要精神;有的具有指导作用,它所传达的会议精神,是指导有关方面开展工作的。

根据写法的不同,会议纪要又可分为决议式纪要、概述式(综合式)纪要和记录式纪要三种类型。

三、会议纪要的写作

会议纪要的正文一般由会议概况、议定事项和希望要求三部分组成。

会议概况是正文的开头,主要是用简短的文字介绍会议的名称、召集单位、议程、时间、地点、进行情况等。

议定事项是正文的主体,其内容是对会议讨论研究和议定事项进行归纳整理,概括出来的要点,主要反映会议研究了什么问题、提出了什么意见、作出了什么决定。这一部分有分类式、归纳式、概述式和记录式四种基本写法。总的要求是在原始记录的基础上,经过认真的综合整理,突出重点,概括其要点,准确而完整地表述会议的主要精神和决定的事项,以便遵照执行。前三种写法,多用"会议认为"、"与会者指出"、"会议决定"等作引语,来叙述会议的综合意见。

希望要求是会议纪要的结尾,有时可以省略,主要作用是号召有关单位贯彻会议精神,努力完成会议提出的各项任务。

【例文一】

陕西省与铁道部签署加快陕西铁路建设会议纪要

12月4日下午,铁道部与陕西省在北京就加快陕西铁路建设有关问题进行会谈,并举行会议纪要签字仪式。

铁道部党组书记、部长刘志军,省委书记、省人大常委会主任赵乐际,省委副书记、省长袁纯清,省委常委、副省长洪峰,省委常委、省委秘书长魏民洲等出席会议和签字仪式。铁道部副部长陆东福主持签字仪式。

会谈中,刘志军代表铁道部对陕西省领导到北京参加会谈表示热烈欢迎,衷心感谢陕西省委、省政府长期以来对铁路工作的大力支持和关心。他说,陕西是我国西部的重要省份,区位优势和资源优势十分明显。抓住国家扩大内需、促进经济增长的机遇,充分发挥自身优势,加快陕西经济社会发展,需要铁路发展与之相适应。近年来,在陕西省委、省政府的正确领导下,经济社会发展很快,取得了显著成效。随着进一步发展,对加快铁路建设提出了新的更高要求。陕西省积极构建新的铁路交通网,将为经济社会又好又快发展搭建新的平台。这一纪要的签署,不仅标志着陕西省和铁道部双方在新形势下良好合作的开始,而且标志着陕西新一轮铁路建设高潮已经拉开了序幕。签署的项目实施后,陕西交通枢纽的地位将进一步体现,对区域经济发展的影响将进一步加强。

刘志军表示,铁道部将以实际行动,一如既往地支持陕西的铁路建设,认真落实会议纪要的有关要求,全力加快铁路项目前期工作,按期完成项目任务。铁道部将与陕西省委、省政府和全省人民同心协力,共同推进铁路建设。

赵乐际代表省委、省政府向长期以来关心和支持陕西铁路建设的铁道部领导表示衷心的感谢,对铁道部不断推进铁路快速发展表示由衷的敬意。他表示,我们将举全省之力,抓住千载难逢的历史机遇,与铁道部一起努力建设好铁路,把会议纪要描绘的蓝图尽快变为现实,真正发挥陕西作为西北地区桥头堡和交通枢纽的作用。

袁纯清在会谈中说,会议纪要的签署,为我们勾画了陕西省加快发展的良好前景,令人鼓舞,铁道部的大力支持使我们很受感动。签署的项目建成后,不仅会有力促进陕西经济社会发展,而且将会为全国发展作出新的更大贡献。我们将千方百计筹措资金,把项目落实好。

洪峰说,陕西省提出了"十二五"及以后一个时期,重点推进十多个铁路建设项目,得到国家发改委和铁道部的大力支持,并纳入国家中长期铁路网调整规划,成为部省新一轮加快陕西铁路建设会议纪要的主要项目。陕西将以这次签署部省会议纪要为契机,采取新的有效措施,为实现铁路建设跨越式发展作出新的贡献。

会议结束后,刘志军和袁纯清分别代表铁道部和省政府签署了《关于加快陕西铁路建设的会议纪要》。

铁道部总经济师兼财务司司长、副总工程师兼经济规划研究院院长以及办公厅、发展计划司、西安铁路局负责同志参加会议。陕西省参加会议的有省政府办公厅、省发改委、省财政厅、省国土资源厅、西安市政府、省铁路建设投资集团负责同志。

(选自中央政府门户网站　www.gov.cn　2008 年 12 月 05 日)

第 13 章　典型材料

13.1　典型材料的作用

在基层工作中,经常用到"典型材料"这种文体。所谓典型材料,就是按照上级机关的要求整理上报或在一些场合中使用的反映和宣传各项工作中,涌现出来的有代表性的人物和事件的一种应用文体。典型有正反之分,那么典型材料也就有反映正面的典型材料和反映反面的典型材料。就正面的典型材料来说,又分为单位典型材料和个人典型材料两类。单位典型材料侧重于介绍典型群体所取得的成绩和成功的经验;个人典型材料则多是通过介绍个人的先进事迹以反映其思想品质。

典型材料包括正面典型材料和反面典型材料。这里所说的正面典型专指现实生活中具有代表性的先进单位和先进人物等正面典型,典型材料就是对这些单位和先进人物的思想、事迹进行介绍,借以用示范的方法推广先进思想和先进经验的文字材料。

典型材料有广义与狭义之分,广义的典型材料包括各种形式的反映先进人物和先进事迹的材料,如通讯、特写、报告文学等。狭义典型材料专指按上级机关的要求整理上报或在一些场合中使用的反映和宣传各项工作中,涌现出的有代表性的人物和事件的一种应用文。

典型材料是把先进集体或先进人物的事迹,或把犯错误个人、发生问题单位的情况加以综合整理而写成的书面材料。整理典型材料的目的在于研究问题,推动工作。因此,典型材料应确实具有典型意义。

典型材料的主要功能是如实反映工作中涌现出来的先进人物、先进集体的模范事迹,为评选表彰先进、宣传教育服务。典型材料有不同的分类方法:一是按表彰和宣传对象分为先进个人典型材料、先进集体典型材料。二是按表彰和宣传内容分为综合类先进典型材料、专项类先进典型材料。三是按先进等级分为单位内先进典型材料、上报先进典型材料。四是按表达方式分为总结式典型材料、通讯式典型材料。

榜样的力量是无穷的，它犹如平静的池塘里投入一块石头，可以激起千层浪；犹如荒原上的星星之火，可成燎原之势。所以说，如何培养、挖掘典型以及充分发挥好典型的作用，至关重要。

要充分发挥好典型的带头作用，写作时就要从以下几点出发：

一、调查了解，胸有成竹

典型材料的写作，也像其他文体一样，首先要调查了解。包括普遍调查、重点调查、专题调查、统计调查、个别调查、开会调查、当面调查、背后调查等。在写典型材料之前，主要调查以下几个方面：

通过调查，了解典型的主体事迹。使典型事迹在作者的脑子里形成一个笼统的，然而又是美好的印象，从而产生对典型热爱的感情和写作欲望。

通过调查，了解典型事迹的具体情节。使典型材料中的人、物、事、状，全面具体、生动形象。

通过调查，了解典型的心理活动。典型，特别是典型人物，在他们创造英雄事迹的过程中，总是有其心理活动的。如果把这种真实的心理活动挖掘出来，就能看出典型成长的曲折过程，或者看出他高大形象的思想基础，从而使笔下的典型更真实、更丰满、更令人可信。

通过调查，了解典型的矛盾和斗争。先进人物（集体）不是生活在真空里，他总是在矛盾和斗争中成长的。这种矛盾和斗争，包括对敌斗争，对人民内部落后现象、错误思想的斗争，对大自然的斗争，也包括典型自我完善过程中的斗争。对这些矛盾斗争了解得越具体、越深刻，典型材料也就写得越成功。

通过调查，还要了解典型同周围群众的关系。一般说来，先进典型在群众中的威信是高的，印象是好的，影响是大的。但也不能排除群众对典型的看法是会有分歧的。这就需要作者进行鉴别，进行分析，听取正确意见，纠正错误意见。

二、选准角度，提炼主题

所谓主题，从应用文角度来讲，是指作者在说明问题，发表主张或反映生活现象时，表达出来的基本观点和基本看法。典型材料提炼主题的基本方法有：

从典型所具有的材料中提炼主题。主题是蕴藏在众多纷繁的材料之中的，没有材料就不可能产生主题；作者要把调查中得来的大量材料进行一番分析比较，潜心思索,看这些材料贯穿着一根什么样的"红线",潜藏着一种什么"思想"。作者把这根"红线"、这种"思想"抽取出来,就是这个典型材料的主题思想。

根据形势的需要提炼主题。典型是时代的印记,是为促进各项事业的进步而树立的。因此许多典型的树立,是形势任务的需要。当然,从形势的需要写典型,也是在有这种"材料"的基础上进行的,而不是作者为了赶形势而在那里有意夸大或胡编乱造,人为地创造典型。

根据人们存在的疑难问题提炼主题。人们在现实生活中,常常会碰到一些疑难问题,使得人们的认识变得模糊起来,有时手足无措,这就是常说的"迷惘"现象。为了拨乱反正,澄清人们对一些问题的认识,作者要在这些方面提炼主题,写出有说服力的典型材料。

三、精心设计,布局谋篇

布局谋篇主要包括:怎样开头、怎样结尾,哪些先说、哪些后说,分多少层次,划多少段落,相互之间怎样衔接、怎样照应等等。

13.2 典型材料的写作特点

正面的典型材料的写作应注意把握以下几个环节。

一、选好典型,典型是大家学习的楷模

典型选择的是否正确,不仅直接关系到典型材料的成败,而且关系到思想政治工作的效果。一般来说,典型材料的写作任务都是"指派"的,要么是上级机关为了开展某项政治教育活动,或为了配合某项工作任务派人到基层调查了解,树立典型,整理成文上报;要么是本单位工作突出或涌现了先进个人,受到上级表扬,于是单位领导责成某人写成典型材料上报。无论哪种情况,写作者都面临着一个选择典型、认识典型的问题。在选择典型时,要充分考虑以下几种情况。第一,根据一定时期的中心工作,考察典型是否具有普遍意义,对日常工作是否具有指导推动作用,是否具有宣传和推广的价值。第二,考察典型是否具有时代性,也就是说,确定的典型要有崭新的精神风貌,要体现出时代精神的某些方面。第三,严格审查典型本身的情况。如是否具有真实性,事迹是否感人,经验是否有效,切忌不明真相、以偏概全或弄虚作假。

二、深入调查采访

　　写作典型材料的任务是为了树立典型,进行宣传教育,因此就不能用写作者自己的理论阐述来表现,而应该通过具体的事实去表现。从这个意义上说,材料是否具体、充实、丰富,是能否写好典型或典型材料的关键。而要充分占有材料,就必须进行深入细致的调查采访,掌握大量的第一手材料。第一,做好准备工作。这是指可先避开写作的对象而做好有关的"外围"工作,例如阅读有关材料,召开座谈会、调查会,利用口头询问、侧面观察等形式,了解典型成长环境、群众基础等等。第二,恰当运用调查的方法。一般来说,典型都是很谦虚的,不愿宣传自己的成绩,而调查者就应该通过巧妙的听、问、看等手段,搜集到自己所需要的材料。实践中常有这种情况,被调查者说得很少,或认为自己所做很平凡,不值一谈,而通过调查者的启发或把初步写成的材料读给当事人听,却会使他们豁然开朗,从而连带出很多材料来。第三,亲身体验。有时仅仅调查采访还是不够的,需要写作者同典型一起生活、工作,体验他们的思想、感情。有些大型的典型材料,还需要写作者与写作对象较长时期地吃、住一段时间,从感情上、气质上把握写作对象。我们知道,感情是写作的催化剂,只有作者自己首先被感染了,写出来的东西才可以感染别人。

三、精心提炼主题

　　典型材料的主题如何,直接关系到它的社会效果。主题不是凭空产生的,而是从大量的材料中提取出来的,是对全部材料思想意义的高度概括。但是,我们也知道,典型材料的写作任务往往是"指派"的,其写作意图往往是事先确定了的,在这种情况下,还要不要去提炼主题呢? 回答是肯定的。典型材料也必须要从占有的全部材料出发,在充分分析、研究、思考、领悟的基础上,提炼出正确、深刻而新颖的主题。只不过,一般文章提炼主题是作者去感悟、去发现,而典型材料提炼主题则是作者去领会、去认识。具体说,应注意以下两点。第一,要特别重视主题的现实指导意义。这是典型材料这种文体特殊的作用所决定的。典型材料中的"典型"不同于"文学典型",后者讲究"务虚",诉诸的是感情和理想,前者则要求完全真实,诉诸的是原则和指导。因此,典型材料的主题,要充分考虑工作的实际,加强指导性和针对性,真正发挥典型的示范教育作用和现实指导意义。第二,要突出特点。这是指,要抓住典型身上最突出、最有特点、最具代表性的一面,深入开掘,强化凸现,真正达到"以点带面"的效果。典型的事迹可能很多,时间跨度也可能很长,但写作者不能面面俱到,一一罗列,这样看起来好像很全面,实际上可能恰恰冲淡了它的教育示范意义,让人抓不住主旨。要知道,典型材料的任务绝不仅仅是"报道"某个人物或单位的事迹,而是在此基础上揭示理论意义,总结出规律性的东西。这就要求写作者善于捕捉"光点",这既是提炼主题的功夫,也可以说是剪裁材料的功夫。

四、讲究语言

表达典型材料不是文学文体,所以它的语言应该以朴实、准确为要,不应过分渲染或过多修饰。典型材料运用的表达方式主要是叙述和议论,偶尔可以适当地运用一些描写和抒情,但不能喧宾夺主。有些作者写作典型材料,唯恐不够生动、形象,因而调动各种表达手段。例如写到典型人物的出场,就来上一段肖像描写或服饰描写,写完某件事迹,还要加上一大段抒情等等。其实,这种表达,冲淡了"文体感",不伦不类,反倒影响了表达效果。典型材料除在一定场合进行宣传和刊登外,还有一个重要的任务就是向上级机关"报告"情况,为领导者提供信息,为他们制定政策和指导工作服务,所以它的语言必须准确、平实,不能运用"文学笔法"。当然,典型材料的语言也不能呆板,没有生气,没有特色。它应该在平实朴素中追求生动形象,在凝练简明中突出浑厚和韵味。写作者同样应该精雕细刻,追求自己语言的个性特点。在行文当中,也可适当地引用人物的语言或对话描写,也要注意气势的贯通流畅、起伏变化,力求给人留下深刻印象。

13.3　怎样写典型材料

一、写作典型经验材料

一般包括以下几部分:

(1)标题。有多种写法,通常是把典型经验高度集中概括出来,一般不采用公文标题的写法。这种集中概括出来的标题,既包含正文中各部分典型经验的内容,又不是这些内容的简单重复,可以说就是典型经验的主题。

(2)开头。一般是展示典型经验的背景材料和突出的成果。背景材料包括典型的自然情况、社会背景等,既要写出典型经验出现的环境,又不要冗长、啰唆。成果,要概括写出最为突出之点,并尽可能与背景材料相映衬。有的也把成果放在材料的尾部来写,这要根据具体材料安排。

(3)主体。对典型经验的具体展开,是典型经验材料的核心部分。写作这部分内容,一般是从总体上把典型经验按照一定的逻辑关系分成几个部分。几部分都是紧紧围绕标题,服务于标题,说明标题;各部分之间要有内在联系,但不能互相重复,互相包含,要相对独立地处在一个统一体内。

一般来说,这部分内容的表述,应当既要有思想,又应有具体做法或实例,既要有面上的综合,又应有点上的说明,最好还要有一些必要的数字。

二、写作先进事迹材料

一般有两种情况:

一是先进个人,如先进工作者、优秀党员、劳动模范等;一是先进集体或先进单位,如先进党支部、先进车间或科室,抗洪抢险先进集体等。无论是先进个人还是先进集体,他们的先进事迹,内容各不相同,因此要整理材料,不可能固定一个模式。一般来说,可大体从以下方面进行整理。

(1)拟定恰当的标题。先进事迹材料的标题,有两部分内容必不可少,一是要写明先进个人姓名和先进集体的名称,使人一眼便看出是哪个人或哪个集体、哪个单位的先进事迹。二是要概括标明先进事迹的主要内容或材料的用途。例如《王××同志端正党风的先进事迹》、《关于评选张××同志为全国新长征突击手的材料》、《关于评选××处党支部为省直机关先进党支部的材料》等。

(2)正文。正文的开头,要写明先进个人的简要情况,包括:姓名、性别、年龄、工作单位、职务、是否党团员等。此外,还要写明有关单位准备授予他(她)什么荣誉称号,或给予哪种形式的奖励。对先进集体、先进单位,要根据其先进事迹的主要内容,寥寥数语即应写明,不需用更多的文字。

然后,要写先进人物或先进集体的主要事迹。这部分内容是全篇材料的主体,要下工夫写好,关键是要写得既具体,又不烦琐;既概括,又不抽象;既生动形象,又很实在。总之,就是要写得很有说服力,让人一看便可得出够得上先进的结论。在写这些先进事迹时,无论是先进个人还是先进集体,都应选取那些具有代表性的具体事实来说明。必要时还可运用一些数字,以增强先进事迹材料的说服力。

为了使先进事迹的内容眉目清晰、更加条理化,在文字表述上还可分成若干自然段来写,特别是对那些涉及较多方面的先进事迹材料,采取这种写法尤为必要。如果将各方面内容材料都混在一起,是不易写明的。在分段写时,最好在每段之前根据内容标出小标题,或以明确的观点加以概括,使标题或观点与内容浑然一体。

(3)署名。一般说,整理先进个人和先进集体的材料,都是以本级组织或上级组织的名义,是代表组织意见的。因此,材料整理完后,应经有关领导同志审定,以相应一级组织正式署名上报,而不宜以个人名义署名。

三、写作先进典型材料注意事项

（一）事实必须真实可靠

先进典型材料的先进事迹是否真实，直接关系到先进典型的生命力。只有绝对真实才能使先进典型真正具有教育人、鼓舞人的作用。因此，凡是材料中反映的先进思想、先进事迹和典型经验，一定要认真核对清楚，不允许有半点虚假、拔高或拼凑及张冠李戴的情况，不能把道听途说、未经核实的先进事迹和经验写入材料。如果确实一时难以搞清楚，宁可暂时不写，也不能勉强凑数。

（二）观点和提法要分寸恰当

在叙述先进典型的先进事迹和经验时，要注意摆正先进典型和其他群众、集体的关系。许多先进个人、先进集体的事迹，都不是单枪匹马干成的，是与周围群众和其他集体、单位的大力支持分不开的。因此，讲先进典型的事迹、经验，切不可讲那些脱离群众、脱离整体观念的过头话。否则，就不能起到先进典型的带动作用。

（三）文字要简明朴实

整理先进典型材料，主要是通过实实在在的事实说话。这就要求在语言文字的表达上，一定要善于选择那些实在、贴切的词语。不要过多选用做修饰成分或言过其实的形容词。不要讲空话、套话，硬拉架子做文章。要言不烦，凡是能用较少的话把事情说清楚的，决不把话拉长。

【例文一】

坚强的堡垒战斗的集体
——记××县××乡党支部民族团结模范单位典型材料

××乡地处××县西面，下辖 33 个行政村，近年来，乡党委以抓党委自身建设为突破口，与时俱进，开拓创新，有力实现了财政增长、农民增收、社会稳定的目标。

一、强核心，充分发挥领导班子的战斗力

发挥"主角"作用，加强党委自身建设。建立健全抓基层组织建设责任制。××乡党委把基层组织建设摆上重要议事日程，建立并完善了基层组织建设协调会议制度，坚持定期召开专题会议进行研究。党委"一把手"坚持包村蹲点，掌握第一手资料，解决基层组织建设中出现的热点、难点问题，总结经验，指导全乡的基层组织建设

工作。深入开展"四个一"活动,即:乡党政班子成员每人分包一个村、联系一个个体私营企业、一户种养专业户和一户困难户,通过帮资金、引路子、送信息、搞服务,密切了党群干群关系。党支部一班人充分认识到,要想发展本乡经济,加快农民致富奔小康步伐,关键是要有一个坚强的领导核心。几年来,党支部一班人始终以建设"五好"支部为目标,自我加压,苦练内功。

一是抓学习。他们始终把学习放在首位。通过集中学习、自学和参加县培训班等形式,认真坚持"三会一课"制度,无论农忙和农闲时都保证时间开展学习活动,组织党员、干部学习邓小平理论、党章和党中央一系列重大决定。在"三个代表"重要思想教育活动中,组织乡干部、村民代表、乡人大代表、理财小组和部分群众认真地学习江总书记"三个代表"的重要思想,深刻领会精神实质。通过理论学习,促进了班子成员和党员素质的提高,增强了全心全意为人民服务的宗旨观念。

二是讲团结。在践行"三个代表"重要思想的实践活动中,××乡党委始终把增强民族团结、促进各民族共同发展作为一项重要的政治任务来完成,坚持不懈地进行马克思主义民族观和党的民族政策教育,引导广大群众牢固树立"三个离不开"思想,全心全意为各族人民办好事、办实事。受到各族人民的普遍欢迎和高度赞扬,为全乡良好民族关系的形成做出了自己应有的贡献。

××乡党委在加强民族团结的实践中,对民族团结工作的重要性有了新的认识:加强民族团结,是逐步消除民族隔阂、解决民族矛盾和民族纠纷的基础,是粉碎"三股势力"破坏活动的重要保证,是挫败西方敌对势力"西化""分化"政治图谋的有力武器,是促进经济发展、促进社会稳定的重要条件。同时,××乡党委也要认识到,加强民族团结,关系到××乡发展战略的顺利实施,关系到全乡改革、发展、稳定的大局,是一项必须长期坚持的工作。

三是求实效。坚持求实务实的作风,不摆架子。工作中做到"五坚持",即坚持执行政务、财务两公开,定期向乡民公布账目,接受群众监督;坚持从群众利益出发,凡事以群众是否赞同和拥护为原则;坚持开展党员责任区、党员联系户活动,努力实现共同富裕的目标;坚持市场经济观念,干部带头学习市场营销、农民实用技术等知识,使班子成员成为懂市场、懂经营、善管理的致富带头人;坚持两个文明一起抓,提高全体农民整体素质。

四是抓廉政。乡党支部牢固树立"廉洁自律、艰苦创业、勤政为民"的思想,不断完善15项规章制度,公开办事程序,形成监督制约机制,树立了干部廉政的良好形象。

二、增实力,不断加快农村经济和社会事业发展速度

多年来的工作实践使党支部一班人充分认识到,没有一个适合本乡经济发展的思路,富民兴乡就是空话。因此,支部班子多次召开农民会议,集思广益,经过广泛座

谈、讨论确定了以调整农业经济结构为主线，采取多业并举，

协调发展的路子。以保持党的先进性为目标，强化党员队伍建设。认真开展农村党员"四学"活动，组织广大党员"学理论、学党章、学科技、学经济"，先后组织培训班5次，培训3530人次。对流动党员实施"三个一"管理。即：为每名流动党员建立一张跟踪卡，每季到其家庭进行一次访问，每年对流动党员进行一次民主评议。

三、坚持全面、协调、可持续发展，推动社会全面进步

乡党委把实现经济社会全面、协调、可持续发展作为工作的重中之重，在抓好经济工作的同时，千方百计促进各项社会事业的全面发展，取得了明显成效。

近年来，乡党委认真编制了乡发展规划，加快乡基础设施建设，积极推进各项实事工程和环境整治活动，促进乡环境面貌明显改善。为进一步巩固社会稳定成果，乡党委及时整合社区资源，成立了治安辅警大队，健全群防群治工作网络，确保了×××××地区的一方平安。在工作中，乡党委始终把维护和实现人民群众的利益作为工作的出发点和落脚点，大力推进各项社会事业，完善社会保障体系，切实提高群众收入，加强精神文明建设，使人民的生活水平和质量得到了显著提高。

四、坚持走群众路线，赢得群众的广泛赞同和支持

乡党委从树立为群众服务的观念抓起，从群众不满意的热点、难点问题改起，从群众满意的好事、实事做起，通过以"让党员经常受教育，让群众长期得实惠"为主题的联创活动的开展，拉近了党员干部与群众的距离，密切了党群关系，使党的领导得到了群众的广泛认同和支持。在党员中广泛开展"三个走进"主题活动（干部走进群众中去，走进困难中去，走进矛盾中去）。"三个走进"主题活动已成为党委的一个特色活动。

五、开展特色主题活动，凝聚群众人心

一是开展"三关心、一深入"主题活动，即：关心党员群众的思想，从身边的人做起，做好党员群众的思想政治工作；关心党员群众的工作，从身边的事做起，帮助党员群众做好再就业工作；关心党员群众生活，从身边的困难做起，为党员群众排忧解难，切实解决他们的实际困难，从而深入推进凝聚力工程建设，努力把基层党组织建设成为温暖的"党员之家"、贴心的"群众之家"。二是通过座谈会、征文、板报、演讲比赛等形式，开展以"培育新精神，塑造新形象，促进快发展"为主题的"罗泾人精神与形象"大讨论活动。三是组织开展"十星文明户和十佳文明好事"评选活动，充分激发和调动广大人民群众的积极性，使群众的思想道德素质在参与活动的过程中切实得到普遍提高。

【例文二】

湖南交通抗震救灾队理县 G317 线抢险救灾典型材料

5月12日14时28分,四川汶川县发生8.0级地震。灾情牵动湖南交通人的心,省厅立即筹组抗震救灾抢险队。5月15日16时首批抢险队150人,携带28台机械设备(其中11台重型设备),奔赴汶川灾区抗震救灾,担负 G317 线理线红叶电厂至汶川县生命通道的保通任务。

一、千里大救援

从湖南长沙出发,经怀化、贵阳、遵义、成都、雅安、马尔康到理县2800余公里,正常情况下三天可以到达。18日上午,抢险队行进到宝兴县硗碛水电站受阻,S210公路一泥石流和一处直弯处车辆无法通行,抢险队领队湖南省交通厅副厅长寇小兵立即指挥抢险队运用机械设备实施清障,经过三个小时的机械作业,抢通了危险路段,确保了救灾车辆通行。接着,抢险队克服高原缺氧、大雾、雨雪等困难,翻越海拔5000米的夹金山、4000余米梦笔山,饿了就吃口干粮,渴了就喝口雪水,连续行驶96个小时,克服千难万险,历尽千辛万苦,到达灾区理县。

二、生死大清障

西线是目前通往灾区的唯一生命通道。进入灾区后,只见公路塌方连绵不断,飞石随处可见,抢险队深感任务艰巨、责任重大、使命光荣。为确保生命通道的畅通,抢险队冒着余震、塌方、飞石等危险,科学决策,合理调度,在保证自身安全的同时,充分把握黄金施工时段(6至13时),在80公里的生命通道上,在塌方最严重的红叶、薛城、克枯分设抢险突击小分队,集中设备重点突破制约车辆通行的瓶颈路段,经过20、21日两天的突击抢险,在兄弟单位的共同努力下,G317线红叶电厂至理县20公里已打通为双向车道,至汶川保持通畅。

三、携手大自救

地震发生后,由于房子都成了危房,政府提供的帐篷一时无法满足灾民的需要,当地灾民紧缺帐篷。抢险队得知这一情况后,毅然决定将自带的帐篷捐赠100顶给当地政府和灾民,解决了近千人的住宿问题。随行的医务工作者还利用自带的药品为灾区群众看病救医提供力所能及的帮助,受到灾区人民的好评。

(选自交通运输部新闻办网站 2008 年 05 月 28 日)

第三部分

社交礼仪公文写作范例与技巧应用

第14章　欢迎词、欢送词与答谢词

14.1　欢迎词

一、概述

欢迎词是主人在客人到来之时,为表示欢迎而发表的礼仪演讲稿。一般在专门的欢迎仪式上使用,如欢迎来访的外宾;欢迎载誉而归的代表;欢迎盛大活动的来宾;开学典礼欢迎新生等。

欢迎词是在各种会议、宴会和仪式上,主人为欢迎客人所作的书面讲话。主要功能是人际互动。它用于人与人、人与组织、组织与组织之间,以此来沟通思想,增进友谊,传播信息,交流情况,加强相互了解和信任,促使社交活动圆满成功。

二、欢迎词写作要求

欢迎词的结构包括标题、称谓、正文和结尾四部分。

1. 标题

标题有两种写法。一种是直接以《欢迎词》为标题。另一种由"致词人、致词场合、文种"组成。

2. 称谓

开列欢迎对象的称呼。要把所有来宾都包括进去,称呼要用全称,并使用尊称,如"尊敬的"、"敬爱的"等修饰语,以显示庄重和尊敬。

3．正文

正文的开头要写致词人在什么时候，以什么身份，代表谁向来宾表示欢迎和问候。接着写来访或召开此次会议的意义、作用，或者阐述两国或两个单位之间的友谊、交往，表示进一步发展友好合作关系的意思和打算。

4．结尾

祝愿宾客来访或会议取得圆满成功，祝愿宾客与会议代表在访问期间、会议期间过得愉快。

写作欢迎词应注意事项：

欢迎词的正文，语言要朴实、热情、简洁、平易，语气要亲切、诚恳，感情要真挚，宜多用短句，言辞应力求格调高雅。回顾以往的叙述要简洁，议论不要过多，力求精当；对主宾的赞颂和评价要热情而中肯，不要过分。可以有适当的联想与发挥。整个篇幅不宜过长。

如遇来宾的意见、观点与主人不一致时，写作欢迎词当坚持求同存异的原则，多谈一致性，不谈或少谈分歧，可恰当采用委婉语、模糊语句，尽力营造友好和谐的气氛。

三、欢迎词的分类

（一）从表达方式上划分

1．现场讲演欢迎词

一般是由欢迎人在被欢迎人到达时，在欢迎现场口头发表的欢迎稿。

2．报刊发表欢迎词

这是发表在报刊或公开发行刊物之上的欢迎稿。它一般在客人到达前后发表。

（二）从社交的公关性质上划分

1．私人交往欢迎词

私人交往欢迎词一般是在个人举行较大型的宴会、聚会、茶会、舞会、讨论会等非官方的场合下使用的欢迎稿。通常要在正式活动开始前进行。私人交往欢迎词往往具有很大的即兴性、现场性。

2．公事往来欢迎词

这样的欢迎词一般在较庄重的公共事务中使用。要有事先准备好的、得体的书面稿,文字措词上的要求较私人交往欢迎词要正式和严格。

【例文一】

通信产业报社总编辑辛鹏骏致欢迎词

尊敬的各位来宾:

　　你们好。

　　我们在北京信息通讯,国际通讯展前夕举办 2008 移动终端市场与业务创新论坛,首先我代表通信产业报和中国电子信息产业研究院对各位领导和嘉宾的出席表示热烈的欢迎,也对大家对我们大会的帮助支持表示衷心的感谢。

　　我们这次会议聚焦在终端和业务创新上,这是最终的实现载体,每年通信行业七千多亿的收入都是通过终端流进产业链,通信业务成为竞争力的制高点,尤其是 3G 的部署,增值业务更扮演重要的角色。与此同时终端与增值业务成为相辅相成的联动力。实际上终端和增值业务的发展也在带来商业模式的变革。

　　本次围绕终端市场发展应用模式创新等重要议题进行深入的研讨和充分交流,与会嘉宾包括监管部门领导、运营企业、提供商等等,我们希望今天的论坛成为业界交流很好的平台,共同探讨移动终端与增值业务的发展,探讨全业务下价值链中的创新机会。各位来宾,我们作为工业和信息化部所属的最大的信息产业机构,拥有国内最大的 IT 媒体群,最全面的 IT 咨询机构,积极为通信产业发展研究,我们对增值业务和终端的发展高度关注,去年这个时候也是举办了相关的论坛,研究院和通信产业报会继续发挥资源优势,依托政府、产业,努力提高我们服务行业、服务市场的能力,为重组后通信产业又好又快的发展贡献力量。

　　终端与增值业务的紧密配合,我们真切希望今天的会议对各位有所帮助,希望各位把握这个关键环节,希望在今天的会议里,让更多的人把目光放在这里,谢谢大家。

(选自腾讯科技网 2008 年 10 月 19 日)

【例文二】

六一国际儿童节庆祝活动欢迎词

尊敬的各位领导、各位来宾:

　　上午好!

　　今天是个好日子,校园里欢声笑语,蓝天下花团锦簇。我们欢聚一堂,共同庆祝"六一"国际儿童节。首先请允许我代表全体师生员工对你们的光临表示热烈的欢迎和衷心的感谢! 感谢你们对少年儿童的真切关怀,感谢你们对我校工作的一贯支持!

　　风雨兼程数十载,桃李飘香代代春。在各级领导的重视下,在社会各界的关心下,我们××师范附小自 1956 年创办以来,几经变迁、几经风雨、由小到大、由弱到强,现在已经成为××市窗口示范学校、××市小学英语教改实验基地市教育工作先进单位、××市学校艺术教育工作先进单位、××市教育装备合格学校、××市实验教学合格学校、××市示范家长学校、××省现代教育技术实验学校、××省少先队工作示范学校。

　　历史的积淀激发着附小人不懈追求,领导的支持鞭策着我们努力创造。而今的附小正努力成为:一所关注师生生存状态,追求最大限度满足师生成长需要的学校;一所以"给学生最美好的童年,给人生最坚实的起步"为核心办学理念,倾情打造"附小教育"品牌的学校;一所"以教育科研为先导的实验学校,以英语特色为核心的育才学校,以服务社会为内涵的新型学校";一所以自己的理念和实践,同家长一起践行"咱们的孩子咱们的学校咱们共同努力"这一家校合作口号的学校……

　　教育是永恒的事业,追求永无止境。各位领导、各位来宾,我们附小全体教师将把你们的支持作为我们前进的动力,并肩携手,与时俱进,使我校的各项事业再谱新乐章、再创新辉煌!

　　最后再次感谢各位领导、各位嘉宾的光临! 祝各位领导、各位嘉宾身体健康、万事如意!

　　祝同学们节日快乐!

(选自世纪考试网 2008 年 4 月 25 日)

【例文三】

东莞市人民政府副市长邓志广致欢迎词

尊敬的徐永副会长、龙永图秘书长、梁耀文厅长,各位领导、各位嘉宾,女士们、先生们:

　　上午好!

　　在举国应对世界金融海啸、"中国制造"加快转型升级的特殊时刻,中国轻工业联合会、广东省外经贸厅等领导,与港台鞋业商会、全国鞋业精英共聚东莞,共商发展,盛况空前,意义深远。

　　在此,我谨代表东莞市政府,对各位领导和嘉宾光临东莞,表示热烈的欢迎和衷心的感谢! 改革开放 30 年来,东莞在中央和省的正确领导下,在台、港、澳同胞和世界各地投资客商的大力支持下,在以鞋业为代表的众多产业集群的支撑推动下,东莞的外向型经济实现了跨越式发展,目前已成为国际著名的电子、机械、家具、毛纺、五金和制鞋、服装等特色产业基地。尤其是以厚街为中心的东莞鞋业产业,汇集了制造、研发、贸易、采购和原材料研发、交易等各个环节,形成了世界级的鞋业产业集群,在世界鞋业制造、采购和贸易链中,占据了重要地位。

随着近年来国际国内经济形势的显著变化，东莞的外向型经济和整个珠三角一样，开始面临一系列考验和挑战，这在东莞鞋业的发展中表现得尤为突出。目前，受人民币升值、土地和劳工短缺、原材料价格上涨、贸易壁垒和市场环境变化的影响，整个产业进入了近 20 年来投资经营最严峻的时期，面临着产业升级转型的紧迫任务。东莞鞋业发展的宏观环境与内在问题，是整个中国鞋业的缩影。

在当前世界金融海啸的新形势下，如何准确分析国内外经济环境，推进鞋业的结构调整和转型升级，对中国经济的持续稳健发展，具有重要的现实意义。东莞市委市政府高度重视鞋业的转型升级。在原有扶持政策的基础上，目前进一步出台了促进制造企业发展的相关措施，包括设立 10 亿元"企业转型升级专项资金"，鼓励企业设立研发机构，提高技术创新能力，创立自有品牌，拓展内销市场；同时减免相关行政收费，减轻企业负担；另一方面，研究出台产业结构调整升级的规划与方案，并在原有的政策辅导、集中服务、保税物流三大平台基础上，继续打造市场营销、技术提升、升级转型辅导三个新的平台，支持包括鞋业在内的广大企业转型升级。特别是针对产业基础雄厚的鞋业行业，市政府已经明确将厚街作为家具和鞋业产业升级试点镇，给予了更多的支持和指导。所有这些，都有利于鞋业企业提升综合竞争力，更好地实现生存和发展。东莞市委市政府完全有决心根据鞋业发展的现实需要，采取一切必要的措施，引导和帮助东莞鞋业应对挑战，转型升级。我们也完全有信心与广大厂商一起，共谋良策，共度时艰，全力推动鞋业企业在东莞的第二次创业，帮助企业做大做强，再续辉煌。

我们期待并相信，在主管行业协会、广东省外经贸厅和港台鞋业商会的共同努力下，在世界各地鞋业企业的热烈响应和积极参与下，"2008 世界鞋业发展论坛"必将取得丰硕成果与圆满成功，进一步深化世界鞋业的交流、合作，推动中国鞋业的转型、升级，实现鞋业厂商的互利、共赢！

最后，预祝本届论坛圆满成功，祝各位嘉宾的东莞之行成为收获之旅！谢谢大家！

（选自中国鞋网 2008 年 11 月 1 日）

14.2　欢送词

一、概述

欢送词是行政机关、企事业单位、社会团体或个人在公共场合欢送友好团体回归或亲友出行时致辞的讲话稿。

（一）欢送词的分类

欢送词同欢迎词在分类上大致一样，这里不详加说明。

按社交的公关性质来分可分为私人交往欢送词和公事往来欢送词两种。

按表达方式来分可分为现场讲演欢送词和报刊发表欢送词两种。

（二）欢送词的特点

1. 惜别性

有句古诗说的好"相见时难别亦难"，中国人重情谊这一千古不变的民族传统精神在今天更显得珍贵。欢送词要表达亲朋远行时的感受，所以依依惜别之情要溢于言表。当然格调也不可过于低沉。尤其是公共事务的交往更应把握好分别时所用言辞的分寸。

2. 口语性

同欢迎词一样，口语性也是欢送词的一个显著特点之一。遣词造句也应注意使用生活化的语言，使送别既富有情趣又自然得体。

二、欢送词的写作

欢送词一般包括标题、称谓、正文和结尾四个部分。

1. 标题

欢送词的标题与欢迎词大体相同，只需将《欢迎词》改成《欢送词》即可。

2. 称谓

与欢迎词写法相同。

3. 正文

欢送词正文的开头先写致词人代表谁向来宾表示欢送，同时表达依依惜别之情。接着叙述在来宾访问期间双方的友谊及友好关系的新进展，并满怀信心地预见今后的发展，表示真诚合作的态度。

4. 结尾

要对来宾表示惜别之情，发出再次来访的邀请，并祝愿来宾一路平安。

三、写作时的注意事项

1. 称呼要用尊称、注意宾客身份，致辞要恰到好处，感情要真挚、诚恳而且要健康。

2. 措辞要慎重，勿信口开河，要尊重对方风俗习惯，以免发生不该发生的误会。

3. 语言要精确、热情、友好、温和、礼貌。

4. 要言简意赅，篇幅不宜过长。欢送词也是一种礼节性的社交公关辞令要短小精悍，以此来表达主人对来宾的尊重和礼貌。

【例文一】

欢送词

尊敬的女士们、先生们：

首先，我代表×××，对你们访问的圆满成功表示热烈的祝贺。

明天，你们就要离开×××了，在即将分别的时刻，我们的心情依依不舍。大家相处的时间是短暂的，但我们之间的友好情谊是长久的。我国有句古语："来日方长，后会有期。"我们欢迎各位女士、先生在方便的时候再次来×××作客，相信我们的友好合作会日益加强。

祝大家一路顺风，万事如意！

【例文二】

资源环境学院 03 级学生致学长毕业离校欢送词

明天，我们的学长就要离开母校了，情感有时无需即时表达，只有用心体会才会意味隽永。你们就要离开这培育了你们三年的母校，虽然我没有什么礼物送给你们，但我内心有着由衷的感激和敬仰。

曾经，我们带着最纯真的梦想，进入大学校园。一进入花坞校区，你们给了我们一份特别的礼物——一本小册子，册名为《献给你们》。在这本小册子中，你们告诉了我们很多学习的心得，生活的经验和做人的道理。相逢是首悠扬的歌，相知是那古老的藤。如白驹过隙，岁月如梭，时光飞逝，如今却要将你们送走了！甚至来不及去想一想，我们就将依依惜别。这样匆匆，真不知该说些什么！

我想我们是幸运的。因为求知求学，追求大学的梦想，和你们走到了一起。在各类交流会上，你们教我们如何适应大学生活；校园文化舞台上，我们一起尽情挥洒青春；在运动场上，我们张扬活力，一起尽情驰骋着。特别值得一提的是我们见义勇为的学长徐建平，他为我们资环人，为我们的母校，为整个社会树立了一个伸张正义的先进青年的榜样。

正因为有你们的绚丽风采，才让我们受益匪浅，才使我们的大学生活更加灿烂多姿,在校园里我们正追随着优秀学长们的足迹,努力继往开来着。

然而,天下没有不散的宴席。今天,你们带着记忆,带着理想,走向生活,走向祖国四面八方。明天,我们也将学成毕业,走向社会,走向生活。祝福你们拥有更加美好的未来!

有人说:"人人都可以成为自己幸运的建筑师。"愿你们在走向生活的道路上,用自己的双手建造幸运的人生大厦。昨天,你们为求知而来,今天你们满载而去。今日,你以母校为荣,明天,母校将以你们为荣!

最后,祝学长们一路顺风,祝愿你们的人生长河,绽放出无限光彩。

(选自资源环境学院团委)

【例文三】

<h1 align="center">欢送词</h1>

尊敬的各位领导,亲爱的同学们:

大家好!

怀着对知识的渴望,对美好前途的向往,对我校的信任你我相聚在这里,弹指一挥间短期培训的生活即将结束,在你们即将奔赴工作岗位的时刻,作为你们的班主任,我衷心地希望你们能用精湛的技术打造自己,用务实的工作态度完美自己,用智慧的头脑创造未来,用你们的声誉来打造我校的品牌。

说实话,自古伤离别,但为了你们心中的梦,老师鼓励你们为梦去飞。短暂的短训生活,让我们师生之间,同学之间彼此建立起深厚的感情,闲暇之时,我们谈天说地。学习之时,我们互相切磋,共同进步,在我心中,我永远忘不了那埋头苦学的身影,忘不了那穿梭在一针一线间的眼神,忘不了你们与我谈心时的信任目光。说到这,我也有些愧疚,由于我担负两个班级的管理工作大部分时间很忙,因此有些时候没有照顾好大家,借助这个机会我想大家说声"对不起",希望用我的真诚来换取你们将来的美好前途。

一分耕耘,一分收获,正是因为你们多日的勤干苦练,才有了欢喜丰收的这一刻,带着梦想来到这里,希望带着喜悦去工作。

职教中心的领导老师祝你们工作顺利。

(选自赤峰教育网)

14.3　答谢词

一、概述

答谢词,是指特定的公共礼仪场合,主人致欢迎词或欢送词后,客人所发表的对主人的热情接待和多关照表示谢意的讲话。答谢词也指客人在举行必要的答谢活动中所发表的感谢主人的盛情款待的讲话。

二、答谢词的写作

答谢词的结构包括标题、称谓、正文和结尾四部分。

1. 标题

答谢词的标题有两种写法。一种是直接写《答谢演说》或《答谢词》。另一种是由"致词人、致词场合、文种"构成。

2. 称谓

写明致谢对方的姓名、称呼。

3. 正文

答谢词的正文写致词的中心内容。先要表示对对方的感谢,倾吐自己的心声。接着回叙双方的交往和情谊,着重强调对方所给予的支持和帮助,并表明自己对巩固和发展友谊的打算和愿望。

4. 结尾

再次表示感谢,并表示良好的祝愿。

三、答谢词的要求

(一)客套话与真情

在礼仪场合,必要的客套话是不能省略的,比如"感谢"、"致敬"之类热情洋溢、充满真情的词语。

(二)尊重对方习惯

在异地作客,要了解当地的民情、风俗、尊重对方习惯。

（三）注意照应欢迎词

主人已经致词在前,作为客人不能"充耳不闻"。答谢词要注意与欢迎词的某些内容照应。这是对主人的尊重。即使预先准备了答谢词,也要在现场紧急修改补充,或因情因境临场应变发挥。

（四）篇幅力求简短

答谢词是应酬性讲话,而且往往是在一次公关礼仪活动刚开始时发表的,下面还有一系列的活动等着进行。因此篇幅要力求简短,不宜冗长拖沓,以免令人生烦。

【例文一】

李寿成在北京市政府欢迎宴会上致答谢词

各位,晚上好!

我们今天这个晚宴上充满了幸福欢乐,我们尊敬的中国全国人大常委会许嘉璐副委员长,尊敬的先生们女士们,大家晚上好。在今天的晚宴上,菲律宾前总统拉莫斯先生在座,而且今天的晚宴上还有各界的教授和专家,他们都非常关注我们这个论坛,借这次机会向北京成功举办这次论坛表示我们衷心的谢意。所以,我今天想说的话就是,我们能够展望未来,推动教育事业蓬勃发展。

世界上无论哪个国家,无论是强国还是弱国都没有权力去指挥别的国家。我们应该利用这个状况,也就是说能为人类造福,能够防止人类冲突的发生,能够与自然和谐共存,找到人类真正的温和的发展观念。祝愿各位和你们的家庭幸福,谢谢大家!

(选自亚洲教育论坛)

【例文二】

答谢词

尊敬的×先生,尊敬的×集团公司的朋友们:

首先,请允许我代表团全体成员对×先生及×集团公司对我们的盛情接待表示衷心的感谢。

我们一行六人代表我公司首次来贵地访问,此次来访时间虽短,但收获颇大。仅三天时间,我们对贵地的信息产业有了比较全面的了解,与贵公司建立了友好的技术合作关系,并成功地洽谈了合作事宜。这一切,都得益于主人的真诚合作和大力支持。对此,我们表示衷心的感谢。

信息产业是新兴的产业,蒸蒸日上,有着广阔的发展前景。贵公司拥有一支由网络专家组成的庞大队伍,技术力量相当雄厚,在网络工作站市场中一枝独秀。我们有幸与贵公司建立友好的技术合作关系,为我地信息产业的发展提供了新的契机,必将推动我地的信息产业迈上一个新台阶。

最后我代表我公司再次向×集团公司表示感谢,并祝贵公司迅猛发展,再创奇迹。更希望彼此继续加强合作,共创明天。谢谢!

第 15 章　讲话稿与发言稿

15.1　讲 话 稿

一、概述

　　讲话稿的含义有广义和狭义之分。广义的讲话稿指人们在各种会议或集会上讲话的文稿,包括会议报告、会议发言、各种致词,以及集会上的演讲,等等。这里讲的"讲话稿"是指正式会议上领导讲话的文稿。讲话稿的作用是多方面的,可以用来下达指示,提出要求,布置工作,阐述观点,是一种常用的机关通用文书。

　　讲话稿使用的范围很广,多用于各种大小会议、广播录音、电视录像等口头表达;也可以登报印发成"书面发言"。

　　讲话稿一般应由讲话人自己写。只有在特殊情况下,可经过授意由别人代写,或由秘书、干事等代劳。讲话稿有详稿、略稿和腹稿之分。详稿准备较充分,只消拿到会议上去念就行了;略稿是个提纲、要点,在发言时要再作发挥;腹稿,仅仅在头脑里酝酿一下,考虑个大概,到时即席发言,然后根据别人的记录整理成书面的东西。

　　"讲话稿"除"发言稿"这个别名外,还有演讲稿、演说稿、谈话稿、会议报告稿等。其性质与特点,都大同小异。

二、讲话稿的特点

　　讲话稿的特点是表达的口头性和交际的互动性。虽然讲话稿的形式是书面文字,但不是"念"的,而是"讲"的,而且一般用于听众面对面的交流,讲话者与听众之间不仅存在信息的瞬间传递,而且还有情绪的互动,因此对讲话稿最基本的要求是听众对讲话内容和要点迅速、全面的把握。过长的句子,过多的形容词或修饰成分,会增加听话者理解的困难,降低交流的质量。因此,讲话稿从讲话的实用性、交流的效果出发,应力求口语化。这也是讲话稿这种文体在语言风格上的一般性要求。

文章是给人看的,讲话则是给人听的。看起来顺眼的文章,听起来不一定顺耳;看起来清楚明白的句子,说给人听,别人不一定听得懂。文章可以反复看几遍,哪句看不懂,就看哪句;听别人在会议上讲话,就不可能让别人说了一遍,又说一遍,老重复一个内容。讲话是一句接着一句的,弄不清前句的意思,后一句就难于理解了。结果,话讲得越多,别人越不听。因此,写讲话稿,就是要抓住讲话的通俗化和口语化两个特点。

讲话要通俗,就是要适合人的听觉的需要,适合听众的接受水平,容易叫别人理解和接受。

我们知道,听报告时,听众只能发挥其听觉的作用,他们看不到实物与环境,难以知道具体的形象,只有靠讲话人的描述或讲解,才能使听众产生感情上的共鸣或逻辑上的说服力量。所以,通俗的讲话,可以补充视觉之不足。另外,通俗,不能理解为低俗、庸俗。它要求语言朴素、自然,不堆砌概念,不装腔作势。

讲话要口语化,就是写的稿子,别人看起来顺眼,听起来顺耳。它的语言简短精练,形象、生动、具体,别人不仅听得明,而且印象深,记得牢。

三、讲话稿写作时应注意的事项

1. 考虑听众 、对象

讲稿的效果好不好,不是撰稿人个人或少数人坐在办公室里评定的,而是要由广大的听众来打分,因此讲稿首先要考虑听讲的是什么人,这些人有什么特点,怎样才能说服他们;同时,事先要尽可能估计到,可能有人产生什么样的怀疑、提出什么样的问题;或有什么不同的议论,以便能够及时予以回答。这就要求演讲者把想和讲有机地统一起来。

2. 讲人们最关心的问题

一是了解上面的方针政策,二是了解听众需要解决什么问题。该讲什么,不该讲什么,哪些多讲,哪些少讲要心中先有数。这样讲起来,有针对性,听众也会觉得受益匪浅,听得全神贯注。

3. 态度明朗、观点正确

讲话人,对所讲的问题,是赞成还是反对,是表扬还是批评,不能含糊其辞、模棱两可。举例要恰当,引用材料要准确,对于有些材料要进行辨伪考信的工作,不能拿来就用。看问题要持客观态度,实事求是,不夸大,不缩小,不屈从附和,不任意上纲。

4. 主题要单一

一次会议总有一个主题,讲话者也往往不止一个。所以讲话,首先要围绕会议主题讲,不能离开会议主题,信口开河。

现在提倡开短会,讲短话。因此,要尽量把话写得简明扼要、干净利索。话讲长了,不仅会影响讲话的效果,而且会引起人们的厌烦,不得人心。因为人持久或过度地听讲,会因听觉器官的疲劳而造成全身不舒服,必然精力分散。俗话说"话多如水"。因此,讲话要克服一种坏习惯,即一讲就长篇大论,胡拉乱扯,重复啰唆,没完没了。

5. 要合乎口语

写讲话稿,要像说话一样简短亲切。绝不要乱抄文章上的一些佶屈聱牙的句子。具体来说,写讲话稿要从下列几方面做到口语化:

第一,用句要短,修饰语要少;文言句子和倒装句要尽量避免使用,以免造成听众的错觉或分散注意力。

第二,一些书面语言的词汇,要改用口语词汇。如"迅速"可改成"很快就"。

第三,一个意思有几个词都可以表达的,要尽量选择其中一听就懂的词,如"对垒"、"交锋"就不如"比赛"通俗易懂。

第四,不该省的字不要省。如"同期"最好写成"同一时期",以免发生误会。

第五,要分清同音的字和词。比如"全部"容易错听为"全不";"喉头"跟"猴头"分不清,应写成"喉咙头"就好。

第六,方言土语要少用。

第七,用引号表示相反意思的词,在其前面要加上所谓二字,以表示否定。用括号作注释的,要改为直接叙述。

第八,有些难懂的、文绉绉的成语,最好不用。但是早已口语化了的成语,还是可以用的,这样才能使讲话稿的文字生动,雅俗共赏。

总之,要使讲话收到良好的效果,最根本的是和群众同呼吸共命运,思想感情同听众一致。那种"打官腔"式的讲话,只能是官僚主义的表现。

【例文一】

在乌苏市政风行风评议工作动员大会上的讲话

赛力克·巴勒夏提

(2008 年 5 月 8 日)

同志们:

今天召开的政风行风评议工作动员大会,是在全市深入贯彻落实党的十七大、自治区党委、地委以及市委三届四次全委扩大会议精神,进一步加强机关作风建设、不断优化发展环境的形势下,召开的又一次重要会议。今年,地区将我市确定为全地区政风行风重点评议县(市),并专门派出了指导组驻我市进行全过程指导。为进一步抓好全市政风行风评议工作,市人民政府决定召开这次动员大会议,全面安排部署我市今年政风行风评议工作。下面,我讲几点意见。

一、统一思想,端正态度,切实增强做好政风行风评议工作的责任感

政风行风评议是在多年纠风工作实践中总结出来的好经验,创造出来的好制度。近年来,随着形势的发展和实践的深入,这项制度在我市得到了不断创新、丰富和发展,主要表现在以下三个方面:一是在思想认识上,变"要我评"为"我要评"。通过这项工作的开展,许多部门自觉把政风行风评议作为推动工作的有力杠杆,作为树形象、创品牌的有效手段,主动性、积极性明显提高;二是在评议内容上,变"表面议"为"深入查"。坚持评、查、纠、建相结合,评议机制日益健全,评议方法更加科学,评议代表的作用发挥得越来越充分,有力地促进了参评部门工作的深入开展;三是在评议结果上,变"重名次"为"重实效"。在评议过程中,绝大多数参评单位不仅能够正确对待"名次"问题,而且更加注重实际效果,正视问题,认真整改,不推诿、不回避、不强调客观。但是,在正视取得成绩的同时,我们也要清醒地看到,在推行政风行风评议工作中,少数部门产生了疲沓、应付心理和厌烦、抵触情绪,有的甚至搞形式、走过场,影响了评议的质量和效果;一些单位和部门损害群众利益的问题仍不同程度地存在,尤其是"不作为"、"乱作为"等问题未得到根本治理。对此,我们一定要高度重视,坚决纠正,切实做到认识再提高、思想再统一、领导再加强、措施再加大,努力实现新突破,取得新成效。

(一)开展政风行风评议活动,是加强党的执政能力建设的客观需要。加强党的执政能力建设的核心内容是立党为公、执政为民。坚持立党为公、执政为民,必须围绕人民群众最现实、最关心、最直接的利益来落实。所有损害群众利益的行为都是与加强党的执政能力建设背道而驰的,都是要坚决纠正的。开展政风行风评议活动,核心就是以人民群众拥护不拥护、高兴不高兴、满意不满意、答应不答应为标准,充分发挥群众的知情权、参与权、监督权,对部门和行业在服务大局、政务公开、履行职责、服务态度、工作效率等方面作出客观公正、实事求是的评价,推动部门和行业认真倾听人民群众的意见和呼声,及时解决群众反映强烈的热点问题,取得群众看得见、摸得着、感受得到的实实在在的成效,把立党为公、执政为民落到实处,巩固党的执政基础,提高党的执政能力。

(二)开展政风行风评议活动,是优化发展环境的重大举措。近几年来,我市把优化经济环境作为促进经济发展的重要举措,进行了不懈努力,一些群众反映强烈的信

访突出问题得到了不同程度的解决,全市的发展环境有了明显改善。但是,当前影响发展的因素依然很多,公路"三乱"时有反弹,不作为、乱作为,执法不公、违法行政,推诿扯皮、吃拿卡要,效率不高、服务不好等问题仍然在个别行业不同程度地存在。为此,今年市委扩大会议确定了转变工作作风、优化发展环境的主题,当前和今后一个时期的政风行风评议工作中,也要把这个主题作为一项重要内容来落实,让群众评价各部门、各单位在优化发展环境上思想是否重视、措施是否有力、成效是否明显,从而给部门和行业带来压力,并把这种压力变为动力,整改问题,建章立制,加强政风行风建设,提高服务质量,推动优化发展环境各项任务措施的落实。

(三)开展政风行风评议活动,是构建和谐社会的有效途径。党中央提出的坚持科学发展观、构建和谐社会的目标,其中重要的一点就是要健全监督制约机制,拓宽群众监督渠道,加强对权力运行的制约和监督。开展政风行风评议活动,就是把部门和行业的具体行为置于阳光之下,把对部门和行业作风的评判权交给群众,充分发挥群众的监督制约作用,促进各部门、各行业进一步改进工作,提高依法行政水平。这就要求我们牢固树立正确的权力观、地位观、利益观和政绩观,慎重对待手中权力,自觉接受群众监督,切实做到情为民所系、利为民所谋、权为民所用,坚决防止滥用职权、违法行政、与民争利,努力减少新的社会矛盾,促进全市经济社会健康和谐发展。

(四)开展政风行风评议活动,是改进工作作风的有效载体。多年来,各部门、各行业围绕创满意、树新风活动,一直致力于加强政风行风建设,但成效如何,群众的眼睛最亮,群众最有发言权。所以,各参评部门要把这次评议作为推动队伍建设、促进行业管理的重要杠杆,作为展示形象、打造品牌、提升工作档次的平台,虚心接受和主动配合群众的评议。对好的作风和传统,要继续巩固坚持,不断发扬光大;对自身存在的问题,要不遮不盖,痛下决心,限期解决;对群众的意见和建议,要认真梳理,抓紧办理,及时反馈,以实际行动取得群众的理解和信赖。

二、严谨细致,求真务实,扎实做好评议活动的各项工作

今年政风行风评议要以解决群众反映的突出问题为重点,以为群众办实事办好事为基本要求,以民主评议为载体,以源头防治为着眼点,以人民群众满意为根本标准,扩大评议层面,创新评议方法,规范评议程序,提高评议质量,努力推动纠风工作和政风行风建设深入发展。

(一)宣传发动一定要广泛深入。政风行风评议是一项社会性、群众性活动,需要社会各界的大力支持和参与。要采取多种形式、利用多种渠道,大张旗鼓地宣传开展政风行风评议活动的重要性,把广大群众参与的积极性充分调动起来,保证评议活动扎实有效地开展。各部门、各单位都要精心筹备,及时召开评议动员大会,并充分发挥广播、电视、网络、宣传材料等媒介的宣传功能,广泛进行宣传教育,在社会上形成

强大声势。要注重提高干部职工对评议工作的思想认识,充分调动他们的积极性和主动性。同时,要围绕如何为经济服务、为群众服务这个中心,研究制订实施方案,积极进行自我评估,搞好自查自纠,形成一种激励先进、鞭策后进的良好氛围。

(二)调查评议一定要具体深入。评议过程中,要组织评议小组深入参评部门的基层单位及其服务对象,通过召开座谈会、个别走访、明察暗访等形式,广泛征求意见和建议,务必做到找准问题,评深议透。一是依法行政方面的问题。是否认真履行了法定职责;是否存在乱收费、乱罚款行为;对社会反映的本部门、本行业存在的乱作为和不作为是否进行了认真整治;管理的法制化、制度化、规范化水平是否有明显提高等。二是服务意识方面的问题。各项工作是否紧紧围绕加快经济发展这个大局;政务事务公开是否到位;各项利民、便民措施是否完善;是否存在"门难进、脸难看、话难听、事难办"现象;在服务经济发展方面制定了哪些具体措施,成效如何等。三是办事效率方面是否形成了快捷高效的服务机制,对市委、市政府的有关政策、决策的落实情况如何,对本部门、本行业干部职工的从业行为是否做到了有效规范,办事效率是否有明显提高,部门面貌是否有明显改善,工作是否有明显起色等。四是干部职工思想教育方面的问题。是否建立完善了各项监督制约机制,落实情况如何;是否抓好了基层单位的思想道德教育、法制教育和纪律作风建设,成效如何,部门人员的综合素质是否有明显提高等。

(三)评议评价一定要客观公正。评议工作能不能产生触动,能不能评出一身汗、评出一股劲,关键在于评出的名次、提出的意见和建议是否客观公正、真实可靠。对这个问题,评议领导小组要认真研究,采取严格有效的措施,坚决杜绝弄虚作假、欺上瞒下、搞形式、走过场等问题的发生,确保评议科学、公平、公正。要坚持实事求是的工作态度,有一说一,有二说二。对成绩的评价,要客观恰当,不能片面夸大、当老好人;对问题的查摆反馈,要准确具体,不能大而化之、文过饰非;对部门政风行风状况的综合评价,要坚持"两点论",既要真实反映社情民意,又要让参评单位的干部职工认可。要坚持公正、民主、透明的原则,把评议活动搞成"阳光"工程,使广大群众能够随时了解和监督评议工作。要通过这次评议,真正评出差距、评出信心、评出干劲、评出政风行风建设的新气象。

(四)整改措施一定要注重实效。整改是评议工作的关键环节。整改不到位,评议就走了过场,失去了意义。各参评单位要按照以评促纠、以纠促建、纠建结合的原则,高度重视和认真抓好整改工作。要将群众反映的热点难点问题特别是重点问题整理归类,逐一制定整改方案。对那些能够及时解决或通过努力能够解决的问题,要雷厉风行,迅速加以解决;对一时无条件和短时间难以解决的,要制定整改计划,逐步予以解决;对于涉及政策性的问题,要做出解释说明,取得群众的理解。

(五)结果运用一定要充分合理。评议结果反映了一个单的行风状况。要根据评议结果和群众的意见建议,向参评单位发出《整改意见书》。参评单位要按照要求,制定整改措施,向社会做出整改承诺,接受社会监督。同时,评议结果经市人民政府同意后,通过新闻媒体向社会公布。对政风行风建设成绩突出的单位和行业,将给予表彰奖励;对当年评议不合格且群众满意率达不到50%的,将在全市通报批评,并取消单位和行政主要负责人的评优资格;对弄虚作假、评议走过场并出现严重问题的要坚决追究有关人员的责任。

三、强化领导,精心组织,保证评议活动顺利进行

政风行风评议活动能否取得实效,关键在领导。各单位、各部门的工作任务都很重,头绪多、压力大。我们一定要正确处理好评议工作与业务工作的关系,统筹兼顾,科学安排,确保评议活动健康有序开展。

一要加强组织领导。市人民政府对这次评议活动非常重视,专门做了研究,提出了明确的目标和要求,成立了政风行风评议工作领导小组、巡视组、指导组,还专门聘请20名政风行风义务监督员。各参评单位也要把这项工作列入重要议事日程,建立相应的领导机构和组织机构,主要领导亲自抓,分管领导靠上抓,明确专人具体抓。要全员发动,全员参与,分解任务,落实责任,确保各项工作扎实推进。未被列入评议范围的单位,也要以这次评议为契机,主动查找和克服工作中的薄弱环节,认真解决群众反映强烈的突出问题,进一步提升工作水平、管理水平和服务水平。

二要严肃评议纪律。民主评议工作能否健康开展,严肃评议纪律是关键。各级行风评议组织机构及其所有工作人员,都要从讲大局、讲政治的高度,严格执行评议的各项纪律,不得接受参评单位的宴请和礼品,不得借机与参评单位拉关系、办私事。各参评单位要以求真务实的态度对待评议工作,自觉把心思放在解决群众关心的热点、难点问题上,把功夫用在整改不足、提高工作管理水平上。对采取拉选票、上报虚假材料等不正当手段干扰评议的,要严查重处,坚决追究有关领导的责任。

三要完善长效机制。加强政风行风建设是一个永恒的主题,要坚决克服评议中的短期行为,持之以恒,常抓不懈,致力于健全行之有效的长效机制。一是建立健全追踪评议机制。评议活动结束后,要针对群众反映的突出问题,加大追踪检查和督办力度,限期进行解决,并将整改情况纳入下次评议的内容。同时,要帮助和督促建立健全各项制度,完善管理措施,巩固整改成果,推动政风行风建设再上新台阶。二是建立完善全方位的监督机制。要把平时的政风、行风建设情况作为一项重要评议内容,进一步扩大政风行风评议的社会参与面,注重发挥纠风热线、行风热线以及广播电视等新闻媒介的参与作用,实行纠风专项监督与群众监督、社会监督、媒体监督相结合,使阶段性评议转化为经常性的社会监督。三是建立健全评议奖惩机制。对政风行风建设的先进单位,要大张旗鼓进行表彰奖励;对落后单位该批评的批评,该组

织处理的组织处理,该追究责任的坚决追究责任。各参评单位和行业要高度重视评议结果的运用,奖优罚劣,弘扬先进,激励后进,努力促进部门和行业风气的好转。

同志们,开展政风行风评议活动,是我市政风行风建设的一件大事。希望大家认清形势,明确任务,精心组织,周密部署,扎扎实实做好各项工作,以政风行风建设的新成效,推进全市经济和各项社会事业又好又快的发展。

主题词:文秘工作　行风评议　讲话　通报

抄送:市委、人大、政协办公室,法院、检察院、人武部,各乡(场)镇人民政府(管委),各街道办事处,市人民政府各部门,市直各单位,驻市各单位。

乌苏市人民政府办公室 2008 年 5 月 8 日印发

(选自乌苏市人民政府网站)

【例文二】

在全区社区建设工作会议上的讲话

桥西区人民政府副区长　刘　泉
(2008 年 2 月 28 日)

同志们:

这次会议的主要任务是,分析研究社区建设工作所面临的形势,表彰奖励过去一年社区工作中涌现出的先进单位和先进个人,安排部署 2008 年社区建设工作任务。会上,印发了《2008 年社区建设工作要点》、《桥西区社区建设发展规划(2008—2010年)》。一会儿,海东区长还要作重要讲话,希望大家深刻领会精神,认真抓好落实。下面,我就社区建设工作,讲三点意见。

一、总结经验,寻找差距,进一步增强做好社区工作的紧迫感和责任感

2007 年,在区委、区政府的正确领导和强力推动下,在各单位、各部门和广大社区工作者的共同努力下,我区社区建设取得了可喜的成绩。主要表现在:一是突出硬件建设,社区工作环境不断优化。按照"资源整合、资产置换、共驻共建"的原则,精心打造了华新园、蒙古营、建设桥等 3 个精品社区,重点改善了中学街、清河园、营城子、平门等社区办公环境,建设完成 10 个社区居民健身广场,全区 38 个社区分别安装了社区标志指示牌,全年累计新增办公用房 1750 平方米,社区平均面积达到 131.9 平方米。二是突出以人为本,社区服务功能不断完善。成立了元台子社区"爱心天桥"信息服务站、永丰街社区"助老服务站"、白山北社区"爱心互助协会"、金鼎社区"家庭

健康教育学校"等一批特色社区服务组织,开展了"党员奉献日"、"再就业援助月"、"环保活动周"、"法律七进活动月"、"健康教育进社区"等一系列为民服务活动。同时,建立完善了传染病、公共卫生、食品安全、灾害事故和社区重大事故等一系列紧急事件应急反应机制,进一步延伸了"点亮楼道,照亮民心"活动,社区服务功能不断提升,社区服务质量不断优化。三是突出文明创建,社区文化氛围不断提升。广泛开展了"亲情对对碰"、"社区艺术节"、"文明社区大家建"等群众性活动,扎实推进了廉政文化进社区活动,发展壮大了社区文化队伍、社区义务文艺团队、廉政文化宣传队伍,社区凝聚力显著增强,社区文明程度明显提高。四是突出安全稳定,社区居民安全感不断增强。以"平安社区"创建为抓手,构建了以治安巡逻队和社区保安为依托,人防、物防、技防并举的社区治安防范网络,建立社区警务室19个,配备治安协管员60名,组建社区治安义务巡逻队83支、1086人。同时,积极落实"三位一体"调解机制,加强社区矛盾排查和调处工作,开展了法制教育、法律咨询以及未成年人思想道德建设工作,社区治安环境得到明显优化。

我区社区建设取得这样好的成绩,是得益于上级有关部门的高度关注和大力支持,得益于区委、区政府的高度重视和正确领导,得益于各级各部门的协调配合和大力推进,得益于社区各界的广泛参与和社区建设工作者的辛勤工作。在此,我代表区委、区政府向为社区建设工作付出辛勤劳动的社区工作者和支持者、向参与社区建设的单位和同志们,表示衷心的感谢和崇高的敬意!

在肯定成绩的同时,我们也要清醒地看到,社区建设工作中还存在一些问题和不足,主要表现在:一是思想认识存在误区。个别部门和单位对社区建设的重要性认识不够,在坚持以经济建设为中心的同时,往往忽视社区建设这一促进社会和谐的基础工作。少数部门的领导对社区工作重要性的理解还存在片面性,认为转变职能、重心下移就是简单地在社区挂牌子、搭班子、压担子,而不是主动深入基层、深入群众,真正做到工作进社区、服务到居民。一些辖区单位和居民群众对社区归属感、认同感还不强,共驻共建等工作理念和工作方式没有深入人心。二是社区硬件建设仍有差距。社区建设投入不足,一些硬件设施还不够完善,全区没有区级社区服务中心,街道社区服务中心也只有一个,个别社区办公条件还不足50平方米,"一站式"服务尚未完全普及,服务功能和服务效率受到制约。三是社区干部队伍结构亟待优化。在我区社区干部队伍中,初中及初中以下文化程度的干部还有50多人,年龄在55岁以上的还有20多人,职业化、年轻化、知识化、专业化的社区工作者队伍尚未完全形成。四是体制机制尚不健全。社区建设的机制还不完善,服务于民的领域还不是很宽。另外,发展社区经济,增强创收能力上思路不宽、办法不多。对于这些问题,我们必须引起高度重视,并要采取有效措施,切实加以解决。

二、创新思路,突出重点,进一步开创社区建设的新局面

2008 年,我区社区建设的总要求是:以十七大精神为指针,以科学发展观为统领,按照区委八届四次全会的总体要求,强力推进"三个文明"建设,努力改善社区硬件环境,着力构建社区"七大体系",建设经济文化繁荣,环境舒适优美,服务设施配套,人际关系和谐,社区治安良好的现代、文明、和谐社区。

(一)大力推进社区硬件建设。继续深入落实国家、省、市关于强化社区办公及服务用房的有关文件精神,积极引导和鼓励房地产开发商为社区提供办公及服务用房,确保"每新建一个小区,同步建成一个高标准社区"的目标落实到位。下大力打造教场坡、南茶坊、南瓦二、北瓦、南城壕和印台沟等 6 个精品社区。力争年内使社区办公用房平均面积达到 150 平方米,80%的社区建有办公室、警务室、居民文体活动室、图书阅览室、社区服务站和社区居民活动广场,一半以上的社区建有"一站式"服务平台,办公设备明显改善。同时,要力争完成 1 个办公面积达 1000 平方米的区级社区服务中心建设。

(二)全面推进社区管理网络化、信息化。建立和完善以社区为基本网络,以"四到社区"为主要内容,以信息化为有效手段,以专业化、职业化的社区工作者队伍为主体的社区新型长效管理模式。构建各街道办事处统一的电子政务平台,加强社区信息服务站基础设施建设,在条件允许的社区建立老年远程教育中心,年内完成三个试点社区建设。

(三)大力推进公共服务体系建设。继续依托"爱心超市"、"医疗超市"、"法律超市"及"三个银行"等载体,扩大服务覆盖面。深入开展"四进社区"和"点亮楼道、照亮民心"活动。大力加强自愿者队伍建设,动员和组织党员、社区骨干广泛开展志愿者服务活动,引导和支持群众经常性地开展助残帮困、邻里互助等多种形式的志愿服务。实施志愿者注册登记工程,使志愿者人数达到社区常住人口的 2%以上,实现社区志愿者服务规范化、管理科学化、活动制度化。完善驻区单位、沿街铺面"门前三包制度",加强社区美化、绿化建设。完善就业和社会保障,做好社区内低保、特困、五保、残疾人员的生活保障服务;推进居民预防、保健、康复、医疗、健康教育、计划生育技术工作六位一体社区卫生服务;加强社区劳动保障工作平台建设,切实做好社区内下岗失业人员、新增劳动力和离退休人员的就业服务和社会保障服务。开展好"社区服务承诺"和每个社区为辖区办十件好事、实事,每位社区工作人员为居民办十件好事、实事的"双十"服务活动,提高服务效率。

(四)大力推进社区文化建设。深入开展"建和谐城区、守社会公德、树行业新风、做文明市民"活动,不断升化文明社区、文明楼院创建活动。扎实推进"邻里节"、"邻里日"活动。下力抓好社区文艺队伍和文化阵地建设,使每个社区拥有 2 支以上文体

活动队伍,每支队伍配有 2—3 名素质较高的文艺辅导员,并经常性地开展有特色、群众喜闻乐见的文体活动,重点搞好"树新风,构和谐"和彩色周末等文艺会演。

(五)大力推进社区治安建设。积极落实"三位一体"调解机制,加强社区矛盾排查和调处工作。按照"一区一警"的要求,规范社区警务室的管理,在每个社区建成使用面积不少于 15 平方米的样式统一、标志统一、配置统一的警务室。建立健全法制、民调、治保、联防、帮教等社会治安综合治理组织,构建以社区民警为主体,社区志愿者义务巡防队和物业公司保安为依托,社区居民积极参与的群防群治网络,形成"同居一地、共保平安"的新型治安防范格局。加强对社区青少年的法制教育和对刑释解教人员的监管和帮教,做好流动人口管理和社区矫正工作,组织好群众性的法制教育和法律服务。深入开展法制宣传、法律咨询、打击"黄赌毒"、禁止传销以及"打、防、控"等项活动,确保政治安定,社会稳定。

(六)深入推进社区居民自治建设。要按照"推动发展、服务群众、凝聚人心、促进和谐"的要求,积极探索基层组织建设的新机制、新途径和新方法,进一步完善"以党建带多建,以党建促共建"的工作机制,充分发挥社区党组织的领导核心作用。严格按照《中华人民共和国居民委员会组织法》的规定,做好居委会换届选举的前期工作,为 2009 年换届打下坚实基础。要逐步规范和健全社区成员代表大会、民主选举、民主决策、民主管理、民主监督等各项制度。要大力发展社区中介组织,在社区建立妇女协会、计生协会、老年人协会和慈善团体等中介组织,培育和扶持一批社区中介组织示范点。

三、落实措施,强力推进,形成社区建设的整体合力

社区建设是城市各项社会工作的整合,是构建和谐社会的重要基础。要保证 2008 年社区建设目标的全面实现,必须依靠各级的组织领导,依靠有关部门的大力支持,依靠人民群众的广泛参与。

(一)强化组织领导。全区各级各部门要切实加强对社区建设工作的组织领导。要建立健全社区组织领导机构,修订完善社区建设中长期规划和工作重点,保证社区建设有计划、有步骤地进行。要把社区建设工作摆上重要议事日程,针对工作中出现的新情况、新问题,群众反映强烈的热点、难点问题,可能影响社区建设进程的因素,通过调查研究,采取切实可行的办法和对策,从根本上加以解决,促进社区建设的健康发展。要树立一盘棋的思想,既明确分工、又积极配合。要对区直部门包扶社区工作进行新的调整,通过调整努力形成强强联手、攻坚克难的良好氛围。

(二)强化责任落实。全区各级各部门要认真贯彻落实区委八届四次全会精神,进一步改进和创新工作方法。区民政部门作为指导社区建设的职能部门,要切实履行职责,发挥好牵头作用,把抓好社区建设作为义不容辞的职责。各街道办事处要充

分认识到社区建设工作的重要性,指导和帮助社区理清职能,明确职责,关注热点,攻克难点,促进整体发展。包居各部门也要进一步提高参与社区建设的主动性和责任感,把包居工作摆上重要的议事日程,做到真包、实包,不敷衍、不推诿,主动深入社区,听取基层心声,切实为社区办一些好事、实事,解决一些实际困难,搞好行政管理与社区自我管理的衔接。要加强对社区建设工作的宣传引导,特别是要重视和调动各驻区单位、社区居民参与社区建设的主动性和积极性,共同营造社区建设的浓厚氛围。

(三)强化工作创新。社区建设是一项崭新的事业,是在动态中发展的。全面推进社区建设,需要对现实问题和不断出现的新情况、新问题进行研究和探索。各级各部门要根据经济、社会发展以及社情的变化,在实践中探索、在动态中研究,做到思想认识不停顿、理论研究不放松、工作开拓不止步,使社区建设永葆青春和活力,实现社区建设的可持续发展。要尊重基层和群众的首创精神,鼓励开拓创新。

(四)强化作风建设。我区作为老城区,旧城区,基础条件差,在打造精品社区、构建和谐社区方面难度相对更大一些,困难也会更多一些,但是难度不是借口,困难也不应成为理由,越是有难度,越是有困难,我们就越应当知难而进、迎难而上,以争先、领先、率先的勇气推进社区工作的开展。要围绕"争创品牌,争创特色,争创一流"的要求,在认真学习借鉴外地社区工作经验的基础上,结合实际,充分挖掘发展潜力,对照目标,对照先进,扎实工作,奋起直追,使我们的优点更优、亮点更亮,力争塑造在全市、全省乃至全国都有一定影响力的精品社区。

同志们,加强新形势下的社区工作,推进和谐社区建设,任重而道远。我们要以奋发有为的精神状态,求真务实的工作作风,扎扎实实地抓好社区工作,为创建管理有序、服务完善、环境优美、文明祥和的现代化新型社区,构建和谐桥西做出新的更大的贡献!

(选自张家口市桥西区人民政府网)

15.2　发言稿

发言稿是党政机关、企事业单位、社会团体的领导人,或其他有关人员,作为与会的群众代表或个人,在会议上介绍经验,发出倡议,表示态度,阐述观点,提出意见、要求等文种。发言是会议的一般文件,它有典型发言、个人发言、代表发言等类型。

发言稿与讲话稿基本一样,并没有严格的区别,只在场合、集会性质、作用、讲话(发言)人身份上有所斟酌、有所不同。一般说,讲话更郑重些、身份更高些,指导性更强些。但多数人出于谦虚,也是为了留有更多的余地,都愿意使用"发言"这个说法。

在写作上,除了照顾这一特点外,实际上讲话稿、发言稿并无多大不同,有些稿子只是在用时才冠以发言或讲话这个名称。

发言的内容不同,其材料的写法也不同。一般讲,发言材料有三种情况:

(1)发表看法、意见方面的发言,主要把看法、意见讲明白,论据要充分,态度要明朗,让人听了之后能明白你的意见、看法到底是什么,让人赞同这些意见和看法。

(2)介绍经验体会性质的发言,则要把背景交代清楚,说出具体详细的根据、做法、效果和体会,有时还要说点今后打算。其中重点是做法和体会,要说清楚,使别人能从中得到启发,学到东西。

(3)汇报和说明情况方面的发言,就要尽可能地把要说的情况和问题摆得有条有理,一清二楚。有时还需要把汇报有关的其他情况做必要的介绍。情况说清后,要指出这些情况说明了什么问题,应该怎样对待。

【例文一】

<h1 style="text-align:center">河北工程大学发言稿</h1>

侯建民老师

河北工程大学 ITAT 培训基地成立以来,得到了教育部教育管理信息中心信息技术开发处和培训机构管理部的领导和老师们大力关怀和指导。几年来,我基地的培训和考试工作已逐步走向规范,取得了一定的成绩。自 2002 年以来连续四年被评为年度优秀培训机构。现将几年来工作总结如下:

一、上级主管部门支持

我校 ITAT 培训基地的成立,得到了校领导的大力支持。成立之初,校长亲自任培训基地主任;第一期培训班结束后,校长及学校有关职能部门领导又亲自到场为获得证书的学员颁发证书,充分体现了学校领导对培训工作的重视和支持。我校教育技术中心现拥有 2090 台计算机,但为了保证培训工作自主性,我们自筹资金建立起拥有 100 台计算机的专用培训基地机房,及能容纳 150 人的专用多媒体培训教室,为开展培训工作奠定了坚实的物质基础。

二、培训基地管理

1. 为确保培训基地培训工作的正常进行,调动工作人员的积极性,我中心制定了《ITAT 培训基地管理规定》、《ITAT 培训基地教学活动酬金实施办法》等规章制度,实行制度化、规范化管理。

2. 为了维护"ITAT 教育工程"名誉,把培训基地办好,我们始终把"社会效益第一"摆在首位,不为经济效益而降低标准,拒绝了社会了一些资质不明的私人联合办班的要求,以确保教育工程的质量和信誉。

3. 为确保基地培训学员质量,本培训基地全体工作人员树立认真、严谨的工作作风,在考试中严格把关,每次考试都由中心主任亲自负责,和教育部派来的巡考人员一起,考前宣布考场纪律,以确保考试的严肃性和考试成绩的真实性。教师在阅卷中能严格把关,不徇私情,不勉强给分,确保了证书质量。

三、师资队伍建设

我中心现有丰富教学经验的教师 8 名。其中,二名参加过"ITAT 教育工程"师资培训,2 名参加过教育技术师资培训。为了把培训工作做好,我们还外聘专家授课,在师资的选择上严格把关,并设计出调查表,让学生针对授课提出意见和建议,改进了培训方法,提高了培训质量,促进了培训工作发展。

四、加大培训宣传力度

为了让广大学生对 ITAT 培训有更进一步的认识,我们利用一切可以利用的宣传媒介——如校报、校园网、基地橱窗、宣传小报等手段进行宣传。我们专门制作了两个宣传橱窗、三个展板,将 ITAT 教育工程简报上一些相关资料,张贴在上,在新生入学的时候,派专人进行宣传,并将一部分宣传单分发给各系学生,起到了一定的宣传作用。

五、制订培训计划,确立年度培训目标

每学年初,我们都要制订新的培训计划,确立本年度的培训目标。如本年度培训几期,举办几次考试,都包含什么课目,多少人参加培训等。目标一旦确定,大家都朝这个目标努力,近几年,我们制订的目标是每年比上年至少多 200 个人取得教育部技能证书,努力达到教育部规定的优秀培训机构标准。

第16章　主持词与祝词

16.1　主持词

一、主持词的含义

主持词是会议或各种仪式的主持人主持会议时使用的文件,具有组织各项活动环节、介绍发言人身份、控制活动进程、确保会议程序的严肃性和准确性、营造现场气氛的作用。

二、主持词的主要内容

主持词的主要内容一般包括:宣布会议开始,介绍会议的其他主席和主要领导人、主要来宾,报告会议的出席人数,说明会议的目的、任务和宗旨,宣布会议议程或程序,强调会议的纪律和注意事项,介绍发言者的姓名和职务,宣布会议的结果,宣布会议结束,等等。

三、主持词的结构与写法

1. 标题。会议活动名称＋主持词,如:《××大会开幕式主持词》。
2. 日期。标题之下居中标明会议活动的具体日期。
3. 主持人姓名。日期之下居中标明主持人的身份和姓名。
4. 称呼。一般是身份从高到低,性别先女后男,并尽可能覆盖全体参加对象。
5. 正文。主持词正文部分要依据事先确定的会议或仪式的程序来拟写,使主持词与每一项活动程序有机地融合起来。在具体写作时要把握好几个环节:

（1）开场白。主持人的开场白主要是起宣布会议或仪式开始的作用,在不专门安排致开幕词的会议中,主持人的开场白相当于开幕词。大型会议活动开幕式由于另有专人致开幕词,因此主持词的开场白可对参加开幕式的来宾表示欢迎和感谢,或简要揭示会议活动的背景和意义,作为开幕式的引子。要注意语言简明,不可长篇大论,避免与后面的开幕词或欢迎词意思重复。

（2）介绍。主持人要介绍出席会议或仪式的主要领导和嘉宾以及每一位致词人或发言人。介绍时一要做到次序得体,一般按身份从高到低,身份相同时,可按资历高低或先宾后主;二要做到被介绍者的身份、职务、姓名清楚准确;三要做到礼貌,即介绍致词人、发言人、颁奖人、领奖人时,要用"请"、"有请"等礼貌用语。

（3）小结。每项程序结束后,主持人可作一个简短的小结,阐明致词、发言或具体活动的意义,对发言者表示感谢。会议或仪式结束之前,可总体概括会议的成果,对与会者提出希望和祝愿,也可根据程序安排,导入下一节的活动。

在结构安排上,主持词中表达的每一项程序要以自然段落分开,或标上序号。语言要根据会议的性质和内容确定表达风格。

【例文一】

首届校园体育节开幕式主持词

早上好!

踏着暮秋的阳光,沐浴初冬的风露;在这个果实高挂的季节,在这个收获满怀的季节,我们迎来了首届体育节暨田径运动会的胜利召开。

第一项:宣布开幕式开始

现在,我宣布,××县第一实验小学首届体育节暨田径运动会开幕式现在开始。

第二项:请裁判员、运动员入场(奏运动员进行曲,进入解说)

入场顺序:国旗方阵——校旗方阵——会旗方阵——军鼓队方阵——彩旗队方阵——裁判员方阵——各班运动员阵(入场完毕)

第三项:介绍领导和来宾

老师们、同学们,我校首届体育节暨田径运动会是一次综合性体育盛会,是我校体健工作的一次大展示和精神文明建设的一次大检阅。

比赛项目包括广播操、跳绳、接力赛、拔河、趣味运动、田径等活动项目,以群体性、普及性、趣味性活动为基础,倡导"人人参与体育节,

个个争当运动员",促进全校师生身心健康和谐发展。

下面,请允许我向大家介绍出席开幕式的领导和来宾,他们是:

……

让我们以热烈的掌声向各位领导的光临表示热烈的欢迎和衷心的感谢。

第四项：宣布大会开幕

现在，我宣布，××县第一实验小学首届体育节暨田径运动会开幕。（掌声、鼓乐）

第五项：举行升国旗仪式

下面举行升国旗仪式——请主席台领导起立，全体立正，出旗——升国旗，奏国歌，敬礼——礼毕，请坐下！

第六项：校长致开幕词

现在，请组委会主任×××校长致开幕词，大家鼓掌欢迎！

第七项：领导讲话

请……同志讲话

第八项：运动员宣誓

请刚获得××县中小学生田径运动会男子铅球冠军的601班××同学代表运动员宣誓

第九项：裁判员宣誓

请裁判员代表×××老师宣誓

第十项：集体呼号

呼号：发展体育运动，增强人民体质；

人人参与体育节，个个争当运动员；

健康第一，快乐成长；拼搏创新，为校增光。

第十一项：开幕式结束，竞赛开始

1. 请国旗方阵、校旗方阵、会旗方阵、军鼓队方阵、彩旗队方阵现行退场；

2. 请1、5、6年段退场，按功课表照常上课；

3. 请2、3、4年段各班同学到指定地点就座；

4. 裁判员、运动员、纠察员各就各位，比赛开始。

第十二项：

请组委会主任×××校长为首届体育节暨田径运动会鸣放第一枪！

（枪响后，奏运动员进行曲）

　　　　　　　　　　　　　　　　　　　　　××××年×月×日

【例文二】

共青团第×次团员代表大会会议主持词

同志们、同学们：

　　共青团河南大学第×次团员代表大会，河南大学第×次学生代表大会预备会议现在开始。参加本次团代会的代表有 201 名，今天因事、因病请假两名，实到 199 名，符合法定人数，可以开会。参加本次学代会的代表有 221 名，今天因事、因病请假 3 名，实到 118 名，符合法定人数，可以开会。

　　这次预备会议共有四项内容：

　　一、听取"两代会"筹备工作的汇报；

　　二、听取并通过"两代会"代表资格审查的报告；

　　三、通过"两代会"大会主席团成员和秘书长、副秘书长建议名单；

　　四、通过"两代会"大会议程。

　　下面进行本次会议第一项：

　　听取"两代会"筹备工作的汇报。

　　请×××同志作"两代会"筹备工作报告。

　　……

　　下面进行大会第二项：

　　听取并通过"两代会"代表资格审查的报告。

　　先请×××同志宣读第×次团代会资格审查报告。

　　……

　　请各位代表审议并发表意见，如果没有疑义，现在进行表决：同意的请举手，请放下；不同意的请举手，没有（或请放下）；弃权的请举手，没有（或请放下）。一致通过（或同意的超过应到会代表的半数，通过）。

　　下面请×××同学宣读第×次学代会资格审查报告。

　　……

　　请各位代表审议并发表意见，如果没有疑义，现在进行表决：同意的请举手，请放下；不同意的请举手，没有（或请放下）；弃权的请举手，没有（或请放下）。一致通过（或同意的超过应到会代表的半数，通过）。

　　下面进行大会第三项：

　　通过"两代会"大会主席团成员和秘书长、副秘书长建议名单。

　　先请×××同志宣读第×次团代会主席团成员和秘书长、副秘书长建议名单。

　　……

　　请各位团代表审议并发表意见，如果没有疑义，现在进行表决：同意的请举手，请放下；不同意的请举手，没有（或请放下）；弃权的请举手，没有（或请放下）。一致通过（或同意的超过应到会代表的半数，通过）。

下面请×××同志宣读第×次学代会主席团成员和秘书长、副秘书长建议名单。

······

请各位学代表审议并发表意见，如果没有疑义，现在进行表决：同意的请举手，请放下；不同意的请举手，没有（或请放下）；弃权的请举手，没有（或请放下）。一致通过（或同意的超过应到会代表的半数，通过）。

下面进行本次会议第四项：

通过"两代会"大会议程。

先请×××同志宣读第×次团代会大会议程。

······

请各位团代表审议并发表意见，如果没有疑义，现在进行表决：同意的请举手，请放下；不同意的请举手，没有（或请放下）；弃权的请举手，没有（或请放下）。一致通过（或同意的超过应到会代表的半数，通过）。

请×××同志宣读第×次学代会大会议程。

······

请各位学代表审议并发表意见，如果没有疑义，现在进行表决：同意的请举手，请放下；不同意的请举手，没有（或请放下）；弃权的请举手，没有（或请放下）。一致通过（或同意的超过应到会代表的半数，通过）。

本次会议的全部议程进行完毕，现在休会！

【例文三】

菏泽市第十次神经病学术会议主持词

各位代表、各位专家、各位领导、朋友们：

大家上午好！

菏泽市第十次神经病学术会议，经过积极筹备，领导的大力支持，各医疗单位参与和配合，今天胜利召开了，这是我市神经内科的一件大喜事，也是大家相互交流经验、切磋技艺、增进感情的一次良好机会。会议得到了市卫生局领导的重视，王局长在百忙中参加今天的会议，这说明领导对学术活动的关心和支持，这次会议特邀齐鲁医院王翠兰教授、省立医院杜怡峰教授，两位教授的到来为本次会议提升了档次，增添了学术氛围，市立医院夏院长也专程到会祝贺，第三届神经病学分会主任委员徐龙宪也参加今天会议，请允许我以市医学会的名誉对各位领导、各位专家表示热烈的欢迎和衷心的感谢，同时也感谢在座的各位长期以来对医学会工作的支持和帮助，现在我宣布,菏泽市第十次神经病学术会议开幕。

首先请菏泽市立医院副院长夏建胜致欢迎词。

下面宣布菏泽市医学会第四届神经病学分会委员会。

下面由名誉主任委员徐龙宪主任讲话。

下面由新当选的第四届神经病学分会主任委员宗碧云讲话。

最后请市卫生局王局长讲话,大家欢迎!

刚才夏院代表市立医院对大家表示欢迎,提出了合理的建议;第三届委员会主任委员徐龙宪主任总结了上届学会所做的工作;第四届委员会主任委员宗碧云主任代表新一届委员会做了表态发言;王局长为会议提出了具体要求。希望大家认真领会和学习,在会议期间在认真学习,有较大的收获,会后要做好会议精神的传达和贯彻。

再次感谢各位领导、专家和同志们,开幕式到此结束,全体代表与领导一起到门前合影留念,合影后马上回来进行学术讲座。

（选自菏泽市卫生局网站）

16.2 祝 词

一、概述

祝词是指在各种喜庆场合对人物、事业、活动表示祝愿的礼仪性文书。它不但在一般的社会交往中广泛使用,而且在国际交往中也经常用到。通过良好的祝愿,加深双方的了解和感情,协调彼此间的关系。祝词主要是用于未然之事,以表示良好的祝愿和希望。

二、祝词的特点

(1)祝愿性。祝愿者在事情或事业即将进行或正在进行而尚未取得成果时,对此表示良好的祝愿,衷心希望未然之事圆满成功。这是祝词的主要特征。

(2)直陈性。这是祝词在使用方式上的基本特征。祝词是一种宣读式的演讲文体,一般要在特定的场合或集会上当众宣读,直接表示祝愿。

三、祝词的类别

(1)祝寿。按我国的传统习惯,只对老人祝寿。祝词中既希望老人幸福长寿,也称赞老人的品德和贡献,表达祝者对寿者的尊敬及友谊之情。

(2)祝酒。祝酒词是把酒宴作为一种交往的媒介,一种祝愿的形式,在举杯之际致词祝颂,以增进理解和友谊,增强合作与交流。这种方式在社会交往、国际交往中广泛使用着。

(3)交往性的。是指人们在相互交往中为对方的某件事情而表示的礼节性祝愿。

四、祝词的格式及写作

祝词的结构由标题、称谓、正文及结语四部分组成。

标题。写法有三种。

(1)只标明一个正题,如"新年祝词"。

(2)正题下面加副标题。

(3)正题上面加肩题。

称谓。顶格书写,后加冒号。致词之前,先称呼所有的到会听众,以示尊重。称呼要亲切、礼貌、全面,既要包括所有的到会者,又要注意先后顺序排列。内部活动一般用"同志们"即可;如果有外国首脑及其他男女外宾参加,则应先称呼外国首脑,接着写"女士们、先生们",然后再写"同志们、朋友们"等。

正文。开头先概括交代事由,致词者在什么情况下,代表谁,向出席者表示欢迎、感谢和问候。中间要写明祝贺的具体事项及其深刻的意义,既可以回顾过去,概括以往所取得的成就以及变化和发展;也可以放眼全局,展望未来,联系当前所面临的光荣而艰巨的使命,表示愿望与追求。这一部分要写得具体、充实。

结尾。写上祝愿语。

五、祝词的写作要求

(1)祝词不要太长。祝词通常都在一种喜庆、热烈的气氛中宣读,太长会使听众厌烦,因此要简明充实。

(2)祝词要有感情、热情而庄重。祝贺是祝词的核心,无论对人、对事、对活动都要表达出真诚的祝愿,所以既要礼貌热情,又要注意自然、贴切不要言过其实。

(3)措词要得体。既符合被祝者的实际,又与祝愿者的身份相符。要恰如其分地祝贺,才能取得预期的效果。要注意避免使用拗口、生僻的词语、典故,多用短句。

【例文一】

在共青团乐山市第五次代表大会上的祝词

中共乐山市委书记、市人大常委会主任于伟
(2007 年 5 月 21 日)

青年朋友们、同志们：

在全市上下奋力推进经济社会又好又快发展的重要时刻，共青团乐山市第五次代表大会今天隆重开幕了。开好这次大会，对于更好地团结动员广大团员青年为推进科学发展、构建和谐乐山而努力奋斗，具有十分重要的意义。在此，我代表中共乐山市委，向大会的召开表示热烈的祝贺！向出席大会的全体代表，全市各族青年、共青团员和青少年工作者致以亲切的问候！　市第四次团代会以来的六年，是我们开启新世纪征程的六年，是我市经济社会事业取得显著成就的六年，也是全市各级团组织和广大团员青年拼搏奉献、建功立业的六年。六年来，全市各级团组织和广大团员青年紧跟时代步伐，围绕中心，发挥优势，服务青年，服务社会，服务大局，踊跃投身全面建设小康社会的生动实践，为促进全市经济发展和社会进步做出了积极贡献，涌现出了大批先进集体和先进个人。实践证明，共青团不愧为党的坚强助手和可靠后备军，广大团员青年不愧为我市改革开放和现代化建设的生力军和突击队。

当前，我们正处于全面建设小康社会、构建社会主义和谐社会的关键时期，正站在一个新的更高的起点上。省第九次党代会围绕"坚持科学发展、构建和谐四川"的主题，提出"奔富裕、求发展、促和谐、树新风"四项任务和实现"四个跨越"的奋斗目标，为广大青年施展才华提供了广阔舞台。全市广大青年要勇敢地肩负起历史使命和光荣职责，积极投身到坚持科学发展、构建和谐乐山的生动实践中，努力创造无愧于时代、无愧于人民的一流业绩。

为实现富民强市全面小康而奋斗，广大青年必须坚定信念、志存高远。理想信念是人生的精神支柱和动力源泉。广大青年要坚持用科学理论武装头脑，坚定共产主义崇高理想，树立正确的世界观、人生观和价值观，始终以国家富强和人民幸福为己任，自觉把个人理想与人民的意愿结合起来，把个人的追求融入党和人民的事业中去，在服务社会和人民的实践中实现自己最大的人生价值。

为实现富民强市全面小康而奋斗，广大青年必须锤炼品德、崇尚新风。青年时期是人生的起步阶段，是品德养成的关键时期。广大青年要勇敢地站在开创社会文明新风的最前列，带头弘扬社会公德、职业道德、家庭美德，带头参与群众性精神文明创建活动，努力做中华民族传统美德的传承者，做党的优良革命传统的继承者，做体现时代进步要求的新道德规范的实践者，做新型人际关系和良好社会风尚的倡导者。

　　为实现富民强市全面小康而奋斗,广大青年必须刻苦学习、发奋成才。学习是青年成长发展的基石。广大青年要坚持学习,养成终身学习的良好习惯,始终保持高涨的学习热情和旺盛的求知欲望,努力掌握现代科学文化知识,用人类社会创造的一切优秀文明成果丰富自己、完善自己,切实增强为人民服务的本领,提高应对竞争和挑战的能力。要虚心向人民群众学习、向实践学习、向生活学习,到艰苦的环境中去经受锻炼,在实践中汲取营养、增长才干。

　　为实现富民强市全面小康而奋斗,广大青年必须艰苦创业、锐意创新。实干成就宏伟事业,奉献造就灿烂人生。广大青年要大力发扬艰苦奋斗和甘于奉献的精神,立足本职,爱岗敬业,真抓实干,努力在平凡的岗位上创造出不平凡的业绩。要大力发扬改革创新的时代精神,充分发挥自身潜能,勇于创造,善于创造,敢于创造,在推进经济发展和社会进步中,不断地有所发现、有所发明、有所创造、有所前进。

　　共青团是党领导的先进青年的群众组织,是党的青年工作的重要力量。在新的历史条件下,各级团组织要立足新使命,适应新形势,充分发挥组织青年、引导青年、服务青年、维护青年合法权益的作用,团结带领广大团员青年在"坚持科学发展、构建和谐乐山"的伟大实践中激扬青春、奉献才智、建功立业。要正确引导青年,坚持用马克思主义中国化的最新成果武装青年,用社会主义核心价值体系教育青年,用民族精神和时代精神激励青年,用社会主义荣辱观引导青年,打牢共同思想道德基础,形成良好社会风尚。要坚持把竭诚为青年服务作为共青团一切工作的出发点和落脚点,不断提高服务青年的能力和水平,千方百计为广大青少年办实事、解难事,更好地维护青少年的合法权益,不断巩固党的青年群众基础。

　　共青团事业是党的事业的重要组成部分,青年工作是党的群众工作的重要内容。各级党委要切实加强对共青团工作的领导,支持共青团依照法律和自己的章程独立自主、创造性地开展工作,为共青团更好地发挥作用创造条件。要充分信任青年,热情关怀青年,严格要求青年,切实把青年的积极性引导好、保护好、发挥好。要加强共青团干部培养锻炼,大胆选拔任用共青团的优秀干部,识其之长,用其所长,放手使用青年人才,使我们党的干部队伍后继有人、永葆青春。

　　同志们,时代召唤青年,青年创造未来。让我们紧密团结在以胡锦涛同志为总书记的党中央周围,高举邓小平理论和"三个代表"重要思想伟大旗帜,全面落实科学发展观,认真贯彻省第九次党代会精神,牢记使命,开拓进取,奋发有为,在实现富民强市全面小康的进程中谱写更加绚丽的青春!

　　最后,预祝共青团乐山市第五次代表大会取得圆满成功!

(选自乐山共青团网站)

第 17 章　贺信、贺电与请柬

17.1　贺　信

表示祝贺赞颂的书信叫贺信。它是机关、团体、单位或个人有了喜庆之事,为了对其表示庆贺,或是向作出突出贡献、取得重大成就的机关、团体或个人表示祝贺,或对某一次重大会议、某一项重大工程表示祝贺而写的信件。对国家首脑任职,亦可发贺信。

贺信一般可分为标题、称谓、正文、结尾四个部分:

标题。在第一行正中写上"贺信"两字。也可以是写给某人、某单位的贺信。

称谓。顶格写接受贺信以及被祝贺的事由。

正文。正文是贺信的具体内容,大致包括以下内容:

(1)简略交代当时的背景或其他有关情况,为颂扬成绩做铺垫。

(2)充分肯定和热情赞扬对方取得的主要成就,以及取得成就的根本原因和重大意义,并作出肯定性评价。祝贺会议的贺信,应概括写出会议的主要内容的重要性。祝贺寿辰的贺信,应精练地说明被祝贺者的突出贡献和高贵品质。

(3)表示热烈的祝贺和赞扬。

(4)给以热情的鼓励和殷切的希望。

(5)结尾。署名及标明写信日期。

【例文一】

贺　信

集美大学：

　　欣闻你校建校 90 周年,谨向全体师生员工和海内外校友致以热烈的祝贺!

　　在 90 年的办学历程中,特别是改革开放 30 年来,你校认真贯彻党和国家的教育方针,坚持嘉庚精神立校,诚毅品格树人,艰苦创业,锐意进取,不断扩大办学规模,提高办学质量和水平,为福建经济社会发展培养和输送了大批各类专门人才。

　　希望你校以九十校庆为契机,以党的十七大精神为指导,全面贯彻落实科学发展观,主动适应海峡西岸经济区建设对人才培养工作提出的新要求,进一步弘扬嘉庚精神,光大诚毅品格,深化教育教学改革,加强内涵建设,提升办学质量,为海峡西岸"两个先行区"建设做出新的更大贡献。

福建省教育厅

2008 年 9 月 3 日

（选自集美大学网站）

【例文二】

中共中央、国务院致奥运中国体育代表团的贺信

中国体育代表团：

　　在举世瞩目的第 29 届奥林匹克运动会上,中国体育健儿肩负祖国和人民的殷切期望、怀着为国争光的强烈信念,顽强拼搏,奋勇争先,取得了 51 枚金牌、21 枚银牌、28 枚铜牌的优异成绩,位居金牌榜第 1 位,创造了中国体育代表团参加奥运会以来的最好成绩,实现了重大历史性突破,书写了中国体育事业发展的新篇章,为把北京奥运会办成一届有特色、高水平的奥运会作出了重大贡献。祖国和人民为你们自豪!党中央、国务院向为祖国和人民赢得巨大荣耀的中国体育代表团,致以热烈的祝贺,表示亲切的慰问!

　　在北京奥运会赛场内外,中国体育健儿大力弘扬中华体育精神和奥林匹克精神,以坚定的意志品质、精湛的运动技艺、良好的文明礼仪,取得了运动成绩和精神文明双丰收,实现了你们出征前许下的为人生添彩、为奥运增辉、为民族争气、为祖国争光的誓言,向世界展现了中华儿女积极进取、昂扬向上的蓬勃朝气,展现了中华民族自

强不息、团结奋斗、和平进步的精神风貌。你们同世界各国各地区体育健儿交流技艺、提高水平、增进友谊，为促进世界各国各地区人民的相互了解和友谊作出了新的贡献。你们用自己的实际行动，极大激发了全国各族人民的爱国热情和拼搏精神，给正在积极推进改革开放和社会主义现代化建设的全国各族人民以巨大鼓舞，为国际奥林匹克事业作出了突出贡献。

希望你们发扬优良传统，认真总结经验，戒骄戒躁，再接再厉，不断为祖国和人民赢得更大荣耀，为推动我国体育事业向前发展，为弘扬奥林匹克精神和促进国际奥林匹克运动，为夺取全面建设小康社会新胜利、开创中国特色社会主义事业新局面再立新功！

中共中央

国务院

2008 年 8 月 24 日

（选自搜狐网）

17.2　贺　电

一、概述

贺电和贺信的写法基本上一致。贺电是对收电对象表示祝贺赞颂的电报。它大多是以政府部门、企事业单位或首脑人物、代表人物名义发给有关单位、集体、个人的。贺电可以直接发给对方，也可以通过登报或广播发布。

贺电可以是对取得巨大成绩、做出卓越贡献的集体或个人表示祝贺；对重大喜事表示祝贺；对重要人物的寿辰表示祝贺。它具有一定篇幅，但不宜过长，要求感情充沛，文字明快。

二、贺电的写作格式

标题。在第一行的中间写上"贺电"两字。也可以写成谁给谁的贺电以及被祝贺的事由。

称谓。即对致电接受者的称呼。顶格写接受贺电的单位或个人的称谓，后边加上冒号，表示后面有话要说。

正文。贺电的具体内容。紧接称呼之后，另起一行，低两格写起。这部分大致包括以下内容:简略交代当时的背景或其他有关情况,为颂扬成绩做铺垫。充分肯定和热情赞扬对方所取得的主要成绩,以及取得成就的根本原因和重大意义,并作出肯定性评价。祝贺会议的贺电,应概括写出会议的主要内容和重要性。祝贺寿辰的贺电,应精练地说明被祝贺者的突出贡献和高贵品质,表示热烈的祝贺和赞扬。

结尾。表示殷切的希望、热情的祝愿等。

署名。在正文的右下方写明发电的单位、发电人姓名。署名下方写明发电的年月日。

三、贺电的写作要求

在写作中,必须写明祝贺谁,祝贺什么,及祝贺的原因。如果是节日贺电一类,除了热烈地祝贺以外,还要向被祝贺者提出要求和希望。文中遣词造句要求充满热情、喜悦、亲切之情,使被祝贺者感到愉快、备受鼓舞。具体要求如下:

(1)文字精简明白。电报是按字数计收费用的,所以电文越简短越好。但精简应以表达清楚、明白为前提。

(2)严格按格填写。电报的按字计费是按电报纸上的格子计费的,所以要严格认真写,手写字体要端正。

(3)数字的写法。数字用阿拉伯数字填写,一个数字可以填在一个格子里,并用括号表示。

(4)电报挂号的用法。"电报挂号"是一个单位在电讯部门登记后获得的专用号码,使用这个号码,就可以代替单位的地址和名称。

(5)关于附项。附项是电文以外的内容,不拍发、不计费。但因具有在电报无法投递或其他意外情况下供电讯部门与发报人联系的作用,所以应如实详细填写。

【例文一】

贺 电

国家体育总局冬季运动管理中心、中国短道速滑队并转王濛:

才饮北京奥运会庆功酒,又闻短道世界杯喜讯传。在举世关注的 2008/2009 国际滑联短道速滑世界杯中国北京站的比赛中,欣闻我市输送的优秀运动员王濛在刚刚结束的世界杯短道速滑女子 500 米第一次比赛中获得金牌并两次打破了世界纪录,我市输送的优秀运动员刘秋宏获得女子 500 米银牌。

王濛在此之前进行的 500 米 1/4 决赛第三组比赛中,以 43 秒 030 的成绩打破了自己在上个月世界杯美国站创造的 43 秒 125 的世界纪录并以小组第一晋级半决赛。在接下来的女子 500 米决赛中,她又遥遥领先冲过了终点获得金牌,成绩为 42 秒 609,这一成绩大幅度打破了她刚刚在 1/4 比赛中创造的世界纪录,这也是首位在女子 500 米比赛中突破 43 秒大关的选手。王濛,你在一天内两次创造了短道速滑女子 500 米新的世界纪录,为祖国和家乡人民献上了又一份厚礼。家乡人民为你感到光荣和骄傲,市委、市政府及全市人民向你表示最热烈的祝贺! 向国家体育总局冬季运动管理中心领导,向国家队的领队、教练和队友们致以亲切问候!

祝愿王濛和队友们在比赛中再接再厉,创造更优异的成绩,为祖国再立新功!

中共七台河市委

七台河市人民政府

2008 年 11 月 30 日

(选自七台河新闻网)

【例文二】

安徽省教育厅为我校校庆发来贺电

皖南医学院:

值此皖南医学院建校 50 周年之际,特致以热烈的祝贺! 并向全校师生员工和广大校友致以亲切的问候!

长期以来,皖南医学院秉承"精医　尚德　求实　自强"的校训,以教学为中心,以育人为根本,形成了优良的办学传统和鲜明的办学特色。在教育教学、人才培养和医疗卫生服务等方面取得了丰硕成果,培养了大批高素质应用型医学人才,已发展成为一所规模结构合理、办学质量优秀的高等医学院校,为安徽省高等教育事业发展和社会进步做出了突出的贡献!

希望你校以 50 周年校庆为契机,进一步深化改革,全面贯彻落实科学发展观,保持优良传统,弘扬办学特色,继往开来,与时俱进,开拓创新,全面提高教育质量和办学水平,为安徽的自主创新,推进跨越发展、加快崛起进程做出新的更大贡献!

中共安徽省委教育工委　安徽省教育厅

2008 年 12 月 2 日

(选自皖南医学院网站)

17.3 请 柬

一、概述

(一)请柬的含义

请柬,也叫请帖,是一种专门邀请客人参加某项仪式或典礼的礼仪性文书,发送对象一般都是上级领导、知名人士、兄弟单位代表等,与主人是宾主关系,而非上下级关系或管理与被管理关系。

邀请函与请柬都属于邀请客人参会的礼仪性文书,其区别有两点:一是适用场合不同。邀请函多用于以口头交流为主要方式的会议活动,如有关邀请专家出席咨询会、论证会、研讨会,邀请记者参加发布会、记者招待会等;而举行各类较为隆重的仪式和交际活动,如开幕式、闭幕式、签字仪式、开工典礼、宴会、舞会等,则应当用请柬,而不用邀请函。二是规格不同。有的会议活动可能同时使用邀请函和请柬,这时,一般的专家和客人发邀请函,而作为特邀嘉宾的上级领导、兄弟单位代表、社会名流等,则应当用请柬。

(二)请柬的作用

使用请柬,既可以表示对被邀请者的尊重,又可以表示邀请者对此事的郑重态度。凡召开各种会议,举行各种典礼、仪式和活动,均可以使用请柬。

二、请柬的结构和写法

(一)请柬的结构

(1)固定格式请柬。既可以按统一格式批量印制,也可以用市售的具有统一格式的请柬填发。这类请柬应当有信封,以示郑重。请柬的行文一般不用标点,也不提邀请对象姓名,而是将其姓名写在信封上。最后填写主办单位名称,也可由主人签名。

请柬从形式上又分为横式写法和竖式写法两种。竖式写法从右边向左边写。但从内容上看请柬,作为书信的一种,又有其特殊的格式要求。

(2)撰拟格式。即根据活动的具体要求和对象的实际情况,亲笔拟写或专门打印的请柬。具体格式如下：

①标题。仅写"请柬"二字，居中。不能写成"关于××××的请柬"。

②称呼。写明对象的姓名。如发给单位的，则写单位名称。

③正文。写明活动目的、内容、形式、时间、地点等。由于请柬发送的对象都是上级领导、兄弟单位、合作对象、社会知名人士等，因此，语气用词一定要恭敬、委婉、恳切。请柬中的所提到的人名、国名、单位名称、节日名称都应用全称。如果要确切掌握出席情况，可在请柬下方注上"请答复"字样，涉外请柬用法文编写"R. S. V. P."。如只要求在不出席的情况下答复，则注上"Regrets only"（因故不能出席请答复），并注明回电号码，也可在请柬发出后，用电话询问能否出席。

④具名。以单位名义邀请的具单位名称并盖单位公章，以示郑重。以领导人名义发出的请柬，由领导人签署，以表诚意。

⑤日期。写上邀请日期。

（二）请柬的写作要求

（1）请柬不同于一般书信。一般书信都是因双方不便或不宜直接交谈而采用的交际方式。请柬却不同，即使被请者近在咫尺，也须送请柬，这是表示对客人的尊敬，也表明邀请者对此事的郑重态度。

（2）语言上除要求简洁、明确外，还要措词文雅、大方和热情。一种文体，而且文字容量有限，所以要摈弃那些繁冗造作或干瘪乏味的语言。具体而言有如下几点：

第一，求其"达"，既要通顺明白，又不要堆砌辞藻或套用公式化的语言。

第二，求其"雅"，即要讲究文字美。请柬是礼仪交往的媒介，乏味的或浮华的语言会使人很不舒服的。

第三，请柬文字尽量用口语，不可为求"雅"而去追求古文言。要尽量用新的、活的语言。雅致的文言词语可偶尔一用，但需恰到好处。

第四，整体而讲，要根据具体的场合、内容、对象、时间具体认真地措词，语言要文雅、大方、热情。

三、请柬写作应注意事项

请柬主要是表明对被邀请者的尊敬，同时也表明邀请者对此事的郑重态度，所以邀请与被邀请双方即便近在咫尺，也必须用请柬。凡属比较隆重的喜庆活动，邀请客人均以请柬为准，切忌随 便口头招呼，顾此失彼。

请柬是邀请宾客用的，所以在款式设计上，要注意其艺术性，一帧精美的请柬会使人感到快乐和亲切。

选用市场上的各种专用请柬时,要根据实际需要选购合适的类别、色彩、图案。

请柬要在合适的场合发送。一般说来,举行重大的活动,双方又是作为宾客参加,才发送请柬。寻常聚会,或活动性质极其严肃、郑重,对方也不作为客人参加时,不应发请柬。

措词务必简洁明确、文雅庄重、热情得体。

【例文一】

请　　柬

××电视台:

　　兹定于三月八日晚八时整,在××大学学习堂举行"三八妇女节诗歌朗诵会",届时恭请贵台派记者光临。

××大学团委会
2008 年 3 月 6 日

【例文二】

请　　柬

×××女士/先生:

　　兹定于 9 月 14 日晚 7：00－9：00 在市政协礼堂举行仲秋茶话会,届时敬请光临。

　　此致

敬礼

××市政治协商会
2008 年 9 月 12 日

【例文三】

请　　柬

尊敬的×××先生:

　　为了促进我国互联网产业的健康发展,中国互联网协会定于 2008 年 11 月 25 日,在厦门召开"2008 中国站长论坛暨第四届中国站长大会"。邀请协会有关领导与互联网骨干网站站长,发表对促进互联网网站发展的观点和建议,为下一步发展打好基础。

特邀请您莅临采访。

中国站长大会组委会

2008 年 11 月 22 日

【例文四】

宴会请柬

请柬:

谨定于××××年×月×日下午×时在香格里拉大酒店举行宴会,欢迎××能源研究所高级工程师×××先生及其夫人。

敬请光临!

×××先生和夫人

×××能源研究所所长

第四部分

外事公文写作范例与技巧应用

第18章　外贸意向书与外贸备忘录

18.1　外贸意向书

一、概述

外贸意向书是国家、单位、企业以及经济实体与个人之间,对某项事务在正式签订条约、达成协议之前,由一方向另一方表明基本态度或提出初步设想的一种具有协商性的应用文书。

外贸意向书的主要作用是传达"意向",提请对方注意或供参考,可以约束双方的行动,保证双方的利益;意向书能反映业务工作上的关系,能保证业务朝着健康有利的方向发展;意向书可为正式签订协议或合同打下基础。

二、意向书的特点

(1)协商性。写意向书多用商量的语气,不带任何强制性。有时还用假设、询问的语气。

(2)灵活性。意向书的灵活性主要在两个方面:①可以随时改变自己的主张。意向书发出后,对方如有更好的意见,可以直接采纳,部分改变或全盘改变都是可能的;②在同一份意向书里可以提出多种方案供对方选择。或者对其中的某项某款同时提出几种意见或调查,让对方比较和选择。

(3)临时性。意向书是协商过程中各方基本观点的记录,一旦达成正式协议,便完成了意向书的使命。它不像协议、合同那样具有法律效力。

三、意向书的写作

意向书的一般结构：包括标题、双方出席代表、时间、地点，以及协商经过，协商的主要事项，最后署名及具体日期等。无论采用哪种方式写作意向书，它的基本格式和内容与协议书大体相同，仍然是回答"为什么"、"做什么"、"怎么做"的问题。

四、注意事项

(1)坚持平等互利的原则。不分国家大小、单位大小和资本多少，都应一视同仁，平等对待；既不能迁就对方，也不能把自己的要求无原则地强加给对方。

(2)是非要分明，态度要诚恳，做到不卑不亢，礼貌客气。

(3)内容要明确，条款要具体，用词要准确，不能含混不清，模棱两可。

【例文一】

外商投资意向书

投资方××于××××年×月×日在××××地，对建立×××企业事宜进行了初步考察，形成意向如下：

一、投资方方愿以独资的形式建立独资企业，暂定名为×××××有限公司。建设地址在××××，建设期为××年，即从××××年—××××年全部建成。

二、总投资×××万美元(购置国产设备折×××人民币)。××项目用汇×××万美元。

三、项目用地规模×××公顷，新建生产及附属用房等建筑面积××××平方米。

四、独资企业生产能力：

五、独资经营年限为××年，即××××年×月—××××年×月。

六、独资企业其他事宜按《外资企业法》有关规定执行。

投资方签字

××××年×月×日

【例文二】

合资兴建麦秆草席加工厂意向书

中国××省××公司，××市××厂与日本国东京都××服务中心，本着"友好、平等、互利"的原则精神，中日双方于×年×月×日至×月×日，××年×月×日至×

月×日,先后两次在中国××就合资兴建麦秆草席加工厂有关事宜进行了友好协商。在此基础上,中国××省××公司派员于××年×月×日至×月×日,赴日本国东京对此事进行了进一步磋商;日方应全国对外友好协会的邀请,于××年×月×日至×日,一行四人在全国对外友好合作服务中心有关负责同志的陪同下,对中国××市××厂进行了实地考察和商定,中、日三方同意利用中国××省××市××厂的现有厂房等设施合资兴建一座麦秆草席加工厂,现达成如下意向:

一、整体规划、分期投资

1. 中方以湖南省××市××厂现有厂区土地(空坪)40亩,车间6栋,办公楼1栋,配电间1栋和其他生产和生活等设施,作为合资股份总额,分为两次投资入股。

2. 第一期以现有车间3栋,办公楼1栋,厂区土地(空坪)20亩、配电间1栋等其他辅助设施,投入合资兴建麦秆草席加工厂。

3. 第二期项目的投入,根据需要与可能相结合的原则,在第一期合资兴建麦秆草席加工厂获得中方正式批准之日起,十个月内,中日双方签署第二期合资项目的意向书,与此同时,再用两个月时间,提供出项目的可行性报告、项目建议书、项目的合同、章程等有关资料,以利申报。超过上述期限,第二期项目的投入为自动放弃,中方可将所剩余的车间3栋、土地20亩等自行安排。

二、合营期限与货币计算名称

1. 合营期限

a. 时间从××年×月至××年×月止,计十年整,一方如需继续履行此合同,须经三方协商同意后,可重新申请延期。并申报有关部门办理延期手续。

b. 合同期满后,其固定资产的残值归中方所有。

2. 货币计算方式

三方不管采取什么投资方式,一律以美元为计算单位进行核算。

三、工厂规模

工厂占地面积为28.6亩,年生产能力为21.6万床草席,职工人数为100人。

四、投资金额及比例

合资工厂总投资额为×××万美元。日方投资×××万美元,占总投资额的52.1%,其中包括提供全套生产草席的机器3套,辅助设备、生产和工作用车11辆,部分办公设备,现有工厂改造、配套及生产周转资金。

中方投资×××万美元,占总投资额的47.9%(其中湖南省××公司为17%,×

×市××厂为30.9％）。以3栋车间（面积为4425平方米），办公楼1栋（1434平方米），配电间1栋（120平方米），高压供电输电专线，配电设备，柴油发电机组，饮用水机井等作为投资入股。

五、双方责任分担

中方：

1. 在三个月内办理有关中外合资企业的申报，审批手续和工商登记注册等手续。

2. 对厂区的整体规划，附属设施的配套完善及财产保险等工作。

日方：

1. 派遣技术人员3名，为中方培训技术工人，指导生产及设备安装。

2. 包销十年内所生产的全部产品（共计×××万床麦秆草席），提供生产周转资金及工厂改造配套的所需资金。

3. 在近期内提供有关中外合资企业所需的资料及文件。

六、利润分配及亏损分担

1. 中日双方按认可的投资比例分配利润及承担亏损责任，即中方获全部利润的47.9％（其中湖南省××公司为17％，××市××厂为30.9％）。日方获全部利润的52.1％。

2. 亏损按利润分配比例承担。

七、合资兴建工厂的未尽事宜，在正式签订协议书时予以补充。此意向书用中、日文字书写，双方各持三份。

中国××省××公司　　　　代表×××
日本国东京×××服务中心　代表×××
中国××省×××厂　　　　代表××××
××××年×月×日

【例文三】

合资意向书

甲方：××××

乙方：××××

甲、乙双方根据《中华人民共和国中外合资经营企业法》及其他有关法律、法规的规定，经过平等互利的友好洽谈，在×××达成如下合资意向：

一、双方合资举办有限公司,地址在××××。

二、合资企业总投资为×××万美元;注册资本为××××万美元,其中甲方出资××××万元人民币(折合×××万美元),占注册资本的×%;乙方出资×××万美元(折合×××万元人民币),占注册资本的×%。出资方式待定(或初定……)。

三、合资企业为有限责任公司。

四、合资企业主要生产的产品及年生产规模:

1. 生产销售:

2. 年生产规模:

五、合资企业生产所需的原料及来源:

六、产品外销比例:

七、合资企业实行董事会领导下的总经理负责制。

八、合资经营期限暂定为×年。

九、本意向书签订后,双方应就合营企业之具体合作事项作进一步洽谈并按企业设立程序申报相关材料。

甲方:××××

乙方:××××

××××年×月×日

18.2　外贸备忘录

备忘录是外交代表机关之间使用的一种外交文书,用来说明就某一事件、问题进行交涉时在事实上、立场上、法律方面的细节,或用来重申外交会谈中的谈话内容。可面交或送交对方,无客套语、致敬语,开头就叙述事实。在会谈或交涉中为了对方便于记忆谈话的内容或避免误解,可预先写成备忘录面交对方,也可在谈话后将要点用备忘录送交对方。为了叙述事实或陈述、补充自己的观点、意见或驳复对方的观点、意见,如果用照会过于郑重时,可使用备忘录。有时为了提醒某一件事,作为一种客气的催询,也可送交备忘录。

备忘录也可以作为正式照会或普通照会的附件。

面交的备忘录,不编号、不写抬头、不盖章;送交的则要编号、写抬头、要盖章。有的标上"备忘录"三字。

【例文一】

备忘录

××年×月×日

中国××公司××分公司(简称甲方)与×国××公司(简称乙方)的代表,于××年×月×日在中国×市就兴办合资项目进行初步协商,双方交换了意见,达成了谅解,双方的承诺如下:

一、依据双方的交谈,乙方同意就合资经营××项目进行投资,投资金额大约×××万美元。投资方式待进一步磋商。甲方所用的投资的厂房、场地、机器设备的作价原则和办法,亦待进一步协商。

二、关于利润的分配原则,乙方认为自己的投入既有资金,又出技术,应该占60%～70%,甲方则认为应该按投资比例分成。没有取得一致意见。但乙方代表表示,利润分配比例愿意考虑甲方的意见,另定时间进行协商确定。

三、合资项目生产的××产品,乙方承诺在国际市场上销售年产量的45%,甲方希望乙方能提高销售额,达到70%,其余的在中国国内市场上销售。

四、工厂的规模、合营年限以及其他有关事项,均没有详细地加以讨论,双方都认为待第二项事情向各自的上级汇报确定后,其他问题都好办。

五、这次洽谈,虽未能解决主要问题,但双方都表达了合作的愿望。期望在今后的两个月内再行接触,以便进一步商洽合作事宜,具体时间待双方磋商后再定。

中国××公司××分公司　　　　　　　　　×国×××股份有限公司

代表×××(签章)　　　　　　　　　　　　代表×××(签章)

【例文二】

谅解备忘录

中央农业广播电视学校、萨斯卡彻温大学分散学习中心

联合编写远程教育英汉双解术语词典

背景:

本提议旨在编写、出版远程教育领域英汉双语术语表,这些术语常见于英文文献及出版物。术语表是优于普通词典的一个研究工具。它提供每条术语的环境背景,有助于读者在实践及应用研究中对术语的理解。

对于中国的管理者、研究人员、教师从业者及学生而言,他们在阅读英文文献、准备在英文期刊上发表论文及在国际会议上做演讲时都能从术语表中获得帮助。对于那些希望与英语国家的研究伙伴开展合作的其他国家的研究人员及学者来说,同样

会发现术语表的作用。术语表中提供的有关项目设计、开发和实施的实例可以帮助读者更好地理解远程教育。

除了服务于中国的研究者、远教从业者及学生，术语表的内容同样使其他国际学者及研究人员受益。目前，萨斯卡彻温大学分散学习中心的研究人员正与非洲及南美的合作机构一起，参与国际项目。分散学习中心的主要研究员（Angelina Wong 博士、Kathleen Matheos 博士）意将通过吸纳国际实例对中英术语表进行扩充。为此，Angelina 和 Kathleen 将拥有术语表英语部分的版权。

版权归属

萨斯卡彻温大学分散学习中心拥有术语表英文部分的版权，此外，分散学习中心的主要研究人员（Angelina Wong 博士、Kathleen Matheos 博士）有权吸纳国际上常见范例对英文部分进行补充，并出版发行英文版本。

中央农广校拥有术语表中文部分的版权，此外，中央农广校有权吸纳国际上常见范例对中文部分进行补充，并出版发行中文版本。

英汉双语术语表是中央农广校与萨斯卡彻温大学分散学习中心通力合作的成果，属双方共同所有。

萨斯卡彻温大学分散学习中心同意中央农广校在中华人民共和国境内出版术语表英文部分；在中国和加拿大之外的第三国及地区出版发行术语表的所有版本均要认可是中央农广校及分散学习中心的共同成果。

资源

编写术语表这项工作需要成立两个编写组，一个来自中央农广校，一个来自分散学习中心。两个编写组将共同确定远教领域常用术语清单。这些常用术语的一个样例将综合八个"叙述"的具体例子，这些例子涉及有关项目设计、开发和实施。分散学习中心将负责用英文撰写其中的 6 个叙述部分，中央农广校将负责用中文撰写其中 2 个叙述部分。

中央农广校提供其编写的两部分的英文初稿，分散学习中心将对其修改，并编辑和提供中央农广校中文部分的英文定稿。

中央农广校负责将分散学习中心提供的六个英语叙述部分译成中文，中文译稿的初稿将由分散学习中心进行第二稿的内容修订，并由中央农广校编辑和提供英文部分的中文定稿。

在术语表正式出版之前，中央农广校将与分散学习中心共同检查待出版的版本，进行一切必要的修改后出版。

进度表

组成编写组	2004 年 7 月 8 日(已完成)
摘录初选术语	2004 年 7 月 31 日(已完成)
补充术语的叙述内容	2004 年 9 月 1 日—12 月 31 日
编写组会谈暨签订谅解备忘录(中国上海)	2004 年 11 月 26—27 日
审定及修改	2005 年 01 月 01—15 日
翻译术语及叙述内容	2005 年 01 月 16—02 月 28 日
完成准备出版的版本	2005 年 04 月 30 日

中央农业广播电视学校

(签字)

日期:

萨斯卡彻温大学

分散学习中心(签字)

日期:××××年×月×日

【例文三】

《中华人民共和国政府和大韩民国政府关于对所得避免双重征税和防止偷漏税的协定》谅解备忘录

中华人民共和国政府主管当局和大韩民国政府主管当局为适当地执行《中华人民共和国政府和大韩民国政府关于对所得避免双重征税和防止偷漏税的协定》,已就第十一条第三款和第十九条第一款和第二款举行会谈,并就以下达成一致意见:

一、第十一条第三款中,"中央银行和行使政府职能的金融机构"一语是指:

(一)在中国:

1. 中国人民银行;

2. 国家开发银行;

3. 中国进出口银行;

4. 中国农业发展银行;

5. 中国出口信用保险公司;

6. 全国社会保障基金理事会;

7. 其所有权结构和职能相当于"韩国投资公司"的组织(名称待双方主管当局通过换函确定);

8. 执行银行业、保险和证券监管职能的组织;以及

9. 缔约国双方主管当局通过协商同意的其他金融机构。

(二)在韩国：

1. 韩国银行；

2. 韩国产业银行；

3. 韩国进出口银行；

4. 韩国投资公司；

5. 韩国出口保险公司；

6. 韩国金融监督院；以及

7. 缔约国双方主管当局通过协商同意的其他金融机构。

二、第十九条第一款和第二款的规定也应适用于下述机构支付的报酬或退休金：

(一)在中国：

1. 中国人民银行；

2. 国家开发银行；

3. 中国进出口银行；

4. 中国农业发展银行；

5. 中国国际贸易促进委员会；

6. 中国出口信用保险公司；

7. 全国社会保障基金理事会；

8. 其所有权结构和职能相当于"韩国投资公司"的组织（名称待双方主管当局通过换函确定）；

9. 执行银行业、保险和证券监管职能的组织；以及

10. 缔约国双方主管当局通过协商同意的其他金融机构。

(二)在韩国：

1. 韩国银行；

2. 韩国产业银行；

3. 韩国进出口银行；

4. 韩国贸易投资促进局；

5. 韩国旅游组织；

6. 韩国投资公司；

7. 韩国出口保险公司；

8. 韩国金融监督院；以及

9. 缔约国双方主管当局通过协商同意的其他金融机构。

　　三、本谅解备忘录将自正式签署之日起生效，并取代 1994 年 11 月 26 日签署的《关于中华人民共和国政府和大韩民国政府间税收协定谅解备忘录》。

　　本谅解备忘录于 2007 年 7 月 13 日在北京签订，一式两份，用中文、韩文和英文写成，各种文本同等作准。如在解释上遇有分歧，应以英文本为准。

中华人民共和国政府主管当局　　　　　大韩民国政府主管当局

代表　　　　　　　　　　　　　　　代表

国家税务总局副局长王力　　　　　　财政经济部税制室长许龙锡

第 19 章　　出访请示与邀请信

19.1　出访请示

一、概述

出访请示是国家企事业单位或中外合资经营企业和中外合作经营企业的中方人员办理因公出访任务审批的文书,是下级机关向上级机关请求指示的文件。

出访请示的内容主要包括:

(1)出访目的和任务;

(2)前往国家与地区,以及途径国家或地区;

(3)出访时间及在外停留时间;

(4)出访人员名单,包括姓名、性别、年龄、工作单位、职务或职称;

(5)外国或境外邀请单位名称;

(6)费用来源。

二、出访请示的写作要求

(1)理由要充分。出访请示是必须由有权审批的上级机关批准的事项,出访理由必须充分,目的必须明确,体现出出访的必要性、重要性和迫切性。

(2)坚持逐级请示。因公出访人员的审批权限有明确的规定,对必须逐级审批的出访应按隶属关系逐级进行,不能越级。

(3)行文语气应谦恭。

【例文一】

出访请示格式

红文件头

文号　　　　　　　　　　　　签发人

关于×××等×位同志赴××国执行×××××任务的

请　示

市外侨办：

根据××国××单位邀请函（或国家部委或外省市出国任务通知书、征求意见函），拟委派×××等一行×人于××××年×月赴××国执行×××××××××××××××××任务。在外停留×天，出访费用××万元人民币，由××单位支付。

出国人员情况：

姓名，性别，年龄，单位及职务，出生地，身份证号，办公电话。该同志近三年出访情况。

附：1. 邀请函及译文（或出国任务通知书、任务批件，征求意见函）

　　2. 身份证复印件

××××年×月×日

（联系人：×××　联系电话：×××）

备注：1. 出访任务要具体明确；

　　　2. 两人以上名单另附；

　　　3. 文件及附件一式八份。

【例文二】

×××县(市)、区×××单位文件

××县(市)、区×××单位

关于×××同志率×××代表团出访××国家(港澳)的请示

石家庄市政府：

应××(国家或港澳)××单位的邀请，我县(市)、区拟派×××(写明真实身份。不宜对外的，还须写明对外身份)为团长的××代表团一行×人，于××××年×月×旬出访××(国家或港澳)。

一、出访的主要任务

（一）×××××

（二）×××××

（三）×××××

……

二、出访时间、费用、路线

代表团拟于×月×日出访，在外停留×天（其中，在××国停留×天，在××国停留×天），出访费用由××单位支付。出访路线为北京—××—××——北京。

三、出访人员名单（或作为附件）

姓名　　性别　　年龄　　工作单位及职务

以上请示妥否，请批示。

附件：1×× （国家或港澳）××公司（单位）邀请函

　　　2. 其他相关材料

　　　　　　　　　　　　　　　　　　　××××年×月×日

　　　　　　　　　　　　　（联系人人：×××，电话：×××××××××）

【例文三】

　　　　　　　　×××××文件

　　××〔200×〕×号　　　　　　　　　　签发人：×××

　　　　　　　　　（学校名称）

关于×××同志随团出访××（国家或港澳）的请示

省教育厅：

　　根据××部（委）出国任务通知书××〔200×〕×××号，我校拟派×××××（写明真实身份。不宜对外公开的，还须写明对外身份）等×人，随××代表团于××××年×月×旬出访××（国家或港澳）。

一、出访的主要任务

（一）××××××××××

（二）××××××××××

（三）××××××××××

……

二、出访时间及费用

按照×部(委)出国任务通知书要求,该团拟于×月×日至×月×日出访,在外停留×天。出访费用由派人单位(或外方)负担。

以上请示,妥否,请批示。

附件:1. 随团人员名单

　　　2. 出国任务通知书(原件)

××××××学校(盖章)

××××年×月×日

联系人:×××,电话:××××××,手机号:×××××××××

主题词:出访　请示

(学校)办公室

××××年×月×日印

(共印×份)

附:格式要求

一、字体字号要求

标题:宋体二号

正文:仿宋三号

主题词三字:黑体三号

主题词内容:宋体三号

其他:仿宋三号

二、页面设置(页边距)

上:3厘米,下:2.6厘米,左:2.5厘米,右:2.5厘米。

三、出访请示文件及译文中不允许出现外文字体。

四、附件要求(出访人员名单)

团组出访:(3人以上)

需有团长、团员、翻译,姓名、性别、出生日期,职务。

个人出访:

姓名、性别、出生日期,职务。

五、份数要求

厅级干部邀请函及译文报11份,处级以下人员2份。每份材料不需装订,用回形针别好。

19.2　外事邀请信

一、概述

邀请信是涉外活动中最常用的信件。邀请外国朋友参加宴会、酒会,出席某项仪式,邀请外国代表团、代表队以及个人前来参观、比赛或参加学术讨论会等等,都必须发出正式邀请。这时可以用邀请信的方式。

在国际交往以及日常的各种社交活动中,这类书信使用广泛。英文邀请信可分为两种。

(一)请柬

这是一种正规的邀请信。请柬的格式严谨而固定。一般适用于较庄重严肃的场合。

(二)一般的邀请信

一般邀请信通常适用于一些平常的事情的邀请,而且邀请人同被邀请人之间又很熟悉。一般邀请信具有简短、热情的特点。

二、邀请信的写作

邀请信作为信的一种形式可参照一般书信的格式去写。这里就其内容和需注意的地方作一交代。

(一)邀请信的内容

第一,说明邀请对方参加什么活动、邀请的原因是什么。

第二,将活动安排的细节及注意事项告诉对方。诸如时间、地点、参加人员、人数,做些什么样的准备及所穿的服饰等。

第三,为了方便安排活动,如有必要,可注明请对方予以回复,看看能否应邀及还有哪些要求等。

(二)邀请信应注意的事项

参加活动的时间地点要写得清楚明确。

希望被邀请人收到请柬后给予答复的;则须在请柬上注明 R. S. V. P 或

r. s. v. p. 字样,意为"请答复"。有时为了方便联系,可留下自己的电话号码或地址。

对参加活动的人有什么具体要求可简单的在请柬上注明,比如对服装的要求,要求穿礼服时,须在请柬的右下角注明 Dress:Formal;较随意时可用:Dress:Informal。

【例文一】

邀请信

尊敬的各位朋友:

我代表"2006 年神经科学新进展国际研讨会"向您表示敬意,并诚挚邀请您参加我们在中国北京举办的这次学术研讨会。

国际老年痴呆协会中国委员会作为会议的主办方,召开这次国际学术研讨会,主要对老年痴呆的防治、神经免疫性疾病及神经肌肉疾病的基础与临床进行深入交流与探讨。我们希望通过国际的交流和沟通,与更多的朋们朋建立合作关系,建立更紧密的学术上的联系。

十月的北京是最美丽的季节,在不远的将来举办奥运会的国际化大都市,ADI—China 将运用丰富的办会经验,精心细致的准备工作和热情周到的服务,欢迎各国的专家、学者参加这次盛会。

我们期待着与您在北京相见。

顾方舟教授

大会主席

(选自国际老年痴呆协会中国委员会网站)

【例文二】

2008 粤港澳台航空产业论坛邀请信

各有关单位:

随着中国经济的快速发展,内地与港、澳在航空领域的合作越来越紧密。台湾大选后,两岸"三通"渐行渐近,除将带动海峡两岸航空经济的快速发展外,还将进一步推动大中华区经贸的优化转型。在此背景下,有专家学者提出:应将"粤港澳特别合作区"的概念扩展到"粤港澳台特别合作区",形成一个更庞大的经济实体,促进两岸四地(?)间的合作与发展。

　　珠海作为已有十多年历史的中国国际航空航天博览会(简称"中国航展")举办地,在世界航空业界拥有较高的知名度;同时它毗邻港澳,环境优美,位于亚太航空的中心。随着港珠澳大桥、广珠铁路、广珠城际轻轨等一系列交通基础设施的兴建和珠海三灶机场与香港赤鱲角国际机场合作后资源互补效应的积聚,珠海将成为连接中国内地西南地区与港澳台的交通枢纽,其珠三角区域性中心城市的地位将不断提升,城市辐射能力得到增强。2007年12月14日,在政府的大力支持下,珠海航空产业园获得广东省发改委批准,正式被确立为广东省培育发展航空制造业的基地,要求珠海航空产业园建设成为在国内外航空领域具有较大影响力、较强竞争力、集产学研于一体的航空制造产业基地。目前该园正按照"外向性、高起点"要求,坚持"统一规划、分步实施、滚动开发"原则,启动各项工作。

　　正是顺应全球经济一体化深入发展和珠三角产业升级换代的需要,结合珠海发展航空产业的规划,我们策划了此次论坛,主题为"粤港澳台航空产业发展的前景与机遇",重点探讨:(1)全球和大中华区航空业在中国经济高速成长、两岸直航及高油价格局下面临的机遇和挑战;(2)搭建粤港澳台合作平台,促进中国、亚太地区乃至全球航空产业的合作;(3)中国航空产业发展的机遇与前景。

　　我们特邀请贵单位前来参加将在11月5日至6日在珠海举行的《2008粤港澳台航空产业论坛》及参观第七届中国航展,欢迎您的参与!

粤港澳台航空产业论坛组委会

2008年9月

(选自民航资源网)

【例文三】

会议邀请信

　　经国务院批准,第六届国际数字地球会议(ISDE6)将于2009年9月9日—12在北京召开,这是1999年我国发起首次国际数字地球会议后,我国主办的又一次数字地球盛会。

　　我谨代表第六届国际数字地球会议组委会诚挚邀请您参加这次意义非凡的会议。本届大会以行动中的数字地球为主题,将秉承该系列会议的传统,邀请在数字地球领域及与其相关的对地观测、航天工程、信息科学、地球科学等领域的专家、学者共同交流数字地球研究成果,回顾过去数字地球的发展进程,总结数字地球取得的成绩,研讨数字地球的发展目标。

　　第一届国际数字地球会议《"数字地球"北京宣言》问世以来,数字地球不论在理论研究方面还是在应用方面都取得了蓬勃发展和长足的进步。2001年,在加拿大成功举办了以"超越信息的基础设施"为主题的第二届国际数字地球会议；2003 年和 2005 年分别在捷克和日本召开的第三、四届国际数字地球会议以"数字地球—全球可持续发展的信息资源"和"全球共享的数字地球"为主题，将数字地球的发展推进到全球尺度；2007 年，以"体验数字地球"为主题的第五届国际数字地球会议在美国成功召开。除两年一届的国际数字地球系列会议外，2006 年在新西兰召开了第一届以"数字地球与可持续发展"为主题的国际数字地球峰会；2008 年 11 月，以"地球信息科学 —全球变化研究的工具"为主题的第二届国际数字地球峰会将在德国举办。

2009 年，第六届国际数字地球会议将在中国北京召开。大会将以"行动中的数字地球"为主题，围绕数字地球理论、技术研究及其应用等方面展开交流和讨论，旨在通过大会开展交流，深化对数字地球在支持全球环境变化研究，加强数字地球理论、技术及应用方面的国际交流与合作，使数字地球更好地服务于人类社会。

第六届国际数字地球会议由国际数字地球学会和中国科学院联合十余个部委共同举办，由中国科学院对地观测与数字地球科学中心和国际数字地球学会中国国家委员会承办。本届大会会议地点位于北京国家奥林匹克公园内，会议时间临近中国建国 60 周年。届时，北京这座经历了奥运辉煌的、集传统与现代为一体的城市将展现出别具特色的新风貌，来自全球各地的专家学者们将在这个美好的环境里共庆国际数字地球 10 周年。

我们与您相约 2009 金秋北京！

郭华东

第六届国际数字地球学会组委会主席

（选自第六届国际数字地球会议网站）

第 20 章　外事动态与外事总结

20.1　外事动态

一、概述

外事动态是外事部门向上级机关和有关涉外部门和单位反映最新外事情况、传递外事信息的一种文体。

外事动态具有明显的时间性，"快"是其重要的特征，只有快才能及时让上级主管部门有关单位掌握有关情况，以利于指导与之相关的外事工作。

二、外事动态的写作

鉴于外事动态及时、快捷的特点，写作时应注意内容上尽可能简明扼要，在短、快、准、新上下工夫。即文章篇幅短小、文字简洁；反映情况及时迅速；所列事情准确无误，数字、时间、地点、人名等都真实可靠，无"可能""也许"等之说；反映情况新颖、独特。

【例文一】

近期外事动态

12 月 16 日，意大利 PISA 大学高等师范学院 Corradog M. letta 来我院访问，与我院欧亚所的科研人员就未来的欧洲东亚关系等问题进行交流。

12 月 16 日,英国驻沪总领事馆 Mark Gooding 新闻领事来我院访问,与我院人口所的科研人员就上海外来人口迁移以及所带来的社会问题进行交流。

12 月 19 日,美国 OECD 委员会 Margit Molnar 教授来我院访问,与我院部分科研人员就政府财政政策对经济发展的影响等问题进行交流。

12 月 19 日,韩国对外经济政策研究所 Yu Byung Yule 来我院访问,与我院部分科研人员就中国发展成为国际市场的展望等问题进行交流。

12 月 26 日,日本早稻田大学商学部木下俊彦教授来我院访问,与我院世经所的科研人员就东亚经济一体化与日中关系等问题进行交流。

(选自上海市社会科学院网站)

【例文二】

<h1 align="center">近期外事动态</h1>

11 月 1 日至 10 日,国际部选派人员随中国青年代表团赴韩国交流访问。

11 月 4 日,李先忠同志会见新西兰惠灵顿市政府 CEO 及随行政府官员,就建立两市青年交往项目进行了交流。

11 月 5 日,应蒙古乌兰巴托市青联邀请,国际部组派北京青年代表团一行 5 人赴蒙古交流访问。

11 月 6 日,应韩国韩中文化青少年协会邀请,国际部组派以团市委副书记王粤同志为团长的北京优秀大学生志愿者交流团一行 90 人赴韩国进行为期 7 天的交流访问。韩中文化青少年协会会长、韩国前驻华大使权炳铉先生在机场迎接了代表团,并于当晚为代表团举行了欢迎宴会。

11 月 7 日,北京优秀大学生志愿者交流团一行与韩国大学生志愿者代表一起进行了植树活动,王粤同志和韩方代表共同为象征友谊的中韩未来林奠基。当天下午,代表团参观了首尔 2002 年世界杯赛场,并听取了世界杯期间志愿者工作的情况介绍。

11 月 8 日,北京优秀大学生志愿者交流团参加了中韩防止黄沙和沙漠化研讨会,听取了两国专家的环保理念和经验交流。

11 月 10 日,北京优秀大学生志愿者交流团一行参观了韩国治沙事业成功典范的迎日地区,学习了韩国当地治沙的成功经验。当天下午,代表团参观了韩国最大的钢铁企业铺项制铁,了解了韩国现代大型制造工业情况。

11 月 11 日,韩中文化青少年协会为北京优秀大学生志愿者交流团与韩国大学生志愿者代表举行了欢送晚会。

11 月 20 日,组派社区部青年代表团一行 8 人赴意大利、希腊交流访问。

11 月 20 日,组派北京青年企业家代表团一行 7 人赴澳大利亚、新西兰交流访问。

11 月 21 日至 22 日,国际部协助接待团中央韩国青少年代表团一行 40 人参观北京市民族文化艺术职业学校、北京少林武校和和平里街道青年中心。

11 月 24 日,北京志愿者赴多哈亚运会服务团召开行前培训会,奥组委相关负责人对志愿者进行了前期培训。

11 月 25 日,以强卫同志为团长的北京奥运会志愿者和安保工作者赴多哈考察团召开了行前培训会,强卫同志做了行前讲话。刘剑同志出席培训会。

11 月 25 日,国际部与日本朝日新闻社对第 21 期赴日奖学生候选人进行了最后面试,最终确定了 6 名奖学生人选。

11 月 27 日至 12 月 10 日,国际联络部组派北京志愿者赴多哈亚运会服务团一行 12 人赴卡塔尔进行第 15 届多哈亚运会志愿服务工作。

11 月 29 日,以强卫同志为团长的北京奥运会志愿者和安保工作者赴多哈考察团一行 12 人分别赴卡塔尔和香港考察第 15 届多哈亚运会和香港奥马委志愿者及安保工作情况。刘剑同志随团出访。

11 月 30 日,以强卫同志为团长的北京奥运会志愿者和安保工作赴多哈考察团观摩了第 15 届多哈亚运会开幕式。

(选自共青团北京市委员会网站)

20.2　外事总结

一、概述

外事总结是外事部门就其所从事的工作,分一定时限或单就某项工作作一番全面检查和回顾,系统地分析、总结得出规律性的结论或成功的经验和失败的教训,为今后工作作指导。这一类的书面文字材料通称为外事总结。

二、外事总结的写作要求

外事总结的写作要突出实事求是的原则,所反映的事情必须充分、准确,所列举的事例具有一定的代表性。为了更直观地反映情况,应掌握准确的数字,以最大限度地增加总结的说服力。反映了客观的事情后,作者可以找出规律性的东西,将其上升为理论,以利于对今后的工作起指导作用。外事总结的写作还应体现出其用字准确、简明和生动的特点,避免笼统、含糊的词语和冗长、生涩的句子。

三、外事总结的写作格式

外事总结的写法包括标题、正文、结语和落款 4 个部分。

标题。写总结的事项、时限。

正文。写基本情况、经验体会、工作得失。

结语。写今后的设想、计划和打算。

落款。注明总结的单位和时间,上报的外事总结还应加盖公章。

【例文一】

2008 年外事办公室工作总结

2008 年,在学校党委和行政的统一部署和领导之下,外事办公室以科学发展观为指导,紧密围绕学校的学科发展、科研和学生培养开拓国际合作项目和开展国际交流活动;积极着力整合学校的外事资源,努力提升学校国际合作和交流的层次,深化国际合作的内容,为学校国际合作和交流的进一步发展创造好的基础和条件。

2008 年外事办公室的主要工作如下:

(一)国际交流

国际交流是学校外事工作的重要组成部分,对扩大我校的国际影响,加快我校国际化进程有着积极的意义。

1. 2008 年我校先后同美国、英国、比利时、加拿大、芬兰、法国、德国、瑞典、西班牙、意大利、荷兰、爱尔兰、爱沙尼亚、澳大利亚、日本等国以及我国台湾与香港等地区的高等院校开展了密切的交流。今年我校共接待来校的外宾近 170 人次;今年我校因公出国(境)共计 56 人次。

2. 2008 年,我校共完成中外两校合作培养的学生项目 20 个。至本月为止共派出学生 99 名,其中硕博连读学生 4 人,本科双学位学生 27 名,本硕连读学生 27 名,交换生 14 名,短期交流生 27 名。

3. 2008 年,我校派往爱尔兰考克大学和芬兰哈姆科技大学的双学位学生顺利执行完项目的各项要求,取得北京工商大学和国外大学的毕业证书和学位证书。这为今后更好地开拓我校的合作项目提供了经验。在各院系和部门的大力帮助和支持下,今年我校毕业学生 20 名。其中,获得中外本科双学位的 16 人,被国外大学录取为研究生的 13 人,进入国外大公司的 1 人。

4. 2008 年,我校首次启动教师境外培训计划。通过派出教师赴境外优秀大学进行培训,对于进一步开拓我校教师的学术视野,加快学校师资队伍建设有着积极的意义。

(二)外国留学生工作

1. 外国留学生是我校对外交流交往的使者,我校外国留学生以欧美国家学生居多,且多为我校国际交流项目学生,外事办公室主要承担这主要包括留学生招生、毕业、外事管理和教学管理等工作。

2. 为了能够不断扩大我校接受外国留学生的规模与提高外国留学生的质量,外事办公室积极开拓渠道,严格把关,做好留学生的报名、资格核定和录取等各项工作。按照市出入境管理处的要求,落实每项安全任务和出入境新政策的实施。在教学管理方面,外事办公室积极了解外国留学生对所安排课程的意见和建议,积极为留学生任课的老师服务,并使师生双方进行有效地交流。

3. 今年我校外国留学生人数共 30 人,其中春季招生 13 人,秋季招生 17 人。共为外国留学生开设 21 门汉语和专业课程,涉及学校 6 个学院,共计 1248 个学时。

(三)引智工作

1. 聘请来我校进行讲学、访问、学术交流、合作研究等方面的长短期外国文教专家和外籍教师也是学校对外交流和国际合作的一个重要组成部分。外事办公室积极做好学校的外籍教师聘请和高层次外籍专家的聘请工作。为了更好地提高学生的口语水平,顺利参加我校的各类国际合作交流项目,外事办公室特别聘请了负责雅思考试的考官开设了面向全校各院系部学生的口语选修课,更好地为学生服务。2008 年全校共聘请长短期专家共 50 人,聘请的教学外国专家一年内承担了面向全校所有院系部的 20 个班级、课程量达二千三百八十学时的教学任务,每个教学外国专家实际完成了 595 个课时,是我校其他老师完成工作量的 2.9 倍。

2. 外事办公室积极组织申报北京市外国专家局、市教委等上级部门的引进国外技术、管理人才的项目,在时间紧、任务重的情况下,积极了解学校各院系的需求,与上级部门积极沟通,2008 年我校共成功申请 4 个境外培训项目,培训人数近 50 人。

(四)港澳台工作

今年我校的港澳台交流活跃,全年共接待来我校的港澳台专家 24 人。召开在校台湾专家协调会 4 个,参与各种涉港澳台项目的洽谈 4 个。

(五)国际宣传

1. 成功组织我校参加 2008 年国际教育展,并举行了 20 个场次的双边国际合作洽谈,取得了预期的效果。

2. 成功申请并获得 40 万元的国际留学生奖学金,为我校扩大招收国际留学生打下了良好的基础。

(六)大力做好外事基础工作

1. 加强外事制度建设,规范了外事办事程序,提高了办事效率。共起草和修改外事规划制度 2 个,起草中英文协议 8 份,翻译为"2＋2"和"3＋1＋1"学生项目服务的教学计划和专业课程内容介绍 12 个。

2. 加强外事工作人员的培训。外事办公室在工作任务繁重的情况下,每周抽出半天时间坚持业务学习和理论学习,为更有效的工作提供了保障。

3. 外事信息工作。外事办公室承担着向学校和上级主管部门上报学校各类外事信息和各类外事统计数据。内容涉及外国专家、留学生、因公出国(境)、国际学术交流与合作研究等方面的统计,同时外事办公室还定期或不定期地向上级有关部门、学校有关部门、外国使领馆以及其他有关单位提供专家、留学生、公派出国、学术交流、合作研究、教学条件、住宿条件等方面的信息资料,在上报过程中,保证各类上报内容和数据的翔实性、数据的准确性和上报的及时性。

(七)全力做好重大事件发生期间的各项工作

2008 年是极其不平常的一年。外事办公室在南方雪灾、四川地震、北京奥运会等一系列的重大事件中,积极做好在我校的外籍教师和留学生的安全稳定工作,制定了详细的安全预案。在暑假期间,外事办公室领导坚持每天带班,工作人员保持每天值班,实现了我校在重大事件发生期间涉外安全零事故。

(八)今后的努力方向

外事办公室虽然在各方面都有所收获,但是也还存在着一些不足之处。外事工作人员队伍的建设,外事工作程序有待优化,留学生课程有待加强,这都是我们需要在今后的工作中继续努力和改进的。

"外事无小事",外事办公室是学校对外交流的窗口。在今后的外事工作中,外事办公室的每位同志将在学校的统一领导下,在"外事为学校学科建设服务"的思想指导下,积极开创学校外事工作的新局面,为加快我校国际化进程,建设和谐开放的校园作出贡献。

(选自北京工商大学网站 2008 年 10 月 9 日)

【例文二】

湖南省商务厅外事处 2006 年外事工作总结

1. 数据统计

①因公出国(境)任务审批工作。2006 年共审核审批团组 689 批 2827 人,其中审核团组 113 批 795 人,审批团组 576 批 2032 人,涉及 79 个国家和地区。从数量上看,出访总人数比去年同期下降 28.6%。从出国任务性质上看,贸易洽谈类 334 批 987 人,占总数的 35%;招商考察类 184 批 1151 人,占总数的 41%;技术培训类 135 批 518 人,占总数的 18%;外经合作类 36 批 173 人,占总数的 6%。

②境外客商来湘邀请函工作。邀请团组 508 批共 858 人,其中外商来湘工作 77 人。

③选派驻外机构工勤人员工作。推荐 5 位厨师参加商务部的统一考试,除 1 人因考前手烫伤影响正常水平发挥外,其他 4 人顺利地通过考试。

④选派长期出国人员工作。协助三湘公司、三一重工集团、株冶火炬公司、水口山国贸公司等单位办理常驻香港人员手续 16 人。

2. 参与了中部博览会的有关工作

首届中国中部投资贸易博览会 9 月 25—28 日在长沙举行,这是我省历年来首次举办的特大型涉外活动,特点是规模大、层次高、外宾多、时间紧、任务重。我厅作为承办单位,肩负着重任,全厅从领导到各处室的干部职工都全身心地投入到中部博览会的筹备工作中。李平建同志任旅游推介部副部长,负责与省旅游局联络,衔接旅游部的有关工作。周杨洁同志抽调在接待部工作,负责 50 多家省直单位和国家部委、全国各参会省市的联系工作。根据接待部的统一安排,我处同时还负责全程接待商务部外事司正副司长和工作人员共 13 人。针对外事司工作责任重、工作量大的特点,在每人身兼数项工作的情况下,克服任务重、时间紧、人手少的困难,除做好分配的工作外,还挤时间互相帮忙,处里的日常工作全都利用休息时间完成。在工作中,我们及时协调解决不断出现的各类矛盾和问题,保证了外事司外事礼宾工作的顺利进行。在那段时间里,我们几乎忘记了有上下班和休息日,一心就想做好这既是临时又是特殊的工作。特别是从大会开幕的前一周起,早去晚归,与外事司的同志们一样,一天没睡几个小时。在大家的共同努力下,我处为外事司的领导和同志们在长沙圆满完成外事任务,做好服务工作付出了最大努力。为此,商务部外事司在给我厅发来的感谢信中,对我处的工作给予了充分的肯定和鼓励。

3. 开展学习社会主义荣辱观、《江泽民文选》活动

按照机关党委的统一安排,积极开展社会主义荣辱观教育活动和学习《江泽民文选》活动。我们学习了《树立社会主义荣辱观学习读本》、《学习党章、遵守党章、贯彻党章、维护党章》和《江泽民文选》第一、二、三卷等文件和资料。通过专家辅导、个人自学、集体学习讨论等方式,使我们更加深刻地认识到:要让"八荣八耻"精神深入每一位党员心中,要高举邓小平理论和"三个代表"重要思想伟大旗帜,坚定不移地落实党的基本路线、基本纲领、基本经验,贯彻落实科学发展观。

4. 业务工作

①因公出国(境)任务审批工作。一是做好"直通车"企业人员的管理工作。今年全省共有"直通车"企业 29 家 224 人,涉及全省国有大中型企业、外贸公司、科研院所和民营企业。其中,仅三一重工就办理 129 批 289 人次,占总数的 10.2%。我们在工作量和难度加大的情况下,一方面简化手续促发展,另一方面严格要求服好务,加

强对"直通车"企业的管理,在企业省管干部出国(境)备案表上签署意见,作为报省委组织部备案的依据。二是做好厅机关人员出国境计划工作。根据厅机关外事工作制度,年初由各处室制定出国境招商、参展、考察、培训等计划,由我处汇总,报厅务会议审定后执行。在厅党组的指导下,根据上级新的规定,修改和完善厅机关《因公出国(境)管理制度》,进一步规范了厅机关人员因公出国(境)的管理工作。

②邀请外商来湘工作。自外交部恢复我厅签发《被授权单位签证通知表》工作后,我们认真总结经验教训,严格审查材料,特别是加强对尼日利亚等7个国家客商访湘手续的把关。并有针对性地到有关企业进行调研,我们走访了博世公司、湘潭钢铁集团等单位,通过实地调查了解情况,我们更加增加了为企业经济发展服好务的信念,尽力加快办理邀请函的审批手续,为企业节省时间。

③选派驻外机构工勤人员工作。一是做好推荐工作。商务部人事司下达2006年驻外厨师人员名额后,我们对10余名厨师进行了资格审查、技术考核和综合考察,并利用周六、周日进行考试,推荐刘忠和等5位同志参加商务部的统一考试。除徐勤同志因考前手烫伤影响正常水平发挥外,其他4人都顺利地通过了考试和商务部的考察,入选商务部外派厨师后备库,其中已有2人参加了外派工勤人员出国前培训班。二是协助办理出国手续。今年共有3人陆续出国,分别是:湘潭电机集团喻海泉同志赴叙利亚,衡阳回雁宾馆黄俊衡同志赴芬兰,韶山宾馆冯忠同志赴荷兰。我们分别协助商务部人事司和厨师所在单位,办理出国的各项手续。三是认真做好家属和单位的工作。我们采取上门走访和电话慰问等形式,与工勤人员家属进行联系和沟通,发放慰问费。同时,我们也及时向工勤人员所在单位发放补偿金,要求单位按政策规定,落实工勤人员的养老保险、医疗保险,以解除工勤人员的后顾之忧,使他们安心在外工作。

④培训工作。为贯彻外事工作为经济发展服务的精神,使众多的涉外企事业单位了解和掌握我国的有关法律法规,建立一支熟悉业务的外事工作联络员队伍,今年5月由我处牵头,厅培训中心承办,我厅与省公安厅联合省直有关部门举办了"全省企事业单位外事工作联络员培训班",全省100多家企事业单位派员参加了培训。省商务厅外事处就商务类因公出国境任务审批、外商来湘邀请函的办理,省公安厅出入境管理处就中国公民因私出境办事程序、外国人出入境管理、外国人在华居留管理,省外侨办涉外礼宾处就涉外工作中的礼宾礼仪、涉外案件的处理原则,省劳动厅外国人就业管理处就外国人在华就业管理,省出入境检验局国际旅行卫生保健中心就出入境人员疾病监测的若干规定以及对以上事项的操作流程等进行了详细的讲解,对培训人员在工作中遇到的实际问题进行了解答。不少同志表示参加这次培训收获很大,并希望每年都能参加培训,不断吸收新知识,更好地做好外事工作。

⑤调研工作。根据省政府和厅领导"深入开展关于简化商务人员出国审批手续

的调研,向省政府提出简化审批手续建议"的指示精神,今年 4 月,我处会同厅贸发处、展览中心,对全省企业人员外经贸任务因公出国(境)管理工作进行了专题调研。针对目前我省企业人员外经贸任务因公出国(境)管理的现状,特别是民营企业在办理因公出国(境)手续中存在的主要问题,在罗厅长的亲自指导下,经过反复讨论和斟酌,提出了四点建议,起草了《关于我省企业人员外经贸任务因公出国(境)管理的调查报告》,分别送至省政府办公厅和省外侨办。省政府领导非常重视,政府办公厅副主任王光明同志批示:此报告所提建议很有针对性,近期要召集有关部门研究,以简化有外经贸任务的企业因公出国人员的审批环节,形成一个可行的意见后执行。贺同新副省长批示:同意光明同志意见,要切实加以改进。

⑥制定相关工作措施。一是与厅合作处配合,制定了《关于加强口岸艾滋病防治工作的措施》。为加强口岸艾滋病防治工作,针对我省目前的情况,制定以下工作措施:由对外经济合作处加强对外派劳务公司和劳务人员出国前和回国后的管理,由外事处加强对来湘进行商务洽谈和工作的外国人入境后的管理。二是与省国家安全厅配合,制定了《关于加强协作配合工作的意见》。提出了进一步密切相互工作联系、加强情况相互通报、加强相互工作支持和配合等 10 条意见。

(选自湖南省商务厅网站 2007 年 8 月 6 日)

第21章　外事函电与外事函件

21.1　外事函电

一、概述

电报具有传递速度快的特点,随着地区与地区之间、国家与国家之间政治经济及其他方面的频繁交往,外事电函已成为商洽公务、洽谈贸易、互通信息的重要工具,应用日趋广泛。在国际交往和外贸联系时使用电函,除了可以传递迅速外,还能促使对方加以重视。

使用外事函电,首先要求清楚明确,其次才是简洁凝练。如属国家间、两党间的正式交往,则电文与信件无大差别;如属一般来往,电文还是简练为好。

二、外事函电的写作

外事函电的写法与外事函件基本相同。不同的是:

第一行写对方地址名称,第二行写受文人的职衔、全名、称呼或受文机构名称。

正文结尾无致敬语,但一般均有祝愿词。

落款发电人应具职衔、全名。

三、撰写外事函电注意事项

撰写外事函电应注意的是:

(1)尽量少用标点。

（2）不要使用特殊符号，只能用自然字代替。

（3）避免使用括号、顺序号。应该使用 FIRSTLY，SECONDLY 等。

（4）收电电位如有电报挂号，发电人则应使用，以代替详细的地址。

另外，电文中为了方便和节约费用，常把一些地名、公司名、商品名等专用名称简化为不超过四个字母或四个数码的缩略名称。

【例文一】

祝　寿

××××（首都名称）

××共和国××协会主席×××先生：

在您××岁生日的时候，我代表中华全国××学会，并以我个人的名义，向您表示衷心的祝贺。

祝您健康长寿。

中华全国××学会主席×××

××××年×月×日于北京

21.2　外事函件

一、概述

外事函件指参与外事工作的国家机关（外交部及其代表机构所用的外交文书除外）、社会团体和企事业单位为相互商洽业务、询问和答复问题，请求上级主管部门批准的公文。它具有在其流通领域起指导、记载及凭证的作用。

外事函件有正式函件和便函两种。根据内容和具体情况，凡属重要事情的视为正式函件，应亲笔署名，不盖章；凡属一般事务性的视为便函，可签名，也可不签名，加盖机关公章。外事函件一律使用中文，但可视具体情况，附上外文译文。

二、外事函件的写作要求

外事函件与常用公文中的函件一样，写作时要言简意赅，措词质朴，并与本单位职权、身份相符；切忌下笔离题万里，应开门见山，让人一读便得要领；要把握好写函分寸，严格区别公函与便函、公函与请示，不可混同使用。既要根据我国的习惯，又要适当的照顾国际惯例。

具体写法如下：

标题。一般由"发文机关、事由和文种"构成。

称谓。即函件的主送对象。在标题下第一行顶格书写，后用冒号。要写清国名和部门全称，不得用简称。对具体受文人，应写职务、全名、称呼。社会主义国家受文人统称"同志"，资本主义国家和第三世界国家受文人一般称"先生"，部长级以上官员和大使、公使级使节可称"阁下"。如果受文人有爵位、学位或其他头衔，可依习惯称呼。

正文。是函件的主体部分，要就叙述、协商的问题逐一进行说明，并要将自己的立场、观点和对问题处理的有关措施明确具体地表述出来，使对方能够通过函件清楚地了解发函部门和人员的意图或要求。如内容较多，可采取分条列款的方式写。

结尾。在正文结束后，为了表示对对方的尊敬、感谢和谅解，常用"顺致最崇高的敬意"、"顺致亲切的问候"等致敬语作结。一般单列一行，空两格书写，句末加句号。需要注意的是，凡是给外国驻华代办处的函件和事务性函件，不用"最"字，给外国驻华大使馆的函件和正式函件，均可用"最"字。使用时要注意双方的身份、关系和场合。

落款。在正文的右下方写寄发函件的机关名称或署名（正式函件的署名前，应有正式职衔。便函可只署名，不用职衔）、发函日期，有时还要写明发函地点。

附件。有的外事函件还有附件，它是与正文内容有关的文件、材料、图表等。要在正文之后写明附件的名称和件数，在函件后，同时送达。

外事函件一般不要编号。有正副本的函件，正副本打字时应一次付印。凡对外提供的副本，应在正文右上角加印"副本"两字。落款不签名或盖印，但需将发文者职衔、姓名或机关名称印上，加括号注明"签字"或"盖印"字样。

【例文一】

通　知

×字第××号

各国驻华外交代表机关：

我局根据我国有关部门的决定，现通知各国驻华外交代表机关如下事项：

×××。

顺致崇高的敬意。

（盖局印）

××××年×月×日于北京

【例文二】

便函：

应　邀

亲爱的×××先生：

　　承蒙盛情邀请共进晚餐，甚为感谢。您提出的两个日期，如能定在×月×日，对我将合适。我期待着同您愉快的见面。

　　祝您身体健康。

×××（签字）

一九××年×月×日于××

【例文三】

便　函

亲爱的×××先生：

　　蒙您邀请我观看×××演出，甚为感谢，可惜该晚我已另有约会，不能前往观看，深为抱歉。

　　祝您愉快。

×××（签字）

××××年×月×日于××